O ÚLTIMO PAPA

Robert Howells

O ÚLTIMO PAPA

FRANCISCO, O DECLÍNIO DO VATICANO E AS PROFECIAS DE SÃO MALAQUIAS

Tradução
EUCLIDES LUIZ CALLONI

Editora
Pensamento
SÃO PAULO

Título original: *The Last Pope*.

Originalmente publicado no UK em 2013 por Watkins Publishing, First Floor, Angel Business Club, 359 Goswell road, London EC1V 7 JL, UK.

Texto de acordo com as novas regras ortográficas da língua portuguesa.

1ª edição 2015.

Editor: Adilson Silva Ramachandra
Editora de texto: Denise de C. Rocha Delela
Coordenação editorial: Roseli de S. Ferraz
Produção editorial: Indiara Faria Kayo
Editoração eletrônica: Fama Editora
Revisão: Liliane S. M. Cajado e Vivian Miwa Matsushita

Dados Internacionais de Catalogação na Publicação (CIP)
(Câmara Brasileira do Livro, SP, Brasil)

Howells, Robert
O último Papa : Francisco, o declínio do Vaticano e as profecias de São Malaquias / Robert Howells ; tradução Euclides Luiz Calloni. — 1. ed. — São Paulo : Pensamento, 2015.

Título original: The last Pope
Bibliografia.
ISBN 978-85-315-1904-8
1. Igreja Católica - História 2. Malaquias, Santo, 1094?-1148 - Profecias 3. Papas - Profecias I. Título.

15-00746 CDD-262.13

Índices para catálogo sistemático:
1. Papas : Eleição : Igreja : História 262.13
2. Papas : Profecias : Cristianismo : História 262.13

Direitos de tradução para o Brasil adquiridos com exclusividade pela EDITORA PENSAMENTO-CULTRIX LTDA., que se reserva a propriedade literária desta tradução.
Rua Dr. Mário Vicente, 368 — 04270-000 — São Paulo — SP
Fone: (11) 2066-9000 — Fax: (11) 2066-9008
http://www.editorapensamento.com.br
E-mail: atendimento@editorapensamento.com.br
Foi feito o depósito legal.

Para Nicky, Aaron e Joanne
luces in caelo

SUMÁRIO

AGRADECIMENTOS

À minha agente literária Susan Mears, a Michael Mann, a Deborah Hercun e à equipe da Watkins Publishing, a Norma e Bruce Burgess, pelo apoio incessante de todos. Ao pessoal da Watkins Bookshop em Londres, à Biblioteca Britânica e à Biblioteca e arquivos do Vaticano.

INTRODUÇÃO

Durante mais de duas décadas, minhas pesquisas incursionaram em maior ou menor extensão pelos territórios da profecia, e em meu livro anterior, *Inside the Priory of Sion* (Watkins Publishing, 2011), analisei em profundidade profecias apocalípticas a partir de textos bíblicos e de outras fontes. Minhas investigações se estenderam também a profecias anunciadas por testemunhas de aparições da Virgem Maria e por santos que documentaram visões do Fim dos Tempos, algumas das quais o leitor encontrará nestas páginas.

Como parte dessas pesquisas, li *A Profecia dos Papas*, obra atribuída a São Malaquias, monge do século XII, na qual descobri muitas facetas interessantes que ultrapassavam os objetivos do meu primeiro livro.

PROFECIA

Entendemos a profecia como a transmissão de informações com advertências ou orientações espirituais de um passado distante, quando era considerada um canal para a revelação divina. No Antigo Testamento, a vontade de Deus era revelada aos profetas através da comunicação com o Espírito Santo. Os profetas eram respeitados e a sabedoria que anunciavam levava o selo da autoridade.

Em tempos mais recentes, a profecia perdeu importância dentro da Igreja Católica. Profetas bíblicos como Isaías e São João de Pátmos, a quem é atribuído o *Livro do Apocalipse*, ainda são respeitados, mas desde então a Igreja não considera outras manifestações proféticas como dignas de fé, procedam elas de santos, de papas ou de videntes. O cristianismo desenvolveu-se sobre as bases da figura do Messias, cuja vinda foi profetizada nos Livros de Daniel e de Isaías do Antigo Testamento, mas essas bases em si não foram construídas desde a antiguidade.

Nos dois últimos milênios, movidos pela intenção de revelar nosso futuro possível, profetas continuaram dando sua contribuição à grande obra profética. Hildegarda de Bingen, Nostradamus, muitos santos e inclusive alguns papas sentiram-se impelidos a comunicar suas visões. Entre esses está São Malaquias de Armagh, um católico fervoroso que ajudou a reformar a Irlanda nos dias sombrios do século XII.

São Malaquias de Armagh foi o primeiro santo nascido na Irlanda, sendo considerado um reformador eminente que venceu muitos obstáculos para compatibilizar a Igreja da Irlanda com a de Roma. Sua vida e obra foram registradas por seu contemporâneo e amigo, São Bernardo de Claraval, para quem Malaquias se igualava aos apóstolos em termos de ensinamentos e de exemplo para os que o seguiam. São Bernardo diz também que Malaquias era conhecido por operar curas milagrosas e por profetizar, sendo este o aspecto da sua vida que nos interessa.

De acordo com historiadores posteriores, durante uma visita a Roma Malaquias teve uma visão de todos os papas, a começar com o que governava a Igreja naquele dia de 1139 até aquele que estaria exercendo o pontificado no dia do Juízo Final. Essas visões foram registradas em 112 frases latinas sucintas que de algum modo representavam o papa descrito. Alguns autores dizem que Malaquias ofereceu essas profecias ao papa Inocêncio II para confortá-lo naquele período conturbado vivido pelo papado. Depois foram guardadas no Vaticano e esquecidas por aproximadamente 400 anos.

A PUBLICAÇÃO

As profecias foram redescobertas nos arquivos do Vaticano em 1590 e em 1595 Arnold de Wyon as incluiu em sua obra *Lignum Vitae*. Segundo De Wyon, essas eram as profecias autênticas que São Malaquias havia escrito no século XII.

Desde que vieram a lume, as profecias exerceram um enorme fascínio sobre pessoas vinculadas à Igreja e sobre outras totalmente alheias a ela. Houve cardeais que realçaram um ou outro aspecto relevante de sua vida na esperança de influenciar seus pares a escolhê-los para o papado. Outros simplesmente as rejeitaram como invencionices.

A publicação das profecias não ocorreu sem confusões. Com sua inesperada "redescoberta" no século XVI, elas foram usadas como propaganda na campanha que resultou na eleição do papa Gregório XIV. Desde então acirraram-se as discussões em torno de duas questões principais: se as profecias constituíam um embuste inventado especificamente com esse objetivo e se Malaquias era seu verdadeiro autor.

EXATIDÃO

Quando as profecias foram publicadas em 1595, o papa que correspondia a cada predição até esse ano era conhecido; além disso, De Wyon explicou a relação existente entre cada papa – às vezes, antipapa – e a respectiva profecia. O último papa mencionado é Clemente VIII, pontífice entre 1592 e 1605. Nos séculos seguintes à publicação, muitos estudiosos se debruçaram sobre as descrições em busca de evidências para identificar candidatos do momento ao papado. A brevidade do texto latino possibilita interpretações, mas muitas expressões são bem específicas e estão longe da dubiedade que se poderia esperar. Para um documento de pelo menos 400 anos, ele encerra certo grau de exatidão que afasta a necessidade de se encontrar explicações intrincadas para relacionar uma dada profecia a um determinado papa.

Mesmo recentemente, no século XX, há papas perfeitamente congruentes com seu moto profético. Para os céticos, essa constatação levanta as questões da influência que as profecias exercem sobre as eleições papais e da extensão até a qual os cardeais chegam a formar uma espécie de conluio para que a profecia se realize.

O ÚLTIMO PAPA

É possível que algumas eleições papais tenham sido articuladas tendo em vista uma adaptação às profecias, uma possibilidade pouco provável em períodos mais recentes, uma vez que a última profecia prevê o Fim dos Tempos. A *Profecia dos Papas* vincula-se a essa longa tradição da profecia apocalíptica descrevendo o último papa como "Pedro Romano", que testemunha a destruição de Roma e o Juízo Final.

Com o papa Bento XVI chegamos ao penúltimo pontífice. De acordo com as profecias, seu sucessor seria o último. Em idade avançada e com a saúde debilitada, Bento XVI tomou uma decisão que não ocorria havia mais de 600 anos. Em 11 de fevereiro de 2013, ele renunciou como papa e bispo de Roma. A eleição do seu sucessor se deu em apenas 24 horas. Segundo a profecia, o novo papa, Francisco, seria o último, e é aqui que a nossa história começa.

Serão as profecias verdadeiras? Elas realmente nos oferecem vislumbres de eventos que atingirão o Vaticano? Podemos de fato identificar o papa Francisco como o último papa? Se Francisco for o último papa, ainda de acordo com a profecia ele será testemunha do declínio de Roma e da ruína da Igreja Católica.

Com a escolha do papa atual, a Igreja Católica teve oportunidade para aceitar o destino anunciado por Malaquias ou então para tentar negar esse resultado e evitar seu próprio fim anunciado.

CONCLUSÃO

As interpretações dessas profecias desde o século XII até os dias atuais também contam a história dos papas que elas descrevem. Elas acompanham os guardiões da organização de maior longevidade na história do mundo e o lugar deles no centro de 2.000 anos de tradição.

E então nos deparamos com a noção de profecia em si. Pense por um momento nas implicações da profecia sobre o modo como percebemos o tempo linear e no livre-arbítrio exercendo algum impacto sobre o nosso futuro. Não obstante, profecias podem ter um suporte científico e psicológico – talvez elas não sejam meros voos da imaginação, mas algo muito mais interessante.

Esses são os mistérios que me instigaram a pesquisar e a escrever este livro. Espero que você se junte a mim nessa jornada enquanto mantemos um olho no passado e o outro no futuro.

Robert Howells

CAPÍTULO 1

PROFECIA: UM OLHO NO FUTURO

O QUE É PROFECIA?

Normalmente, entende-se por profecia o conhecimento e a comunicação de acontecimentos futuros. Especificamente no cristianismo, profecia significa também o anúncio de verdades divinas, mas quase sempre relacionado a eventos que ocorrerão no futuro. Esse anúncio recebe o nome de "revelação". Nos tempos bíblicos, a função dos profetas consistia em receber e "revelar" ou comunicar a vontade de Deus.

O recebimento de informações de natureza profética se dá de muitas maneiras. Algumas são recebidas passivamente, outras exigem maior participação do vidente. Os métodos empregados pelos videntes nem sempre resultam de aptidões naturais e mesmo os mais hábeis se servem de algum instrumento ou mecanismo desencadeador para facilitar a recepção.

As experiências proféticas podem assumir a forma de visões, imagens, sonhos, vozes, jornadas de imaginação ativa ou apenas de uma sensação de conhecimento interior. Alguns videntes têm lampejos que lhes chegam inesperadamente, outros se esforçam para obter resultados pela prática da meditação profunda ou entram em transe e estados místicos. Podem ainda ocorrer visitações na forma de guias e anjos ou através de médiuns, canais e adivinhação.

As formas mais simples de profecia são a premonição e a precognição. A precognição é a sensação de saber antes de saber, e muitas vezes ocorre como intuição. Todos nós podemos experimentar episódios espontâneos de precognição como, por exemplo, quando uma pessoa nos fita e nós nos viramos para ela porque sentimos, intuitivamente, que estamos sendo observados. A premonição é uma antevisão do futuro como uma experiência de algo separado da consciência. Entre os profetas bíblicos e os santos encontramos muitos exemplos de premonição que descrevem visões e presságios de eventos futuros; ao serem comunicadas, as premonições se tornam profecias.

Um exemplo de profecia bem conhecido se refere ao Grande Incêndio de Londres. Três videntes famosos — Nostradamus, Old Mother Shipton e o astrólogo William Lilly — predisseram que Londres seria devastada por um incêndio em 1666. O astrólogo Lilly foi tão preciso a ponto de prever o dia em que o fogo começaria; como consequência, foi preso e levado diante do Parlamento, acusado de ser o autor do desastre. Ele foi libertado depois de provar que as acusações eram improcedentes.

Nesse caso, não se tratou de coincidência ou acaso, nem tampouco os videntes estavam à procura de fama ou credibilidade: simplesmente comunicavam como fato inevitável o que lhes fora revelado através de adivinhação ou visão. Podemos tomar isso como evidência, e a história oferece milhares de exemplos que mostram como é possível de algum modo receber detalhes de acontecimentos ainda não ocorridos. Esse fato parece sugerir que os seres humanos são capazes de ver o futuro.

Mother Shipton, acima mencionada, foi uma profetiza inglesa do século XVI que fez inúmeras predições muito precisas relacionadas com o que parece ser o século XX e a Segunda Guerra Mundial. Por exemplo:

> Carruagens se movimentarão sem cavalos. Pensamentos percorrerão o mundo num piscar de olhos. Homens caminharão debaixo da água, mulheres se vestirão como homens e usarão calças, e cortarão suas mechas de cabelo. Quando imagens parecerem vivas com movimentos livres. Quando navios, como peixes, nadarem embaixo do mar. Quando homens, superando as

aves, voarem nas alturas, então metade do mundo, mergulhada em sangue, perecerá.

Outro exemplo de exatidão profética está em *A Profecia dos Papas*, atribuída a São Malaquias. O 244º papa é identificado como "ancinho" e o papa correspondente foi Inocêncio XII, cuja família era natural da localidade de "Rastrello" (perto de Nápoles), termo italiano que designa essa ferramenta. Isso aconteceu um século depois da publicação das profecias, de modo que não houve uma adulteração do texto para ajustá-lo ao papa. Também não é plausível que a eleição tenha sido manipulada para corresponder à profecia, pois o conclave que elegeu Inocêncio XII foi uma batalha que se prolongou por cinco meses. É extremamente duvidoso que alguma forma de conluio levasse à realização da profecia – além disso, quais eram as possibilidades de alguém nascido num local chamado "ancinho" estar entre os cardeais?

Tudo indica que nessa e em muitas outras ocasiões as profecias se realizaram. "Ancinho" é uma palavra tão inequívoca e específica, que não poderia ser inventada para se adaptar a nenhum outro cardeal presente naquele conclave; todavia, como frequentemente acontece com as profecias bíblicas, esta só foi considerada precisa em retrospecto.

Imaginamos a profecia como um fenômeno dos tempos bíblicos e a equiparamos aos ensinamentos do Antigo Testamento. Naquele tempo a profecia era parte integrante da vida religiosa, com profetas acreditando, ou pelo menos declarando, que suas mensagens procediam diretamente de Deus. No entanto, a origem da comunicação com os reinos angelicais tem suas origens em civilizações muito mais antigas.

A ADIVINHAÇÃO E AS PRIMEIRAS FORMAS DE PREDIÇÃO

O desenvolvimento da espiritualidade é um estágio natural na evolução que inicialmente ocorreu em todas as culturas primitivas do mundo. Nesse processo, cada cultura acabou procurando um modo de entender seu lugar no esquema do criador. Desde a antiguidade, o gesto de invocar os deuses para pedir inspiração e direção assumiu muitas formas de fé e de misticismo. O homem primitivo atribuía os elementos do acaso aos deuses e todo ato fortuito era considerado um ato da divindade, do espírito ou de uma força mágica. Grandes acontecimentos, como a erupção de vulcões, más colheitas, o eclipse repentino do Sol, eram vistos como advertências dos deuses, incutindo medo nas pessoas. Para descobrir como apaziguar os deuses e evitar a cólera divina, os povos primitivos desenvolveram alguma forma de comunicação ou de interpretação dos sinais que eles consideravam ser produzidos para o próprio bem deles.

Para isso, desenvolveram instrumentos que acreditavam possibilitar-lhes conhecer alguma coisa do destino e aprender sobre o futuro com os que estavam fora do tempo. O valor dos videntes e adivinhos era reconhecido, e os naturalmente místicos assumiam essa função dentro da tribo. Eles criaram ferramentas e métodos para conhecer a vontade dos seus deuses e para tomar decisões baseadas em vislumbres do futuro.

Desse modo, a profecia e a adivinhação foram recursos essenciais para o desenvolvimento espiritual de muitas culturas antigas, ainda que às vezes de forma rude e simplificada. Muitos desses instrumentos são usados ainda hoje, desde as pedras rúnicas dos escandinavos até o *I Ching* dos chineses.

OS INSTRUMENTOS DA ADIVINHAÇÃO

Já nas primeiras formas de adivinhação, um xamã ou vidente interpretava os sinais e símbolos para a tribo. Essa função continuou à medida que as culturas evoluíram e as grandes civilizações começaram a surgir. A Babilônia, situada onde hoje é o sul do Iraque, é considerada uma das primeiras civilizações avançadas. Nas ruínas dos seus templos encontram-se vestígios de vasos de magia que eram usados para adivinhar eventos futuros perscrutando a água neles contida e contemplando as imagens que se formavam na mente.

No período clássico, os romanos utilizaram dados como recursos divinatórios; a habilidade de ler sinais e presságios fazia parte da vida diária. O poder do vidente não se limitava mais à classe sacerdotal; os instrumentos e métodos empregados para receber informações se tornaram comuns entre a população em geral. Hoje temos uma ampla variedade de recursos comuns, como escrita automática, bolas de cristal, espelhos côncavos, quiromancia, frenologia, fisiognomia, cartas do tarô e outros.

No século II d.C. as tribos germânicas do norte da Europa desenvolveram um sistema de runas como um conjunto de símbolos desenhados em pedaços de madeira, em ossos ou em pedras. As peças eram tiradas de um saquinho e dispostas numa certa ordem que era interpretada por um leitor. As runas formavam uma combinação de sinais que podiam ser relacionados e lidos como uma história. Essa habilidade de construir uma história a partir de imagens ou símbolos simples aparece em muitos métodos posteriores de "leitura" divinatória.

Para a Igreja, muitos desses instrumentos de adivinhação pertenciam ao reino das "artes negras", embora alguns ofereçam mais informações intuitivas do que qualquer coisa sinistra. A numerologia, por exemplo, consiste em transformar letras em números para identificar um tipo de personalidade, por exemplo. A ela assemelha-se a quiromancia, que é uma das formas mais antigas conhecidas de leitura do caráter através da adivinhação.

Astrologia

Através da história, a astrologia é a forma mais difundida e contínua de adivinhação do futuro. Encontramos evidências de suas ferramentas e registros de seus prognósticos em todo o mundo, desde os primórdios das civilizações mais antigas. Na antiga China, Índia e Oriente Médio, desenvolveram-se formas diferentes de astrologia, ainda hoje praticadas. Com o contato das culturas através do comércio e da guerra, a astrologia foi adotada e adaptada por diferentes civilizações como meio para conhecer os ciclos de influência sobre seu mundo.

Para o homem primitivo, os céus estavam repletos de maravilhas fortuitas incompreensíveis. Com o passar do tempo, o homem começou a conhecer o movimento dos corpos celestes, impôs sua consciência sobre os astros dispersos e chegou ao entendimento dos ciclos da Lua e dos planetas. A mente primitiva relacionou esses corpos celestes aos seus arquétipos, os totens dos seus sonhos, e atribuiu-lhes o poder de influenciar indivíduos e acontecimentos. Depois de mapear a passagem dos planetas pelo céu noturno, os astrólogos passaram a relacionar sua localização no firmamento com a hora e o local de nascimento do consulente.

Com esses dados, o astrólogo elaborava um mapa astral e o estudava para estabelecer as relações entre os planetas, o Sol e a Lua, e para definir o lugar desses corpos entre as constelações, e assim obter um quadro das influências sutis sobre o consulente. Não se limitando ao indivíduo, era possível também montar o mapa para lugares geográficos e mesmo para países inteiros, pois os astrólogos acreditavam que o globo celeste espelhava o terrestre.

Os símbolos da astrologia estão em inúmeras passagens da Bíblia. No Apocalipse, João tem a visão de um trono ao redor do qual estão dispostas as faces de quatro animais: a de um leão, a de um touro, a de um homem e a de uma águia. Erroneamente, esses quatro animais representariam os quatro autores evangélicos, Mateus, Marcos, Lucas e João, mas as mesmas imagens aparecem no Livro de Ezequiel, do Antigo Testamento, e assim são anteriores ao Novo Testamento. O Livro de Ezequiel é famoso por sua descrição de um trono alado chamejante descendo do céu, visão difícil de interpretar inicialmente. No entanto, Ezequiel também menciona as faces desses animais e do homem, e essas faces dão uma ideia da verdadeira natureza do que está sendo descrito. A origem desses personagens remonta à astrologia babilônica, na qual representam os signos do zodíaco.

O Antigo Testamento contém muitas outras referências veladas ao uso da astronomia e da astrologia como meios de compreender um evento em particular. Quando os astrólogos da corte de Herodes, o Grande, informaram-lhe que o Rei dos Judeus havia nascido em Belém, ele ordenou a matança de todos os meninos com menos de 2 anos de idade. Outra passagem descreve um anjo aparecendo a José em sonho, dizendo-lhe para fugir com a família para o Egito (Mateus 2,13). Há muitos exemplos de astrologia na Bíblia, mas acredito que um dos que é sempre mal-interpretado é esse da estrela no Oriente, identificada pelos magos, anunciando o nascimento de Jesus. A passagem relata que os magos vieram do Oriente dizendo "vimos a sua estrela no Oriente" (Mateus 2,1). Contrariamente à crença popular, os magos não seguem fisicamente a estrela. Se eles eram do Oriente e viram uma estrela no Oriente, teriam seguido na direção errada. Além disso, como é impossível um corpo astronômico identificar um local específico na Terra do tamanho de um celeiro, esse corpo só pode ser uma referência para os astrólogos da época. Os magos se serviram da astrologia para conhecer a data e o local do nascimento de uma figura messiânica que estava para chegar.

Milhares de pessoas em nossos dias dizem ter previsto o futuro recorrendo à astrologia e outros milhares mais dizem acreditar piamente nelas. De acordo com uma enquete realizada pela Opinion Dynamics Corporation nos EUA em 2004, quase um terço da população acreditava nos horóscopos diários publicados em jornais e revistas. Mesmo nestes tempos esclarecidos, uma vaga tentativa como essa de resumir em doze curtos parágrafos as influências astrológicas para uma então população de 292 milhões de pessoas ainda exerce enorme influência sobre as massas. No entanto, não podemos simplesmente desconsiderar a astrologia que é mais específica para os indivíduos, pois são muitos os exemplos de sua correta aplicação ao longo da história, como o de William Lilly prevendo o Grande Incêndio de Londres mencionado anteriormente.

Cartomancia

Outra forma de leitura do futuro que surgiu mais tarde foram as cartas. A adivinhação por meio de cartas é normalmente feita com um baralho de tarô, composto de figuras tão arcanas, que em geral é associado ao ocultismo. Na realidade, porém, essas cartas, repletas de simbolismo, baseiam-se em figuras arquetípicas, muitas delas de origem cristã. Vários dos chamados "arcanos maiores" representam cenas da Bíblia, como o Juízo Final, e imagens cristãs típicas, como a carta O Papa. O baralho contém ainda algumas figuras "heréticas", como A Papisa e A Sacerdotisa.

O tarô é um sistema que combina as influências arquetípicas da astrologia com a interpretação dos símbolos das runas. Trata-se de um sistema complexo de cartomancia surgido na Europa Ocidental durante a Idade Média. Para jogá-lo, tiram-se cartas ao acaso, que são distribuídas em sequência e em seguida interpretadas em forma de narrativa inspirada pelas imagens e seus atributos. A narrativa tende a ser muito pessoal para o consulente e produz resultados melhores quando aplicada a questões e considerações específicas relacionadas ao futuro. Às vezes ela oferece várias opções que podem ter passado despercebidas ao consulente.

Em termos de tempos específicos, a leitura do futuro pelo tarô só opera de forma geral. Para identificar datas específicas com maior precisão, é mais apropriado usar um baralho de cartas comuns. É possível compor um sistema simples em que os quatro naipes indicam as quatro estações e as 52 cartas representam as semanas do ano. Para identificar os dias, os valetes equivalem ao onze, as rainhas ao doze e os reis ao treze, de modo que o total de cartas é de 364; os dois coringas valem um ponto cada um e representam tanto um ano normal como um ano bissexto. A habilidade inerente ao uso de cartas de jogar desse modo implica que a adivinhação teve certa influência na criação delas.

A prática da cartomancia requer que o leitor entre num estado mental suscetível aos símbolos das cartas. Observei que para isso os leitores de tarô entram em estados de transe e produzem leituras, depois do que não lembram o que disseram. A observação desse estado produz inicialmente certo receio, pois pode dar a impressão de um estado momentâneo de esquizofrenia ou mesmo de possessão. Na realidade, o leitor entra em um nível diferente de consciência, do qual não têm percepção no dia a dia. Uma razão possível da eficiência desse método é que a natureza visualmente rica das cartas do tarô leva ao entorpecimento da mente consciente, possibilitando assim a efetivação de conexões discretas no inconsciente. Os resultados dessas interações seriam desencadeados em parte pelo fato de o leitor ter uma resposta empática para o consulente que invoca a aplicação do inconsciente na adivinhação.

Esse tema será analisado em maior profundidade no próximo capítulo, mas o tarô continua sendo exemplo de um oráculo abrangente capaz de responder a qualquer tipo de pergunta. Como as origens do tarô estão perdidas no tempo, para um estudo mais apurado da evolução de um sistema divinatório precisamos voltar-nos para o Extremo Oriente e o desenvolvimento do *I Ching*.

I Ching

Um dos oráculos mais antigos que conhecemos, baseado num recurso divinatório, é o *I Ching*, ou *Livro das Mutações*, datado aproximadamente do ano 1000 a.C. Os instrumentos de adivinhação chineses acompanharam a evolução da cultura chinesa e em alguns casos, como neste do *I Ching*, se tornaram sistemas filosóficos completos em si mesmos.

O sistema chinês do *I Ching* requer que se lancem três moedas, duas vezes, de modo a formar seis linhas partidas ou inteiras, resultando numa figura chamada hexagrama. É provável que esse sistema tenha derivado de uma forma mais simples de adivinhação, consistindo na resposta mais básica a uma pergunta: a resposta "sim" ou "não". Antes das moedas, a mesma leitura era feita com ossos. Esse método primitivo, mas eficiente, consistia em traçar uma linha na areia e jogar um punhado de ossos sobre ela. Se caíssem mais ossos no lado esquerdo da linha, a resposta era "não"; se mais ossos caíssem no lado direito, a resposta era "sim". Entendia-se que o lance totalmente aleatório de uma moeda de *I Ching* daria aos deuses a oportunidade de influenciar o resultado e dar uma resposta.

Essa ideia de um resultado bom ou ruim "absoluto" é primitiva, no sentido de que põe limites a algo que tem o potencial de ser infinito. Ela reflete uma visão simples da vida, em preto e branco, à qual falta a dimensão da ambiguidade que temos hoje, mas que ainda pode oferecer uma resposta simples. Com o passar do tempo, esse enfoque preto e branco expandiu-se para incorporar experiências psicológicas e religiosas e desenvolveu-se para revelar informações que refletiam um espectro de consciência mais amplo. Isso também exigia maior percepção por parte do leitor, pois ele precisava comunicar símbolos e padrões mais complexos.

Por fim, o uso do *I Ching* foi além do simples lance binário "sim" ou "não" da moeda e passou a assumir a configuração de hexagramas que solucionavam 64 situações possíveis. Os primeiros comentários aos hexagramas consistiam em algumas linhas de texto, mas atualmente quase sempre resultam em inúmeras páginas com informações que devem ser consideradas em sua totalidade. Essas interpretações são repletas de revelações e definições que quase necessitam de outro nível de adivinhação para se chegar a uma resposta clara. Com o desenvolvimento do *I Ching*, a dualidade simples do lance da moeda se expandiu para revelar uma filosofia e sabedoria que engloba todos os aspectos da vida.

Quando o *I Ching* deixou de se basear apenas no acaso de um lance de moedas e exigiu interpretação, ele se transformou em oráculo. No primeiro caso a resposta pode ser mecânica, apoiando-se em explicações escritas para o resultado da adivinhação. No caso do *I Ching*, o leitor se apoia nessas interpretações escritas para criar uma narrativa inspirada que revela algo para o consulente. O valor do leitor aqui é que ele abre uma porta através do inconsciente para chegar à resposta de inspiração divina.

Oráculos

O contato com espíritos ou outras entidades precisa em geral de um médium que entre num nível diferente de consciência, como um estado de transe. Esses estados de transe eram às vezes induzidos ou forjados para ajudar o oráculo ou canal a ter acesso, através do inconsciente, às informações disponíveis nos reinos superiores. Para os antigos, o acesso a esses reinos representava a passagem através do véu da vida e da morte para entrar em contato com os espíritos dos ancestrais. Alguns oráculos produzem uma imagem mental espontânea, mas os exemplos mais notáveis dos antigos oráculos descrevem revelações "recebidas" através de uma voz que sai diretamente da boca do receptor ou que retransmite uma mensagem que eles querem comunicar.

O representante mais famoso de um oráculo dessa época está na Grécia antiga. A Grécia contava com muitos oráculos, como o de Delfos, tão essenciais para a religiosidade das pessoas a ponto de se tornarem destinos de peregrinação. O oráculo de Delfos era consultado por reis, políticos e sacerdotes, que se deslumbravam com a exatidão das mensagens que lhes eram reveladas. Os antigos gregos recorriam ao oráculo de Delfos para conhecer a vontade do deus Apolo, que falava através da sacerdotisa; esta ficava sentada em estado de êxtase num tripé colocado sobre uma fenda existente na terra. Os gases que subiam pela fenda são considerados um dos fatores que induziam o estado mental necessário para a manifestação do oráculo, não sendo importante se os vapores ou outros agentes psicoativos provocavam a expressão das revelações. A questão aqui é se as informações procediam ou não do inconsciente do profeta ou se o evento dava acesso a uma fonte divina.

A audição de vozes assumiu muitas formas desde a antiga Grécia e se consolidou no Ocidente durante o século XIX como mediunidade. Hoje a entendemos como clarividência, mas esse termo está deturpado pelas percepções e fraudes correspondentes que infestaram o espiritismo no fim do século XIX. O espiritismo surgira em reação à era industrial, que ameaçava suprimir a fé e com ela as respostas às perguntas mais profundas sobre a outra vida. O medo da morte ou a busca de consolo por parte dos enlutados criou um vazio psicológico que foi preenchido pela arte do contato com entidades do pós-vida. Os médiuns se diziam capacitados a entrar em contato com parentes mortos dos enlutados numa prática que não era diferente da conjuração de espíritos do Antigo Testamento, embora estivesse propensa à fraude. À medida que os inescrupulosos se aproveitavam da perda dos enlutados, desenvolveu-se uma pequena indústria em torno do embuste do contato com entidades do outro mundo. As ações e vozes dos entes queridos falecidos recentemente eram muitas vezes expostas como trapaça, fazendo com que a noção de contato com espíritos perdesse o prestígio.

Outro método de contato com os mortos apareceu nessa época na forma do jogo de salão do século XIX chamado Ouija. Hoje temos centenas de filmes de terror que nos previnem sobre os perigos da "intromissão" nesses assuntos, mas quero deixar claro que, por experiência pessoal limitada com essa tábua, descobri que os "espíritos" com que tive a impressão de entrar em contato não são mais sábios na morte do que o foram em vida. Uma das respostas, porém, foi coerente, por isso não posso desmerecer esse recurso inteiramente.

O correspondente moderno do espiritismo recebe o nome de "canalização", que consiste numa visitação internalizada em que as informações são ouvidas e quase sempre escritas posteriormente. Esse método foi empregado pelo mais famoso dos ocultistas ocidentais, Aleister Crowley, na transcrição do seu *Livro da Lei*. Crowley afirma ter escrito o livro invocando um espírito desencarnado que lhe ditava o conteúdo desde um canto da sala. O fato de que esse espírito, um suposto deus da guerra egípcio antigo, tinha a tendência a citar o monge medieval Rabelais, cuja obra Crowley normalmente procurava imitar, talvez diga mais sobre a verdadeira origem da revelação do que a pretensão paranormal que a envolve.

Crowley inspirava-se nas tradições da bruxaria e da magia, condenadas pela Inquisição, que envolviam a habilidade de entrar em contato com entidades e receber informações de seres do além, externos ao reino físico. Essa prática sempre foi descrita como conjuração de demônios na propaganda da Inquisição (ver *Malleus Maleficarum*, publicado na Alemanha em 1487), mas nos livros fundamentais, como o *Livro de Abramelin* (século XIV), descobrimos que seus adeptos procuravam entrar em contato com seres angelicais ou ouvir a voz do Espírito Santo. As ações dos *abramelin* estão associadas às práticas judaicas da época de Salomão. Elas incluem instruções sobre o modo de amarrar demônios, da mesma forma que Salomão amarrou Asmodeu para construir seu templo, conforme narram os mitos do judaísmo.

O lendário necromante John Dee (1527-1609) foi acusado da mesma prática no século XVI. Ele adotava o que considerava uma abordagem científica para contatar espíritos de outras dimensões. Existem desenhos à tinta dele e do seu aluno, Edward Kelly, trabalhando juntos num cemitério em Londres para conjurar uma aparição com a qual ele pretendia conversar. Com o tempo, ele compilou uma "língua dos anjos" chamada enoquiano, que ele dizia ter recebido em devaneios espirituais. O enoquiano parece uma extrapolação dos caracteres hebraicos utilizados pelos cabalistas da tradição de magia ocidental. Dee usava também um espelho mágico, uma travessa revestida com vidro côncavo preto, ainda conservado e exposto no Museu Britânico em Londres. Essas ideias encontram-se em obras ocultistas antigas, como os escritos de Cornélio Agrippa (1486-1535) e o grimório árabe Picatrix que remonta ao século XII.

É um equívoco rejeitar oráculos por considerá-los impregnados de ocultismo, uma vez que os encontramos também nas origens do cristianismo, em que eram elementos comuns nos templos da época. O oráculo era consultado como autoridade em questões espirituais, do mesmo modo que se acreditava que ele podia revelar a vontade de Yahweh. Alguns assumiam a forma de indivíduos que recebiam e transmitiam informações diretamente de fontes superiores, outros se valiam de várias formas de adivinhação.

Embora o Ocidente tenha relegado a arte da mediunidade e de toda sua parafernália aos reinos do paranormal, a tentativa de entrar em contato com entidades prevaleceu em muitas culturas. Muitas tradições espirituais foram além do simples ouvir espíritos e levaram a ideia um passo adiante, chegando aos "guias espirituais". Esses guias espirituais normalmente assumem uma aparência simbólica, como a figura do "ancião sábio", e em termos psicológicos equiparam-se à ideia transpessoal do eu superior, ou de "Atmã" — um termo tomado do hinduísmo, com o significado de *eu verdadeiro* — em comunicação com o ego.

Adivinhação e profecia através do escrutínio de si mesmo

O inconsciente pessoal é por si só um instrumento para a adivinhação e o exame de si mesmo. À medida que a pessoa mergulha em seu inconsciente para descobrir um modo de receber informações, ela se afasta dos instrumentos da adivinhação e volta-se para a experiência da profecia. Existem muitos casos de predição ou profecia proveniente do íntimo do indivíduo, casos esses concomitantes com a adivinhação ao longo da história. A capacidade interior de produzir adivinhação pode recorrer a uma fonte externa para obter informações, mas difere de outras ferramentas de previsão por ser totalmente realizada pelo próprio profeta. É possível ter uma experiência espontânea dessas na vida diária através da imaginação e da intuição.

Imaginação

O ato comum de aplicar a imaginação a uma questão ou situação pode evocar alguma imagem do futuro. Na imaginação criativa, o anseio de descobrir o que poderia realizar-se no futuro pode produzir um lampejo desses eventos na mente. Através da imaginação podemos devanear sobre o futuro. Testemunhamos isso nas obras de autores de ficção científica como Júlio Verne e suas predições do futuro.

Verne era dotado de uma imaginação fértil para escrever em detalhes sobre tanques e submarinos antes que estes fossem inventados. Sua visão de uma guerra futura tornou-se realidade durante a Primeira Guerra Mundial quando os tanques começaram a substituir a cavalaria nos campos de batalha e surgiram os primeiros submarinos. Para dar esse salto da imaginação, Verne extrapolou os avanços contemporâneos da ciência e da tecnologia no fim do século XIX e usou esses dados para antever o transporte e as armas do século XX. Ele tinha palpites congruentes, mas esses se baseavam em invenções já existentes, do mesmo modo que os leitores do *I Ching* montavam uma narrativa baseados no texto existente. No hiato entre o conhecido e o desconhecido, a imaginação se projetava para o futuro.

Há muitos exemplos de ciência verdadeira oriunda da cinematografia e da literatura de ficção científica, criando uma tradição de profecia autorrealizada à medida que os entusiastas do meio adotaram e aplicaram algumas ideias. Exemplo disso é o uso dramático da contagem regressiva que caracteriza o lançamento de todas as missões espaciais da NASA. A contagem do número dez ao número um para produzir esse efeito dramático inspirou-se num filme alemão de 1929 intitulado *A Mulher na Lua*.

Além da tecnologia, podemos também observar padrões na natureza e no meio ambiente para prever tendências. Esses padrões podem ser tão básicos quanto a interpretação de presságios do tipo "cerração baixa, sol que racha", para esperar um belo dia de sol, ou mais complexos como a moderna ciência da previsão do tempo. Quanto ao resultado mais preciso, eu diria que é discutível, mas a segunda alternativa é certamente muito mais dispendiosa.

Intuição e inspiração

Intuição é a obtenção de conhecimento sem precisar estudar. Em comparação com a imaginação, ela resulta de uma atitude mais espontânea com relação à interpretação dos sinais, e muitas vezes chega totalmente formada, ao passo que a lógica e a imaginação precisam passar por diversas etapas para dar uma resposta. Na adivinhação e na profecia antigas, as interpretações procediam da intuição e da inspiração.

Inspiração consiste em passar de um conhecimento a outro completamente novo; ela é quase que totalmente responsável por nosso progresso como espécie. Às vezes a inspiração é estimulada por forças externas, como resposta a mudanças em nosso ambiente; outras vezes ela é puramente estética, como na criação artística. Se um cientista tem um lampejo, um momento "heureca", esse é normalmente um atalho para uma informação que só seria obtida através de um processo linear e que precisaria de mais tempo para ser alcançada. A experiência intuitiva se assemelha a um salto para a resposta sem precisar passar por um longo processo de descoberta.

O fato de podermos ser inspirados é evidência de uma capacidade inata de ponderar sobre a nossa situação e a partir dela imaginar alguma coisa nova. É assim que resolvemos problemas. No momento de inspiração imaginamos um futuro que pode ou não realizar-se. Essa não é ainda uma forma de profecia, mas não está muito longe dela. As novas ideias que surgem penetram em nossa percepção vindas de fora. Dentro de nós esse nexo é feito pelo inconsciente, ao qual temos acesso através dos sonhos.

O estado onírico

Paralelamente ao desenvolvimento de instrumentos para adivinhação, o conteúdo dos sonhos teria sido compreendido como uma janela para novas informações. Muitos sonhos são meramente compilações de fatos recentes e de preocupações atuais à medida que a mente assimila os resíduos da nossa vida diária. Outros podem ser vívidos e ricos em imagens e mensagens simbólicas da psique, como comprovam as obras de Jung e de centenas de outros psicanalistas a partir dele. O inconsciente é um solo fértil do qual pode brotar uma compreensão extraordinária da nossa própria constituição psicológica. Há inclusive uma teoria segundo a qual sonhamos o tempo todo, mas os sonhos que temos são ofuscados pela luz da consciência do estado de vigília.

Dos sonhos de proporções visionárias, alguns podem ser espontaneamente proféticos, sem nenhuma intenção por parte do sujeito. Esse método passivo de profecia é provavelmente o mais comum, mas o menos lembrado. Os filmes curtos que passam no cinema das nossas sinapses podem deixar-nos com uma sensação de saber, às vezes de pressentimento, como se tivéssemos visto um fantasma que nos assombra desde o nosso futuro.

As primeiras religiões e culturas, como as dos aborígines, perscrutavam os sonhos em busca de imagens e muitas vezes construíam totens ou animais simbólicos que podem ser reconhecidos como arquetípicos. Os sonhos eram um canal claro para o inconsciente e o meio mais básico de adivinhação pessoal. A confluência de sonhos e profecias ocorre muitas vezes na Bíblia, e foi vista como uma forma importante de comunicação entre o homem e o divino no Antigo Testamento. A história que ouvimos desde crianças é a do faraó que sonhou com sete vacas magras, interpretadas por José como sete anos de carestia.

Inúmeros estados oníricos ocorrem dentro da faixa normal de atividade cerebral exercida durante o sono. Uma versão mais apurada e controlada dos sonhos pode ser obtida através do sonho lúcido. Os sonhos lúcidos têm uma qualidade diferente daquela dos sonhos normais, pois parecem muito reais e convincentes. Podemos confundi-los com a realidade, e quando despertamos subitamente de um deles ficamos desconcertados, pois a sensação residual de lugar pode permanecer. Exemplo disso é quando acordamos de um sonho em que estamos caminhando e a perna se contrai instintivamente devido a uma sensação súbita de queda.

A fronteira entre os sonhos e a percepção é um espaço onde temos visões ao despertar. São os momentos em que subimos ou descemos por níveis de consciência em direção ao sono ou à vigília. Há um ponto nesse processo em que estamos no ápice da consciência e da inconsciência e a mente está livre para conjurar imagens que abrangem os dois estados. No estado de quase despertar podemos ver uma imagem ou cena como se ela fosse real. Essas imagens também podem trazer percepções e informações que não havíamos conhecido anteriormente no estado de vigília.

O artista e poeta visionário William Blake escreveu: "Afirmo que todas as minhas visões me aparecem infinitamente mais perfeitas e mais organizadas do que qualquer coisa vista pelo olho mortal".

A qualidade dos sonhos

Um fluxo de energia através da consciência dá mais força a certas imagens e experiências do que a outras. Essas exercem um impacto maior e permanecem na memória durante muito tempo depois do evento. Em termos de energia psicológica, podemos classificar a qualidade dos sonhos em três níveis.

O primeiro nível é a fantasia básica de um devaneio que alimentamos no estado de vigília. Esses devaneios são elaborações da nossa imaginação criativa e contêm muito pouca energia psíquica.

A camada seguinte é o estado onírico comum, que varia desde um filme que chega à mente vindo de um lugar totalmente diferente, até uma experiência bem mais vívida e envolvente. Essas fantasias parecem conter muito mais energia, pois são movidas pela mente inconsciente e pelos símbolos por meio dos quais ela se comunica. Os sonhos tiram sua energia do poço do nosso inconsciente, de modo que podem ficar totalmente imersos, na medida em que sonhos lúcidos podem aparecer como parte da nossa realidade, totalmente realizados e integrados em nossa experiência do mundo.

O terceiro nível é a visão que se oferece aos profetas. Esta é mais brilhante que um sonho porque não só recebe sua força da psique do indivíduo, mas possivelmente também de uma fonte externa da forma que está sendo comunicada. No caso de uma profecia como a de Malaquias, que abrange todo o papado e toda a história da Igreja Católica, essa profecia é movida por tal energia.

Visões

Conquanto os sonhos e a adivinhação ofereçam em geral uma ideia da "qualidade" dos eventos possíveis, eles raramente descrevem o evento propriamente dito em detalhes. As visões são semelhantes aos sonhos enquanto têm um aspecto ou uma atmosfera que revela um sentido do que a linguagem simbólica comunica. No entanto, elas podem também revelar detalhes específicos de acontecimentos reais num momento específico do futuro. Por exemplo, há inúmeros casos documentados de videntes, entre eles São Malaquias, que previram a natureza exata e a época da própria morte.

As visões têm ainda uma qualidade diferente dos sonhos enquanto dão frequentemente a impressão de ser impingidas ao vidente, como se procedessem de alguma força externa, e por isso podem ser bastante súbitas e alarmantes no início. Podemos também dizer que os sonhos e a visualização ocorrem na esfera do inconsciente e são acima de tudo de caráter pessoal. Por sua vez, as visões são transpessoais: seus resultados estão além da nossa capacidade de imaginar ou compreender.

Muitos relatos de visões as descrevem como originárias de alguma fonte externa, como um dom obsequiado de longe para revelar acontecimentos em outros lugares ou momentos no tempo. De uma perspectiva cristã, segundo a *História da Profecia* (Palmer, Londres, 1862), "a profecia é como uma seta de Deus disparada na direção da natureza animal do homem".

Tradicionalmente, a manifestação de uma visão era induzida pela insônia ou pela fome. O deserto e outros ambientes extremos são os cenários comuns associados aos santos suscetíveis a visões apocalípticas, mas estas não eram voos da fantasia causados pela desidratação ou por alguma outra disfunção química.

Como ocorreu com Jesus que foi tentado pelo diabo no deserto (Mateus 4,1), não se trata necessariamente de um simples caso de alucinação, mas do rompimento de certas barreiras psicológicas que normalmente nos protegem de experiências dessa natureza.

As culturas tribais recorrem a substâncias psicoativas para desencadear experiências religiosas visionárias, como o peiote usado pelos xamãs dos índios nativos norte-americanos e dos índios huichol do México. Nas celebrações religiosas, a substância alucinógena assume o papel de um sacramento que induz o xamã a níveis mais profundos de consciência e o cumula de visões reveladoras. Esse é um mundo distante do uso social da droga de fins da década de 1960, em que as visões eram consideradas um efeito colateral prazeroso.

OBSTÁCULOS À INTERPRETAÇÃO

Não podemos supor que todas as informações que recebemos sejam válidas ou verdadeiras. A questão toda está em discernir e interpretar a verdade mais geral dessas comunicações. É raro a mensagem chegar com tanta clareza como no caso de Constantino, que viu uma cruz no céu com as palavras "Com este sinal vencerás", por ele interpretadas como um prenúncio de que venceria a batalha no dia seguinte. Os símbolos dessa visão contêm sua própria força e relevância, que Constantino reconheceu e compreendeu.

Os símbolos têm uma energia que deriva do seu significado cultural, histórico, religioso e pessoal. Com base nessa energia e no contexto em que esses símbolos aparecem, o adivinho tem condições de lê-los e entender seu significado. Surpreendentemente, pode-se dizer a mesma coisa com relação ao depósito casual de folhas de chá numa xícara, nas quais videntes e adivinhos conseguem ver imagens (tasseomancia). A possibilidade de que um símbolo específico apareça ou de que as folhas de chá assumam uma determinada forma está aberta à abstração e à interpretação.

Os escritos de Nostradamus estão tão imbuídos de linguagem críptica e simbólica, que jamais poderiam ser interpretados de forma clara e única. É impossível reduzir muitos deles através da abstração para chegar a uma conclusão definitiva.

O fato de padrões aleatórios revelarem informações inesperadas parece desmerecer a intuição, podendo induzir o consulente a ver aspectos relevantes onde não há nada disso. Aos próprios padrões de um teste de Rorschach podemos facilmente atribuir o sentido que desejamos projetar neles. Esses sentidos são conhecidos como simulacros, situação em que a capacidade da mente produz imagens reconhecíveis onde estas não existem. Fazemos isso sempre que olhamos para as estrelas e "unimos os pontos" entre elas numa tentativa de constelar padrões no céu noturno. Sem integrar esses padrões a uma reflexão significativa da nossa condição humana, conferindo-lhes atributos arquetípicos, por exemplo, eles ficariam reduzidos à sua natureza insignificativa de um agregado aleatório de pontos luminosos no vazio.

O ponto de vista segundo o qual toda adivinhação é forjada porque inventamos a interpretação é uma perspectiva defeituosa para entender o que acontece. Tomando a astrologia como exemplo, identificamos nossos arquétipos, nossas influências psicológicas, como formas clássicas, e as vemos refletidas no mundo externo projetando-as nos corpos celestes do universo. Por meio da astrologia podemos então tentar mensurar sua influência sobre nossa vida com a intermediação do inconsciente. A origem disso está naqueles primeiros astrólogos que viam suas tribos fugir de medo quando um eclipse escondia o Sol e eles eram pressionados a explicar o que esse evento significava. Não dispondo dos conhecimentos hoje existentes, eles teriam se deparado com a necessidade de reunir elementos da sua própria psicologia para encontrar uma resposta que satisfizesse a tribo. Fazendo isso, eles encontravam a relação entre o arquétipo e a alma tribal.

DIFICULDADES DAS LEITURAS

Os astrólogos antigos se depararam com o mesmo risco inerente a todas as formas de adivinhação e profecia, ou seja, que o indivíduo que tem por função ler ou transmitir a informação recebida deve fazê-lo com a interpretação correta. Não basta apenas pegar um baralho de tarô, pedir ao consulente que tire algumas cartas e especular ou só palpitar sobre o significado da carta extraída. Se a pessoa tirasse a figura de uma torre desabando, por exemplo, o adivinho poderia achar que ela significava desastre iminente. A torre pode significar desastre, mas pode também indicar possibilidade de um novo começo após a derrocada do velho. Centenas de livros ajudam a explicar tal símbolo, mas nesse momento, com essa pessoa e com seus problemas específicos, é a faculdade da intuição — não o que foi aprendido — que deve oferecer a resposta.

É nisso que consiste a verdadeira aptidão do leitor — na sua capacidade de ler o valor energético de um signo e definir a relação desse signo com a situação do momento. Acontecendo isso, ele está livre do risco de confundir uma visão com uma miragem.

Nós somos complexos em nossa visão do mundo e tendemos a construir sistemas complexos, mas esses às vezes tolhem a nossa espontaneidade. Se um leitor tem muito conhecimento, ele pode asfixiar a intuição e distorcer a interpretação. A adivinhação pode malograr porque o leitor projeta seus problemas no conteúdo. Assim o significado energético da adivinhação ou visão fica contaminado pela psicose do leitor.

Todo psicoterapeuta sabe que existem milhares de livros sobre análise de sonhos que procuram explicar cada faceta de um evento onírico no cinema do nosso inconsciente. Os psicoterapeutas detestam esses livros porque estes muitas vezes ignoram a primeira impressão pura do analisando oferecendo alguma explicação cultural ou histórica. As visões, especialmente, podem conter uma fonte pura de informações inconscientes antes da interpretação.

A análise dos sonhos deve sempre começar com uma interpretação pessoal e assumir a forma de associação livre com o símbolo ou evento. É boa prática não deixar a mente seguir fluxos de ideias, mas voltar sempre ao símbolo original para descobrir outra associação direta até encontrar uma que se mostre energizada. É o aspecto energizado desse material psíquico que é importante, pois contém informações que não vieram da mente consciente.

Depois de receber uma visão pura ou um símbolo onírico, o problema seguinte para o indivíduo é não só interpretar a mensagem, mas discernir se a informação é direcionada só para ele ou se ela se orienta para um público mais amplo. Essa é uma dificuldade peculiar quando a informação recebida é de natureza religiosa, pois o anseio do receptor é muitas vezes ir às praças e difundir a "boa-nova". Provavelmente, muitos que pressentem novas revelações da Bíblia ou de outras fontes religiosas estão confundindo uma revelação pessoal destinada especificamente a eles com algo de aplicação mais universal e, portanto, se sentem compelidos a compartilhá-la como uma verdade mais abrangente. Isso ocorre frequentemente em torno de ideias do Fim dos Tempos e interpretações do Livro do Apocalipse.

A história é testemunha de muitos exemplos de videntes que predizem uma data específica para o apocalipse, e este teima em não se concretizar. Esses videntes estavam convencidos de que de algum modo possuíam conhecimento divino desse evento e eram impelidos a dividi-lo com outras pessoas. Deparei-me com um caso desses há pouco tempo. Em maio de 2011, eu estava na Filadélfia e vi uma fileira de caminhonetes pretas pintadas para promover a mensagem de Harold Camping, um DJ de rádio cristão. Camping anunciava que entraria em transe no dia 21 daquele mês e ano e que logo em seguida viria o fim do mundo. Ele dizia ter descoberto a data correta do apocalipse estudando a Bíblia. Infelizmente para seus seguidores, alguns dos quais haviam gasto o dinheiro que não podiam numa campanha de anúncios para o evento, ele deixara de mencionar que havia anteriormente publicado um livro anunciando o apocalipse para o ano de 1994 e que tivera de adiar a data para 2011. Como nada aconteceu em 2011, ele admitiu que seus cálculos estavam errados e adiou a data novamente, para outubro do mesmo ano. Desde então ele vem reconhecendo seu erro ao tentar precisar a data, ignorando a advertência que está no Evangelho: "Daquele dia e da hora, ninguém sabe, nem os anjos dos céus, nem o Filho, mas só o Pai" (Mateus 24,36).

O ceticismo atual com relação a anúncios dessa natureza não surpreende, pois fomos levados a esperar algo próximo de um evento apocalíptico no fim do século XX. A passagem de um milênio para outro ocorreu sem nenhum cataclismo, enquanto muitas paróquias na Inglaterra, e certamente em outras partes do mundo, dedicaram suas pregações ao tipo de chantagem emocional "arrependei-vos agora ou sereis condenados", que está afastando as pessoas da Igreja.

O cristianismo não é a única religião que fracassa em anunciar um evento de Fim dos Tempos espetacular para todos. Se você está lendo este livro, os alardeados acontecimentos de dezembro de 2012, segundo projeções do calendário maia, provavelmente passaram sem nenhum incidente e os que eram tão eloquentes quanto ao fim iminente hoje silenciam ou então apresentam justificativas, como a de que se tratava de uma convulsão "espiritual" e não "física". Ambos os lados terão muita dificuldade em oferecer evidências a favor ou contra essa situação.

VOZ DE QUEM?

Uma questão mais profunda envolvendo a aceitação da profecia e dos resultados de todas as formas de adivinhação consiste na certeza de que procedam de uma fonte confiável. Estar aberto à profecia é permitir que a personalidade se retraia e seja sublimada sob alguma outra coisa. No vazio faz-se ouvir uma voz que pode pertencer a um anjo ou a um demônio, ou inclusive ser uma manifestação esquizofrênica.

Na religião primitiva, a possessão deu origem à ideia de que um mau espírito podia usar um indivíduo para desencaminhar outros e a Bíblia traz exemplos de profecias que são destrutivas ou falsas. Em Atos (16,16-18), uma mulher possuída por um espírito de adivinhação seguia Paulo, anunciando que ele era um servo de Deus. Embora o espírito nela esteja correto no que revela, ele perturba Paulo, que o expulsa da mulher. Paulo compreendeu intuitivamente que embora a mensagem fosse correta, o espírito que a comunicava não merecia confiança.

Existem também advertências contra falsos espíritos que falam através dos profetas. Por exemplo: "Não vos voltareis para os necromantes nem consultareis os adivinhos" (Levítico 19,31). Há inclusive em 1 Samuel (28,3-20) o relato de um espírito que assume forma física quando é conjurado a profetizar e aparece na forma de Samuel, mas é descoberto ser falso.

Outra questão é que, embora a informação possa ser recebida através da canalização ou de outro meio, o ego da pessoa que a recebe pode filtrar a informação e distorcê-la segundo sua própria perspectiva. Isso pode ser totalmente inconsciente e involuntário, mas, como acontece com a interpretação dos sonhos, o ego pode confundir o que é recebido antes de comunicá-lo.

FALSOS PROFETAS

Em alguns casos, a personalidade do profeta é corrompida. Mateus (7,15) admoesta: "Guardai-vos dos falsos profetas, que vêm a vós disfarçados de ovelhas, mas por dentro são lobos ferozes". Deuteronômio (13,1-5) também inclui advertências severas contra os falsos profetas, afirmando:

> Quando surgir em teu meio um profeta ou um intérprete de sonhos, e te apresentar um sinal ou um prodígio — se este sinal ou prodígio que ele anunciou se realiza e ele te diz: "Vamos seguir outros deuses (que não conheceste) e servi-los" — não ouças as palavras desse profeta ou desse intérprete de sonhos... Quanto ao profeta ou intérprete de sonhos, deverá ser morto.

A Bíblia oferece ainda um episódio doloroso em que uma comunicação correta é ignorada voluntariamente. Inspirada por um sonho, a mulher de Pôncio Pilatos advertiu o marido a não crucificar Jesus porque "muito sofri hoje em sonho por causa dele" (Mateus 27,19), mas ele preferiu não atendê-la.

Era difícil nos tempos bíblicos distinguir a voz de um anjo da voz do diabo, e se há uma lição a extrair desses exemplos é a de não se deixar manipular pela profecia. Ouvi-la e acreditar nela, se nos sentimos motivados a isso, mas cientes de que jamais saberemos realmente em termos absolutos se a visão ou a voz quer sempre o nosso bem maior. Ao examinar a profecia, devemos encontrar um equilíbrio, e a Bíblia oferece boas advertências a esse respeito, afirmando em Tessalonicenses (5,19-21): "Não extingais o Espírito; não desprezeis as profecias. Discerni tudo e ficai com o que é bom".

Com toda essa possibilidade de confusão, a Igreja Católica é cautelosa ao não abonar nem atribuir qualquer forma de credibilidade a profecias não incluídas na Bíblia. Ela não as julga como verdadeiras ou falsas, mas parece tolerá-las e interessar-se por muitas das mais famosas. Vários papas insistiram que obras proféticas de alguns santos fossem divulgadas para um público mais amplo.

À parte os riscos e defeitos óbvios destacados acima, não há nenhuma lei categórica determinando que todos os profetas devem ser precisos o tempo todo. A clareza com que a informação é recebida pode variar, não apenas de uma visão a outra, mas dentro de uma mesma visão. Da ambiguidade da linguagem e do risco de confundir os símbolos, até a dificuldade de tentar registrar uma experiência semiconsciente uma vez plenamente desperto. Em muitos casos as profecias são ditadas a um escriba de quem dependemos para manter um registro exato. Por fim, quando escrevemos ou contamos histórias, entra em cena a nossa capacidade pessoal para embelezá-las com imaginação, ocasião em que corremos o risco de distorcer a mensagem original. Vale observar que uma boa disciplina para artistas criativos de todos os ramos é tentar "abrir caminho" para o material que chega através deles.

CONCLUSÃO

Vimos como a profecia predomina em todas as culturas e como ela se desenvolveu ao longo do tempo. Há maravilhas no que pode ser revelado, mas também riscos. E nós assinalamos os processos psicológicos e as implicações do que significa vislumbrar o futuro.

O que ressalta da grande quantidade de instrumentos disponíveis é que qualquer coisa pode ser usada para adivinhar alguma forma de informação nova. Os instrumentos de adivinhação foram desenvolvidos como meio de conjuração dos deuses para influenciar o acaso e revelar o futuro. Esses instrumentos também ofereceram padrões sobre os quais projetar o conhecimento inconsciente para torná-lo consciente e atuar como pontos de partida para a mente se conectar com o conhecimento além da esfera da consciência. Até que ponto o adivinho está em sintonia com essa parte do seu inconsciente e a clareza com que ele pode permitir que isso se manifeste, contornando o ego, determina a clareza do que ele recebe.

Alguns foram bem-sucedidos nesse salto para o desconhecido. Temos exemplos históricos suficientes de profecia exata para confirmar que o futuro está disponível no presente. A existência da profecia, se aceita, pode ser mais uma revelação do que a informação real que os profetas revelam, pois ela muda muito do que entendemos do tempo. A nossa experiência do tempo é linear e a nossa percepção dos eventos é que eles decorrem um do outro de maneira ordenada. O mundo real para nós só se manifesta no momento presente e desse ponto de vista entrincheirado estamos sempre no "agora". O passado se dissipou e o futuro ainda está por se formar. Um futuro que está acontecendo agora, em alguma outra esfera, dá a impressão de que os eventos são pré-ordenados e as histórias de nossa vida são escritas com cada escolha já totalmente esboçada. A profecia parece implicar que o nosso destino está totalmente fixo e que toda realidade está presa ao destino. Ela parece contrariar todas as ideias de livre-arbítrio que alimentamos.

Tudo o que resta é fazer a pergunta difícil.

Como isso é possível?

CAPÍTULO 2

A CIÊNCIA DA PROFECIA

INTRODUÇÃO

Temos a impressão de que é impossível prever o futuro. O bom senso diz que não podemos conhecer os fatos ainda por acontecer. Vemos o tempo como o fio de um colar em que enfiamos os eventos como contas. Mas à medida que a ciência e a tecnologia começam a estudar a possibilidade de influência não local, o nosso colar começa a se desfiar, fazendo com que a essência desses eventos avance e recue ao longo do tempo. Para que eventos futuros visitem o presente algo inesperado deve acontecer com a física do tempo. Em termos simples, ou o profeta vê o espaço e o tempo retroceder ou sua consciência se separa do eu físico e se projeta no futuro.

Além dos aspectos científicos, a profecia envolve muitas ramificações interessantes para a religião, a ciência, a filosofia e a psicologia. Para compreender essas ramificações, precisamos primeiro tentar elucidar os mistérios do tempo, o qual, como sugere a profecia, não se resume simplesmente a passado, presente e futuro.

TEMPO

Aparentemente, para que a profecia ocorra, eventos futuros já aconteceram ou estão acontecendo neste momento. Se o futuro está disponível agora, então a realidade é uma série preordenada de eventos que podem ser folheados como as páginas de uma história, e essa história já foi escrita. Daí podemos deduzir que o universo é um mecanismo e que a existência segue um caminho predeterminado, como o movimento das engrenagens num relógio. Numa realidade preordenada, todos os resultados são inevitáveis: nesse modelo de realidade, o destino determina e não há espaço para o livre-arbítrio. A nossa liberdade de escolha como indivíduos para desviar o curso da história está em questão. Nesse quadro, a implicação para a física é que se o futuro é algum outro lugar real, o universo fica exposto e aberto à ideia de viagem no tempo.

Podemos refutar de imediato a teoria da viagem física no tempo, pois está repleta de paradoxos. Por exemplo, se essa viagem fosse possível, eu poderia ir para o futuro e na volta trazer este livro e entregá-lo ao meu editor sem nem sequer tê-lo escrito. O modo como o livro passou a existir é como um *koan* zen-budista que não pode ser facilmente respondido. Sem dúvida, a nossa compreensão das leis da viagem no tempo é bastante limitada, mas provavelmente existiria em algum nível profundo da física um limite impedindo que o livro, ou qualquer outra coisa, passasse a existir dessa maneira. Essa barreira possivelmente obstruiria qualquer intercâmbio físico entre diferentes pontos no tempo, impossibilitando assim a projeção de matéria através do tempo. Nesses níveis de existência a física não está sujeita às leis de Newton. Por exemplo, no nível da física quântica, existem partículas hipotéticas chamadas táquion que parecem viajar de volta no tempo.

Podemos concluir que a profecia não é viagem no tempo no sentido físico, e assim não altera as leis da física. No entanto, através de alguma passagem no tempo, sonhos ou visões podem se tornar um veículo para a viagem no tempo que expande a consciência para o futuro.

A PSICOLOGIA E A PREVISÃO DO FUTURO

Pode parecer estranho examinar a profecia e a adivinhação de uma perspectiva psicológica, mas a psicologia desenvolveu uma linguagem que nos permite ver como a consciência opera e explicar de que forma algumas de suas funções se relacionam com experiências místicas. Alguns modelos de consciência possibilitam que o passado e o futuro visitem o presente.

A consciência de si é medida em termos de "iluminação" ou projeção de luz sobre o que somos. Esse "eu" da consciência é como um holofote dentro da mente, rodeado pela escuridão do inconsciente. Na periferia o "eu" se dissipa na escuridão de um sono profundo do nosso desconhecido pessoal. Nessa gradação de consciência cinza na borda do holofote, o ego tem um poder cada vez menor, permitindo assim que o conteúdo da escuridão venha à superfície. Podemos examinar o que emerge, ou então, valendo-nos de algum procedimento de exame de si mesmo, podemos deslocar o holofote para explorar em maior profundidade essa paisagem inconsciente. Estendendo a nossa percepção em direção às profundezas do inconsciente inferior, podemos curar as feridas do nosso passado. Esse é um dos métodos que os psiquiatras adotam para ajudar os pacientes a revelar o trauma que interfere em sua vida diária.

A psicologia transpessoal admite que é também possível alcançar níveis superiores de consciência em direção à iluminação. Os que concentraram o holofote em todas as áreas do inconsciente e têm pleno conhecimento do seu ser são considerados "iluminados". Eles não têm sombras do desconhecido à espreita em sua psique. Os psicólogos transpessoais se empenham em compreender as sombras em termos de consciência inferior e superior e usam os instrumentos religiosos da contemplação e da meditação para entrar em contato com esses diferentes estados de ser. A natureza divinatória da consciência se evidencia quando a consideramos em relação ao tempo.

O presente se situa no nível médio da consciência. É aqui que ocorre a percepção diária do "eu" — de quem somos quando estamos despertos.

O inconsciente inferior é onde estão os aspectos dissociados do nosso passado e que muitas vezes precisam ser redimidos ou curados. Os níveis superiores de consciência contêm o nosso potencial e nos instigam a evoluir e encontrar sentido.

O INCONSCIENTE INFERIOR

Um ditado em psicologia ensina: "Somos governados por aquilo de que não temos consciência". Em outras palavras, somos governados pelo inconsciente. O inconsciente inferior contém os aspectos da nossa psique que se formaram no passado, em geral como necessidades não atendidas ou agravos emocionais. As questões reprimidas e não resolvidas penetram em nossa consciência diária procurando instigar-nos a satisfazer suas necessidades. O passado assombra o presente e, se não for resolvido, pode direcionar nossas energias para atividades narcisistas e regressivas como forma de evitar os sentimentos que preferiríamos reprimir, como vergonha e raiva. O exame do inconsciente e a redenção do passado podem levar à experiência da graça e revelar funções superiores, como a compaixão e o perdão.

A assimilação desse conteúdo exige humildade, o que implica um risco. O ego insiste em reivindicar o espírito e outros materiais inconscientes como obra sua. Esse processo pode ter dado origem ao conceito gnóstico do "demiurgo", o criador intermediário do mundo. O demiurgo simboliza o ego tentando reclamar a criação para si, em vez de vê-la como um ato de cocriação sob direção da graça. A inflação do ego ocorre quando atribuímos a nós mesmos o que tem origem no divino.

CONSCIÊNCIA SUPERIOR

Do mesmo modo como o nível do inconsciente inferior está ligado ao passado, assim os níveis superiores relacionam-se com o potencial e com o futuro. O domínio da consciência superior, ou o "eu superior", diz respeito ao propósito e ao sentido que se relacionam com o nosso potencial. Como o inconsciente inferior, também o aspecto superior do inconsciente chama a nossa atenção às vezes irrompendo na luz da nossa percepção diária.

Essas erupções podem tomar a forma de profecia espontânea. Às vezes, como acontece com o artista e poeta visionário William Blake, o recebimento de visões não é planejado nem invocado. Blake recebia lampejos de percepção e intuição que podiam ocorrer a qualquer momento. Tudo indica que muitos santos eram propensos a essa forma de profecia e certamente a Bíblia está repleta de tais visões.

Mensagens podem provir da consciência superior como sonhos, visões ou vozes interiores e provavelmente constituem o mesmo meio descrito pelos profetas bíblicos. O fato de estarmos aberto a esses níveis pode desencadear experiências místicas, pois é aqui, no auge da percepção, que estamos prontos para receber informações sobre o futuro. O simbolismo presente na adivinhação dirige-se diretamente a esse nível, pois os estados superiores de consciência tendem a reduzir a linguagem a uma forma simplificada. A poesia é um exemplo disso, pois se comunica com um emprego bem econômico da linguagem desde um nível elevado de percepção. Quanto maior o nosso nível de consciência, tanto mais a linguagem se simplifica e se reduz a símbolos fecundos em camadas de significado. Vemos as mesmas imagens arquetípicas refletidas em instrumentos divinatórios, como as runas, o tarô e outros oráculos que o eu superior pode interpretar para nós.

O ego também pode tentar atribuir a si essa atividade, mas a criatividade que transparece através do eu superior é um ato de cocriação. Quem quer que busque a fonte absoluta das ideias originais só pode concluir que pelo menos parte dessa centelha procede de fora dela. Podemos ver a natureza do eu superior na vida dos santos e dos profetas, pois seu sentimento religioso sem igual, posto a serviço de uma causa superior, induzia o espírito a se manifestar através deles.

As áreas cinzentas da percepção que nos permitem permanecer despertos mas abertos aos níveis inferiores e superiores de consciência não são uma fantasia da psicologia: elas podem ser medidas como frequências elétricas do cérebro. Quando totalmente consciente, a mente humana tem uma frequência elétrica de 15-30 Hz, chamada de estado *beta*. Abaixo deste está o estado *alfa*, com ondas cerebrais de 9-14 Hz. Isso é metade do que experimentamos quando despertos e é o estado de relaxamento profundo que podemos alcançar através da meditação e da oração. Também podemos entrar nesse estado para facilitar a visualização e meditações dirigidas.

Nas profundezas ainda mais escuras está o estado *teta*, com frequência de 4-8 Hz. Esse é um estado de relaxamento profundo em que podem ocorrer lampejos intuitivos e imagens oníricas. É o nível mais profundo de consciência, e nele podemos ter visões permanecendo em estado de vigília. O nível mais profundo é *delta*, o estado de sono profundo.

RECEBIMENTO DA PROFECIA

Como as profecias são em geral visuais, é possível que tenham ocorrido durante o estado de ondas cerebrais teta, quando a mente é suscetível a informações visuais e o sujeito está suficientemente consciente para lembrar ou relatar suas experiências. A prática religiosa oferece diversos métodos que podem induzir uma mudança de consciência para o estado teta. A receptividade visual pode ser ativada pela fome, pela desidratação e por outras experiências extremas, como a dor. As muitas tentações que perseguiam Santo Antão e Jesus podem ter sido causadas pelo sofrimento, pois se manifestaram no deserto em períodos de jejum.

Os videntes se servem também dos estados de meditação e de transe, os quais se caracterizam pelo recolhimento físico, pois a atenção se volta para o interior. Um xamã, santo ou místico senta-se e põe-se a contemplar uma chama, por exemplo, para sincronizar a mente com o que se chama de "efeito de sincronização de frequências". Uma luz pulsante, como uma chama bruxuleando numa dessas frequências, ao ser contemplada, pode induzir essa frequência na mente. Essa é a teoria que sustenta toda tecnologia aplicada nas chamadas "máquinas mentais" que produzem estados de meditação.

Embora esses métodos predisponham a mente para receber profecias, eles não respondem à pergunta sobre a possibilidade de existência de uma janela para o tempo. Para isso precisamos considerar o outro lado da equação: a ciência do tempo e do espaço.

ELASTICIDADE DO TEMPO

O conceito de eternidade na religião implica que existe um lugar de "não tempo" além da experiência humana e que tudo acontece ao mesmo tempo. Desse modo os eventos se juntariam, com o tempo e o espaço dobrando-se sobre si mesmos para trás, possibilitando o encontro de dois pontos. Isso só poderia acontecer fora da nossa dimensão atual, num lugar que chamamos de quarta dimensão.

Se a nossa consciência pudesse ultrapassar as fronteiras da terceira dimensão, ela deixaria de estar sujeita ao tempo e ao espaço. Em termos religiosos, a alma e o pós-vida devem estar em algum lugar. Algumas questões teológicas básicas levantaram esse problema ao longo dos séculos: por exemplo, qual é a forma e o peso da alma, e onde ela está? Indaga-se também sobre os reinos superiores e o céu; os antigos os situavam entre os corpos celestes físicos, mas os nossos estudos do espaço desmentem isso. Essas formas podem estar na consciência apenas, mas há registros de que a própria consciência é capaz de separar-se da mente física e viajar para outras dimensões em casos documentados de "projeção astral". É possível que exista um plano astral que sirva de residência para a alma, de modo que ela possa permanecer no corpo, mas sem ser encontrada na forma física.

Faz muito tempo que os cientistas admitem a presença de outras dimensões que podem interagir com as leis da física. O próprio universo por si só parece estar se expandindo sem se tornar maior, o que exige uma curvatura através de outra dimensão. Com isso em mente, é possível que informações, imagens e coisas assim atravessem dimensões, esquivando-se das amarras do tempo. Hoje os cientistas pressupõem a existência de muitas dimensões além da nossa e parecem encontrar evidências matemáticas para a descoberta de outras novas a cada poucos anos. Não podemos provar ou negar com facilidade o impacto dessas dimensões sobre a nossa dimensão, mas podemos senti-lo como uma percepção elástica do tempo passando ou voando.

TEMPO DE SONHO

Por nossa experiência com sonhos sabemos que a consciência não depende das mesmas leis do tempo que a nossa vida física. Os sonhos e visões que ocorrem no cinema da mente ilustram a elasticidade do tempo. Eles oferecem uma experiência do tempo relativo, capaz de ser comprimido ou estendido em comparação com o fluxo constante de eventos na vida desperta. Por exemplo, podemos dormir por alguns momentos depois do toque do despertador, e naquele curto espaço de tempo sonhar com o que parecem horas de conteúdo. Como resultado, acordamos lembrando muitas informações detalhadas e eventos ocorridos durante o sonho apenas para descobrir que tudo aconteceu num piscar de olhos.

Em casos como esse o inconsciente não só comprime a experiência que ele tem do tempo, como também o sonho pode provocar um impacto emocional que se prolonga no período de vigília, o que prova que tivemos uma visão interna, e não que apenas imaginamos uma série de cenas que dão a impressão de um sonho longo. É possível obter essa sensação de atemporalidade por meio de práticas de meditação, mas nesse caso trata-se de uma questão de percepção e não de que a física do tempo passa por um processo de distorção.

A ciência da mensuração do tempo consiste em contar os intervalos de segundos, minutos, horas etc. Essa contagem reduz o tempo a uma sequência de números e esses são considerados destituídos de qualquer outro propósito. Todavia, na adivinhação e na religião os números têm significado, fato que passou a fazer parte da nossa percepção.

TEMPO E NÚMERO

Compreendemos o número através da contagem e a consciência integrou essa realidade na linguagem. Exemplo disso é dizer que o tempo de alguém "terminou"', querendo dizer que ele chegou ao fim da vida ou que está "com os dias contados".

O número é uma abstração: ele não é a verdade do que é medido, pois quando contamos, aplicamos uma referência simbólica para descrever a quantidade do sujeito, sem comentar suas qualidades. A partir desse estado inicial de simples representação os números começam a acrescentar energia, à medida que lhes atribuímos significado.

As pessoas podem ser muito supersticiosas e usam rituais e tradições para justificar crenças irracionais envolvendo números. Por exemplo, algumas escolhem números de loteria atribuindo significado pessoal a números aleatórios, como a data de nascimento ou a idade de um dos familiares. Isso não é profecia ou adivinhação, mas uma técnica básica de conjectura; não passa de um jogo, mas os números são vistos como dotados de algum significado.

A mente primitiva lidava com poucos números e atribuía significados a cada um deles. Mais além desses poucos números, havia os "muitos", que a escritura bíblica geralmente entende ser o número 40. Na mente primitiva, os "muitos" teriam assumido um *status* arquetípico como tentativa de quantificar o desconhecido. Com o tempo, a nossa capacidade de imaginar números cresceu exponencialmente, levando o elusivo "muitos" a um número infinito. Na matemática atual, a busca do pi continua a tentativa de quantificar o "muitos" arquetípico. Para os matemáticos, o pi permanece como o lado escuro da caverna, assombrado com o abstrato e o mítico. O "muitos" sempre foi o "aqui monstros" dos mapas de navegação antigos.

Embora a nossa compreensão da teoria dos números tenha aumentado, a visão mais equilibrada dos números diminuiu, visto que a exploração do "muitos" levou a uma maior sensação de que temos o controle de muitos aspectos dos números. O ego, que se atribui o direito de propriedade da matemática enquanto ciência, opta por ignorar a beleza dos números e a profundidade do significado que se pode encontrar neles e que tem origem num lugar mais místico. A contemplação de uma catedral ou de um espaço sagrado revela muitas vezes uma proporção divina na arquitetura que pode suscitar uma resposta emocional. Essa é uma aplicação da harmonia dos números que pode afetar o indivíduo diretamente em muitos níveis, e ilustra que compreendemos os números como algo mais do que algarismos para contar.

A Bíblia também inclui muitas referências numéricas, como a menção de um período de 70 anos descrito em Daniel. Algumas são referências veladas a eventos astrológicos – neste caso, 70 anos é a duração de tempo da progressão do zodíaco. Outra forma de adivinhação presente na Bíblia é o método que consiste em atribuir valores numéricos às letras judaicas, denominado gematria. Esses valores são agregados a palavras que têm sentido com base em seu valor numérico total e nos valores dos componentes. Muitos números que constam na Bíblia, inclusive o número da besta no Livro do Apocalipse, 666, provavelmente derivam desse método cabalístico de adivinhação do significado.

A palavra grega para número, *arithmos*, dá origem tanto a ritmo quanto a aritmética. Na filosofia do *I Ching*, o universo tem um ritmo subjacente que pode ser interpretado em forma de número. O fluxo dinâmico desse ritmo é matemático, mas denota um ritmo de eventos na vida. Esses eventos da vida podem ser considerados pontos de energia em nossa linha do tempo, como pérolas energizadas num colar de momentos.

Infelizmente, desde a Idade da Razão, a teoria matemática vem tentando remover o aspecto divino dos números, reduzindo-os de princípios dotados de significado a meros algarismos de contagem. Na experimentação e em todas as formas de mensuração, os números são um fator constante que pode ser reproduzido infinitamente para oferecer um fundamento sólido. Na adivinhação, a verdade é o contrário disso.

Como a ciência, a arte da adivinhação depende da experimentação, mas seu objetivo é chegar ao exato oposto de um resultado científico. A abordagem divinatória se baseia na valorização da exceção que ocorre ao se repetir um experimento ou ao não se repeti-lo absolutamente.

A experimentação científica básica é uma medida de tudo o que não está sujeito ao acaso. A exatidão é medida através da repetição, pois esta reduz o acaso a um mínimo aceitável, embora não consiga erradicá-lo por completo. Na ciência mais avançada, muitos experimentos estão sendo hoje considerados sucesso se podem ser reproduzidos duas sobre três vezes, o que é uma média insignificante para dela se tirar uma conclusão. O ápice empírico não é imposto totalmente e se deduzíssemos todos os achados que não poderiam ser reproduzidos todas as vezes, sem falha, a comunidade científica contaria com um número muito menor de "realidades conhecidas". Esse intruso divino, o acaso, influencia esses experimentos, reduzindo os resultados a um "melhor palpite". Isso não quer dizer que a ciência esteja errada em seus achados — apenas ilustra que a verdade que ela sustenta está mais numa escala cinzenta de probabilidade do que o branco e preto dos absolutos.

O mesmo "acaso" que os nossos cientistas se esforçam para excluir é a qualidade que procuramos no entendimento da adivinhação. Experimentos em adivinhação medem o acaso como complementar aos achados. O modo mais simples de manter o acaso em jogo é realizar o experimento uma única vez. Os resultados baseiam-se numa única conclusão. Embora a origem do pensamento científico seja a previsão de resultados baseados numa próxima ação direta do cientista, o princípio de um oráculo é o mesmo, mas a ação é indireta, como num ato inconsciente que influencia o experimento.

SINCRONICIDADE

Um dos princípios fundamentais da teoria quântica é o de que o observador influencia o resultado do experimento. Essa é uma questão difícil de entender, pois implica sermos cocriadores do mundo físico, externo. Daí podemos presumir que a realidade é em parte experiência externa objetiva e em parte influência subjetiva. Em termos de adivinhação, precisamos assumir alguma responsabilidade pelos resultados, pois esses instrumentos externos são parcialmente criação nossa.

A psicologia já adotou esse conceito há muito tempo, definindo como *sincrônicos* os eventos a nós relacionados. O desenvolvimento do aspecto psicológico da adivinhação tem suas origens na sincronicidade. Qualquer evento sem causa pode ser descrito como sincronicidade, um *deus ex machina* que reúne eventos em coincidências com significado. Compreender a sincronicidade é compreender que o universo se alia ao indivíduo para criar a realidade. Ela reflete a nossa consciência no mundo.

As reflexões de Jung sobre a sincronicidade destacam a "relevância" dos eventos e ambientes externos para a nossa situação psicológica. Para os chineses a realidade é "simpática", assim como para Jung é "sincrônica". À medida que o *I Ching* foi se tornando mais do que um instrumento de adivinhação, ele se transformou numa visão filosófica plenamente amadurecida da realidade. Ler o *I Ching* ou outras formas de adivinhação é aumentar a probabilidade de ocorrência de um evento sincrônico.

Para manter-nos num estado elevado de consciência podemos encontrar uma relevância inesperada em alguns aspectos externos da vida. Observando eventos da vida em retrospecto, podemos muitas vezes entender por que alguma coisa aconteceu num determinado momento. Talvez tenha sido um evento doloroso na ocasião, mas quase sempre podemos extrair dele alguma lição de vida, algum nível de significado, como se o universo nos tivesse oferecido uma lição a ser aprendida.

Quem quer que tenha desenvolvido um bom trabalho com o *I Ching* ou com o tarô só pode ter-se maravilhado com a qualidade dos resultados. Parece haver um efeito não local em ação. Eu tive experiências diretas disso, do mesmo modo que todos tivemos experiências de *déjà-vu* e momentos de sincronicidade.

Temos outro exemplo de sincronicidade em *O Estranho Caso do Dr. Jekyll e do Sr. Hyde*, obra de Robert Louis Stevenson. O autor concebeu a história num sonho, mas em retrospecto podemos vê-la como um relato ficcional que ilustra claramente o conceito de esquizofrenia. Na mesma época, em outra parte do mundo, Freud formulava sua teoria da esquizofrenia, publicada quatro anos depois da obra de Stevenson. Poderia parecer que uma influência não local estava em ação, com Freud e Stevenson participando de um evento sincrônico.

É possível aceitar como coincidência significativa na vida uma situação em que a nossa condição psicológica interior atrai um evento sincrônico para o nosso ambiente. Como coincidência e evento sincrônico são sinônimos e ocorrem com mais frequência em estados elevados de consciência, é possível interpretá-los como evidência de que estamos "no caminho certo ou errado". Não significa que toda experiência se limite a ser produto do nosso intelecto. Se um poder superior quis comunicar-se conosco, o método mais apropriado seria através da nossa vida e dos limites externos da nossa consciência.

O fator determinante para entender a profecia ou a adivinhação é que ela é ativada na consciência do indivíduo. Mas se a profecia é função da mente, por que tão poucas pessoas estão predispostas a praticá-la? Talvez a resposta seja que para acessar eventos futuros faz-se necessário um desencadeador de algum tipo. Muitas vezes o vidente se serve de um instrumento ou de um estado de transe para produzir a experiência do futuro.

A partir desse estado mental ou por meio de um mecanismo divinatório o profeta pode ver algo do passado e do futuro desde uma fonte à qual pode se ligar remotamente. As informações que chegam de outro tempo e lugar precisam penetrar na mente consciente do profeta — examinando a adivinhação podemos tentar entender como conseguimos trazer para a consciência informações de dentro e também de além da própria psique do profeta.

VISÃO REMOTA

Uma disciplina psicológica de natureza visual e que favorece a manifestação do espírito profético é a visão remota.

A visão remota foi amplamente estudada pelas agências de segurança e pelos militares dos Estados Unidos durante as décadas de 1970 e 1980 como forma de espionagem. Eles descobriram que, fornecendo algumas coordenadas geográficas a determinados indivíduos, essas coordenadas estabeleciam uma conexão entre o observador e um local remoto. O observador então descrevia com palavras ou imagens o que via naquele lugar. A visão remota se manifestava como uma imagem visual ou como um conjunto de inferências na mente do observador. Às vezes o local era visto num ponto diferente no tempo.

O que desencadeia esse evento são as coordenadas numéricas, um fator importante que não pode ser menosprezado. Os números das referências geográficas são complexos e guardam grande significado, especialmente para soldados treinados que aprendem a sobreviver consultando mapas em território estrangeiro.

Os militares estadunidenses dão uma explicação científica para esse método: a localização-alvo era uma "matriz"; conhecendo suas coordenadas era possível sintonizar a mente para ler o sinal que essa matriz transmitia e seguir esses sinais de volta à fonte. A fonte se manifestaria como uma imagem visual na mente do observador, que a traduziria em imagens expressas através de desenho automático. É como se a informação se desviasse da mente consciente e passasse diretamente através do sistema nervoso de resposta automática. A interpretação é feita após a obtenção da imagem.

A estrutura dessa matriz é um modelo espaço-tempo visto em termos de "campos" formados por pontos que interagem uns com os outros; esses pontos são vistos como itens de informação.

Surpreendentemente, o problema para os observadores remotos não consistia em obter imagens e impressões de um local, mas em impedir que sua mente consciente interferisse no processo e distorcesse os resultados por influência de seu próprio estado de espírito, do meio ambiente ou do material projetado pelo inconsciente de quem fornecia as coordenadas.

Esse modelo que consiste em considerar locais como pontos num campo de espaço e tempo é inteiramente apropriado no que se refere à visão do futuro. Para fontes tão diferentes como o *I Ching* xamânico e a psicologia junguiana, pontos no tempo constituem uma matriz de eventos sincrônicos. Eventos sincrônicos não têm "antes" nem "depois", mas formam conexões remotas e encontram-se em ensinamentos religiosos, como no conceito de karma, por exemplo. Os pontos são unidos por associação.

MODELO MATRICIAL

Embora vivamos no tempo de modo linear, as nossas associações de pensamento são não lineares, uma vez que agrupamos as nossas lembranças por seu conteúdo e não por seu contexto. Lembramos um dia de sol vivido na infância no conjunto de outros dias ensolarados; não lembramos os dias que o antecederam ou o seguiram. Organizamos as informações de modo a poder acessá-las com facilidade, como uma máquina de busca *on-line*. O escritor e filósofo Jorge Luís Borges, porém, dizia que dois estados mentais iguais constituem de fato um único evento, mesmo que ocorram a anos de distância.

Se eventos são pontos no campo do tempo e são unidos, eles formam uma matriz. O modelo matricial pode ser aplicado tanto na física como na psicologia, e como ambas são formas de energia, elas podem interagir onde existe sincronicidade entre pontos. O físico David Bohm dizia que existe uma ordem implícita que conecta a consciência ao cérebro. A forma da grade seria arquetípica em si mesma, pois compõe um molde subjacente tanto para o tempo como para as energias psicológicas onde estas podem se tornar sincronizadas. Esta não é uma teoria unificada da física, mas uma arquitetura unificada, a grade que sustenta todas as formas de energia. Os eventos são dispostos num padrão, num campo ou grade, forçados pela tendência da natureza a reduzir a energia a formas geométricas. O vínculo entre os campos do tempo e da consciência se dá porque eles interagem no nível quântico e assim influenciam o mundo físico.

Na psicologia, Jung percebeu que os arquétipos existem numa matriz de pontos energizados. Nessa matriz, cada nodo é importante tanto para o tempo quanto para os eventos psicológicos relacionados com aquele momento. Os pontos acumulam energia, como a partícula do bóson de Higgs procurada pelos cientistas do Cern, que se comporta como um campo de "força gravitacional", fornecendo massa para algumas partículas e não fornecendo para outras. A física vê hoje a energia como substância, e esses processos energéticos reduzem-se a padrões específicos como os produzidos por ímãs, ou arquétipos em psicologia.

Sendo energizados, esses arquétipos interagem com os pontos em torno deles. A física descreve essa interação com o "modelo do gato" de Schrödinger, no qual a realidade é influenciada pelo observador. No modelo de Schrödinger, o gato só está vivo ou morto depois de ser observado. O ato de observar influencia o resultado e resolve a ambiguidade, mostrando que o espaço físico e o tempo não estão fixos, mas em fluxo. Na física, constatamos esse fato na experiência da luz, que podemos medir como onda ou como partícula e que assume uma forma ou outra dependendo do método de medição. Do mesmo modo que a luz pode assumir dois estados diferentes, assim também o tempo talvez possa existir tanto em forma linear como de campo.

A dupla natureza do tempo nos possibilita experienciá-lo em forma linear, numa linha reta de eventos, mas ele também se comporta como um campo energético em que os eventos podem ter influência marginal, tornando a profecia possível. A interação entre as formas linear e de campo do tempo ocorre nos níveis mais elevados de consciência, nos quais ela cria dinamicamente um sonho de informação não local.

O modelo de campo do tempo é uma explicação viável para o modo como a profecia pode se processar. Os sábios e videntes de todos os tempos demonstraram muitas vezes o recebimento de informação não local de outros pontos no tempo. A questão que permanece não concerne à ciência ou à psicologia, mas ao livre-arbítrio.

LIVRE-ARBÍTRIO

O debate filosófico em torno do livre-arbítrio em contraposição ao destino foi sempre acirrado ao longo da história. O conhecimento do futuro que pode ser obtido no presente contradiz diretamente o nosso conceito de livre-arbítrio e evoca ideias supersticiosas em torno do destino. Se uma profecia contém imagens de eventos reais, com pessoas reais realizando ações reais no futuro, então cada aspecto dessa visão estaria fixo no tempo: o evento deve ocorrer num momento predeterminado no tempo e os que estão presentes teriam vivido vidas inevitáveis que convergem para aquele ponto; eles seriam arrastados para aquele momento como se cada escolha feita já estivesse prescrita.

Podemos examinar o assunto tomando como exemplo a astrologia. Os astrólogos querem fazer-nos acreditar que a posição dos planetas no momento do nascimento produziria um mapa da nossa vida como se ela estivesse determinada daquele ponto em diante. Um astrólogo poderia dizer-lhe que, segundo as posições dos planetas, você corre o risco de ser atropelado por um ônibus na manhã seguinte. Caso acredite de fato na astrologia, você poderia precaver-se não atravessando nenhuma rua ou mesmo não saindo de casa. Esse comportamento pareceria irracional e supersticioso para as outras pessoas, mas supondo-se que um ônibus não invadiria sua casa, você terá desafiado o futuro e exercido seu livre-arbítrio com relação à situação.

Formas modernas de predição são frequentemente apresentadas como abertas à mudança, como se o nosso livre-arbítrio tivesse o poder de redirecionar o nosso destino afastando-o de um evento predestinado. Muitas vezes tenta-se dar poder de escolha às pessoas reduzindo a uma simples possibilidade o resultado de um evento fixo no tempo. Nesse caso a astrologia apenas mapearia a vida dos covardes, pessoas que nunca escolheram agir com seu livre-arbítrio e movimentam-se na direção de qualquer conclusão que o destino lhes reserva automaticamente.

MUDANDO O FUTURO

É possível argumentar que pelo fato de o profeta receber um instantâneo do futuro que retorna para ele, o que acontece entre o agora e aquele ponto está sob controle. O problema nesse caso é que quanto mais nos aproximamos de um ponto fixo, menor se torna o nosso livre-arbítrio com relação a ele.

Outra opção para ter capacidade de mudar o futuro baseia-se na ideia de que todos os resultados existem em algum lugar, possibilitando que a profecia seja evitada, visto que podemos movimentar-nos para outra realidade. Isso exige universos múltiplos, ou um modelo "multiverso" para sustentar a física do universo.

A teoria de um multiverso postula que todo resultado possível de um evento deve existir em algum lugar. Esse multiverso assumiria a forma de múltiplas realidades que se produzem aos bilhões para abarcar cada eventualidade de atos aleatórios. Com isso também seria possível a realização de qualquer profecia em algum lugar, pois todos os resultados são possíveis, mas o número de universos paralelos seria infinito, o que parece um desperdício – e a natureza raramente desperdiça.

Filosoficamente, essa variação quântica infinita é contraditada pela noção de que se toda realidade possível existe, num desses universos há apenas um universo "real" e os outros só existem como teoria matemática. O bom senso – o meu, pelo menos – diria que embora todos esses universos existam como "possibilidades", um apenas existe de fato: aquele que habitamos. A conclusão que podemos tirar disso é que a teoria do multiverso continua sendo apenas uma teoria e que nós ocupamos esse único universo: uma instância única de realidade, com tudo o mais sendo uma abstração matemática do que poderia ser.

Contrastando com isso, é totalmente possível que o profeta veja um futuro potencial, energeticamente em formação, que não chegou, e que pode não chegar, à realização.

O FUNIL

Toda situação implica uma rede de relações. Em seu *An Experiment with Time*, J. W. Dunne propõe uma segunda dimensão de tempo que a consciência pode acessar, o que significa potencial. A ideia é que embora nos movimentemos através do tempo linear, existe um nível "meta" que abrange todo tempo como um evento único. Podemos representar isso como um funil projetando-se do agora para o futuro, ampliando-se à medida que se afasta do momento presente, enquanto a nossa experiência linear é uma corda que passa pelo centro. Quanto mais adiante olhamos, maior fica o funil e mais possibilidades entram em cena. A extremidade aberta do funil tem possibilidades infinitas, mas fica reduzida a um resultado específico no momento presente. O potencial aqui é que a corda é bastante flexível, de modo que podemos dirigi-la para mudar o caminho dentro do meta tempo e alterar o futuro.

É possível ver as cordas compartilhando influência com outras, o que traz à mente uma imagem dessas cordas entrelaçadas na matriz do tempo, conforme explicado acima. Se no futuro nossas ações alteram um nodo da matriz, a energia daí proveniente reverbera para fora e reescreve a visão obtida originariamente. O evento é desfeito e a profecia muda na fonte, mas nunca saberíamos.

O modelo do funil representa o que muitos gostariam de pensar: que a profecia é uma janela para um único futuro possível. Diz-se com frequência que a profecia e a adivinhação em todas as suas formas têm um elemento de incerteza e que o futuro é um resultado possível e pode ser usado como advertência de eventos que podem ser evitados. Talvez isso reduza a força da profecia, mas a ideia tem certo valor – e não apenas para acalmar os nervos daqueles que defendem o conceito de livre-arbítrio.

DESVIANDO O CURSO DA HISTÓRIA

Alguns pesquisadores, como o biógrafo de Nostradamus, Manly P. Hall, acreditam que existem eventos na história que podem ser mudados ou adiados, e que, se isso acontece, os eventos que se seguiriam são afetados, às vezes fazendo com que não se realizem. Segundo esse parecer, é possível desviar o curso da história e manter o livre-arbítrio num universo mecanicista.

Existe na história recente o exemplo de uma profecia cheia de potencial, mas que não se realizou. Em 1909, o papa Pio X entrou em transe espontâneo. Ele fechou os olhos e permaneceu imóvel por alguns momentos. Ao reabrir os olhos, contou que viu um papa saindo do Vaticano e fugindo de Roma passando por cima dos cadáveres dos cardeais. Mais tarde acrescentou outros detalhes, dizendo que o papa diria seu nome e, embora forçado a esconder-se, teria uma morte cruel. O potencial para que isso acontecesse veio com a ocupação alemã de Roma durante a Segunda Guerra Mundial. Antes da guerra, o papa Pio XII assinou um tratado de paz com Adolf Hitler, mas depois passou a criticar Hitler, sendo pressionado a falar contra ele. Se Pio XII tivesse cancelado o acordo com Hitler e assumido uma posição contra ele, a ocupação provavelmente teria se transformado num cerco sangrento com o exato resultado predito por Pio X.

Tanto a predição da morte desse homônimo quanto o massacre envolvendo o Vaticano parecem ter sido evitados. Naturalmente, é possível que isso aconteça em algum ponto no futuro de qualquer modo, mas isso ilustra o que parece ter sido um futuro possível. Há também muitos exemplos de profecias que somente se realizaram em parte, exemplos esses que serão dados num contexto posterior.

Examinadas a ciência e a psicologia da profecia, se não concluídas, o próximo passo em nossa investigação é considerar a profecia no contexto do cristianismo. A Bíblia contém centenas de predições, muitas das quais se realizaram no tempo dos evangelhos, e outras, como o Apocalipse de São João, ainda estão por acontecer. A doutrina cristã está sustentada pela profecia, e no entanto, desde os tempos bíblicos, a Igreja Católica voltou as costas às visões e revelações de pessoas pertencentes à Igreja. Não obstante, algumas profecias não podem ser ignoradas.

CAPÍTULO 3

A PROFECIA NO CRISTIANISMO

Não havendo profecia, o povo perece.
Provérbios 29,18

INTRODUÇÃO

No cristianismo, a profecia é considerada conhecimento proveniente de Deus, transmitido por Ele mesmo ou por intermédio de anjos que atuam em Seu nome. Para muitos é um dom do Espírito Santo que revela a vontade divina ou os ensinamentos da fonte suprema concedidos através da graça. Segundo o renomado psicólogo Carl Jung, toda sabedoria que nos é revelada, não sendo criação nossa, é espírito encarnado; ela procede de uma parte projetada do nosso inconsciente que permite que uma personalidade autônoma substitua o nosso ego; em termos religiosos, o profeta é possuído pelo Espírito Santo. Nas artes, o Espírito Santo é normalmente representado por uma pomba e visto como o "sopro de Deus" que traz sabedoria e inspiração àqueles que seguem Jesus. Como emissário da vontade de Deus, esse sopro pode transmitir conhecimento às pessoas através da inspiração.

Receber a profecia sob a forma de uma voz pareceria inapropriado, considerando-se que a linguagem evoluiu no decurso do tempo. Como a voz da profecia tende a usar o idioma do profeta, seja ele hebraico, aramaico, latim, francês ou qualquer outra língua, esse fato pode sugerir que a voz não é o Espírito Santo ou alguma força externa, mas o sussurro do próprio inconsciente. Segundo a epístola aos Coríntios, a profecia se manifesta de modo diferente consoante quem a recebe, sendo, portanto, uma experiência personalizada:

> Cada um recebe o dom de manifestar o Espírito para a utilidade de todos. A um o Espírito dá a mensagem de sabedoria, a outro, a palavra de ciência segundo o mesmo Espírito; a outro o mesmo Espírito dá a fé; a outro ainda o único e mesmo Espírito concede o dom das curas; a outro, o poder de fazer milagres; a outro, a profecia; a outro, o discernimento dos espíritos; a outro, o dom de falar em línguas, a outro ainda, o dom de as interpretar. Mas é o único e mesmo Espírito que isso tudo realiza, distribuindo a cada um os seus dons, conforme lhe apraz.
>
> 1 Coríntios 12,7-11

As palavras que o profeta ouve nem sempre descrevem eventos futuros, pois nos escritos cristãos profecia e revelação são muitas vezes equivalentes. Assim o termo "profecia" pode também ser empregado para descrever informação revelada que forma a base de muitos princípios do cristianismo – como os Dez Mandamentos, dados por Deus a Moisés. Uma das visões mais famosas do Antigo Testamento foi a de Jacó: ele viu uma escada ligando a terra aos céus com anjos subindo e descendo. Essa não foi uma visão profética em termos de revelação do futuro, mas a revelação a Jacó de uma verdade simbólica.

PROFECIA NO ANTIGO TESTAMENTO

O entendimento do católico ortodoxo é que toda profecia verdadeira é palavra de Deus comunicada através do vidente, que atua como canal e não tem capacidade de profetizar por si mesmo. Os videntes são mensageiros da revelação de Deus porque somente Deus conhece o futuro. Independentemente da visão ambivalente da Igreja, as experiências místicas e proféticas sempre tiveram um papel fundamental na formação do cristianismo. A profecia era parte integrante da vida religiosa nos tempos bíblicos, fato atestado por mais de 100 profecias só no Antigo Testamento. Naquela época todos os templos abrigavam alguma forma de oráculo; esses oráculos eram consultados, pois todos acreditavam que eles podiam revelar a vontade de Deus.

O Antigo Testamento descreve grupos de profetas itinerantes (chamados "nabi"), proclamando-se canais do conhecimento divino do futuro e das revelações de Deus. Suas comunicações eram comprovadamente acuradas, visto que em sua maioria as profecias bíblicas eram de compreensão simples e muitas vezes se realizavam quase imediatamente após serem reveladas. Um exemplo muito conhecido é a profecia do dilúvio anunciada em Gênesis 6 e cumprida em Gênesis 7,21. Outras são muito mais complexas e outras ainda estão por se cumprir, como a da "grande tribulação" descrita nos capítulos 6 a 22 do Livro do Apocalipse. Grande parte do Apocalipse está dedicada à descrição da destruição universal em grande detalhe através de múltiplas causas, entre as quais guerra, fome e peste.

Muitos eventos no Novo Testamento são previstos no Antigo Testamento, conferindo-lhes credibilidade na época em que ocorreram. O Antigo Testamento está imerso em profecia, e os profetas são quase sempre mencionados diretamente, inclusive Maria, irmã de Moisés, que é chamada de "profetisa". Em termos do anúncio da vinda de Jesus, conforme referida anteriormente, tanto Balaão como Daniel profetizam a vinda de um Messias. O Livro de Daniel contém muitos eventos históricos do seu tempo e profecias relacionadas ao futuro próximo. Está escrito que Daniel "era capaz de interpretar qualquer sonho ou visão" (1,17). Daniel também previu com exatidão a destruição do Templo de Jerusalém, que aconteceu em 70 d.C.

A mesma profecia relativa à destruição do templo foi confiada a Ezequiel, mas acrescida da construção de um novo templo em Jerusalém. Ezequiel recebeu a missão de transmitir ao povo advertências a respeito da vontade de Deus e do futuro, como a de que o templo seria destruído em decorrência do culto prestado a deuses pagãos. A realização dessa profecia poderia ser evitada, mas o povo não lhe deu a menor atenção. O judaísmo, o cristianismo e o islamismo reconhecem Ezequiel como profeta, embora seu Livro contenha grande parte dos fundamentos da tradição judaica da Cabala. Ele começa com o sacerdote tendo diversas visões fantásticas de Deus. A elas segue-se a aparição de Deus em forma física. Quando Deus falou, Ezequiel sentiu um espírito entrar nele e recebeu a ordem de ir e ser profeta entre o povo de Israel.

Os profetas do Antigo Testamento eram respeitados como mensageiros de Deus, trazendo revelações de ensinamentos ocultos e também do futuro. Eles se reuniam em aldeias e cidades para falar ao público e proclamar suas experiências. Esses encontros envolviam números consideráveis, como lemos em 1 Reis 18,4, ocasião em que Abdias levou 100 profetas e os escondeu numa gruta em grupos de cinquenta, providenciando-lhes comida e bebida.

Os ensinamentos dos profetas eram muito respeitados e continuaram exercendo grande influência no Novo Testamento.

PROFECIA NO NOVO TESTAMENTO

A importância dos profetas como mestres continuou no Novo Testamento, conforme expressa o Apocalipse 19,10: "adoração a Deus, pois o testemunho de Jesus é o espírito da profecia".

Jesus foi visto como profeta e como mestre, e Marcos 8,27 o descreve como a reencarnação de um dos profetas do Antigo Testamento. E em Marcos 9,1, Jesus prediz a vinda do reino de Deus: "E dizia ainda: 'Em verdade vos digo que estão aqui presentes alguns que não provarão a morte até que vejam o Reino de Deus chegando com poder'".

O Novo Testamento deixa claro que Jesus compreendia a importância da profecia. Ele profetizou inúmeras vezes durante o seu ministério e na última ceia disse aos discípulos, "um de vós me entregará" (João 13,21), explicando que dizia isso "antes que aconteça, para que, quando acontecer, creiais que Eu sou" (João 13,19). Poucas horas depois, ele também profetizou que Pedro o negaria três vezes antes do cantar do galo, o que de fato aconteceu.

No famoso hino à caridade em 1 Coríntios 13, Paulo diz que o dom da profecia deve ser usado com caridade, pois do contrário ele não produz os efeitos esperados. Diz também que depois veremos face a face, mas que agora só vemos de modo limitado. Ele admite falar em parte por profecia e em parte por conhecimento, como se a obtenção do conhecimento e o desenvolvimento da mente racional, como a árvore do conhecimento do bem e do mal no Gênesis (2,17), impedissem a relação com Deus. Ele usa a expressão "vemos em espelho e de maneira confusa", que para muitos significa uma janela embaçada que em parte dificulta a visão do reino do céu, mas que pode igualmente remeter a um espelho imperfeito que produz um reflexo distorcido de quem se olha nele.

Essa reflexão de Paulo é uma demonstração fascinante da compreensão de alguém daquele tempo, e ele conclui dizendo que a fé, a esperança e a caridade permanecem, mas que a caridade é a maior delas. Muitas traduções recentes da Bíblia substituem a palavra "caridade" pela palavra "amor", substituição essa que deturpa o sentido da Escritura. A verdadeira caridade é altruísta e só pode estar a serviço dos outros. Ela está além do ego e da gratificação de si mesmo e não pode estar voltada para o próprio eu.

PROFECIA PÓS-BÍBLICA

Com toda essa ênfase dada à profecia, ficamos nos perguntando por que ela não está presente no judaísmo, no cristianismo ou no islamismo atuais. Dependia-se certamente dela para identificar a vinda do Messias, conforme prevista no Antigo Testamento, mas após os tempos bíblicos ela praticamente deixou de existir.

A profecia ainda era muito importante para os cristãos nos primeiros séculos do Novo Testamento. Figuras de destaque no cristianismo primitivo eram reconhecidas por suas profecias, como Inácio de Antioquia no ano 100 d.C., Justino Mártir (160 d.C.), Policarpo de Esmirna (150 d.C.) e Ireneu (150 d.C.).

Comentários desse tempo subsistiram, e a *Didaqué* (*Doutrina dos Doze Apóstolos*), datada dos séculos I e II d.C., é uma das exposições mais antigas da doutrina cristã. Parte dela descreve os profetas peregrinos e os critérios para discernir os verdadeiros dos falsos. Se forem verdadeiros, o cristão deve dar-lhes de comer e zelar por eles. No século II, o documento O *Pastor de Hermas* descreve a profecia em Roma nessa época e se assemelha à *Didaqué* na medida em que explica como pôr o falso profeta à prova.

Na parte final do século II a profecia caiu rapidamente em desuso na florescente Igreja Católica. Uma causa possível é a suspeita de que ela concentrava um poder acima do controle da Igreja. Para desfrutar da autoridade suprema, seria inconveniente para um papa que profetas peregrinassem de um lugar a outro transmitindo mensagens inspiradas diretamente por Deus. Mais tarde na história da Igreja, a profecia passou a ser vista com desagrado e raramente era levada a sério.

Outra possibilidade é que a profecia deixara de ser um método de recepção de informações de uma fonte divina. No século III ocorreu um ressurgimento da profecia através dos montanistas, liderados por seu fundador Montano. Eles constituíam uma ordem religiosa cujo principal método de desenvolvimento consistia no êxtase e no delírio. Eles foram rejeitados pela Igreja Católica e considerados falsos profetas, que teriam se deixado "arrebatar pelo espírito". Nos séculos seguintes, com exceção de alguns santos que alcançaram grande notoriedade, as visões e vozes do futuro caem na obscuridade e no silêncio.

No século IV, as Constituições Apostólicas deixam claro que a profecia é "supérflua" e os que possuem esses dons "são advertidos a não sobrelevá-los acima dos dirigentes da Igreja". Isso denota uma mudança clara no modo como a Igreja Católica via a profecia. A Igreja havia tomado a decisão de defender-se dessa influência, e a partir desse momento passou a censurar toda declaração que pudesse ameaçar sua liderança. A ordem profética da Igreja foi relegada a funções inferiores e coagida a manter silêncio sobre matéria relevante.

A autoridade reconhecida em profecia na história católica foi o cardeal Tomás Caetano (1469-1534), a quem a *Enciclopédia Católica* atribui as palavras frequentemente citadas, "Não se deve dar nenhum crédito público a quem diz ter recebido em particular uma missão de Deus, a não ser que o confirme com um milagre", fixando assim um critério elevado para ser aceito como profeta pela Igreja. No fim, para proteger-se de qualquer interferência da profecia, a Igreja Católica prescreveu que nenhuma profecia poderia ser julgada verdadeira ou falsa, mas também adotou o critério de que a verdadeira profecia não pode contradizer as Escrituras ou as doutrinas da Igreja.

Embora o ato de ouvir uma voz de sabedoria divina não tenha sido aprovado pela Igreja Católica, foi impossível para o catolicismo erradicar completamente essa tradição da sua estrutura. Visões e profecias da Bíblia e da vida dos santos fazem parte do catolicismo e São Malaquias tem seu lugar nessa tradição. Entretanto, exceção feita às situações em que um determinado santo se sentiu impelido a publicar suas experiências, a tradição ficou relegada a grupos menores, como o dos evangelistas.

Fora da Igreja, a busca da opinião divina não arrefeceu, mas passou a adotar métodos mais aceitáveis de adivinhação. Como vimos, essas técnicas de adivinhação existem para energizar o inconsciente para receber ou revelar conhecimentos inacessíveis à mente consciente, realidade que pode propiciar o tipo de revelação pessoal que vimos anteriormente em Coríntios.

SANTOS E VIDENTES

Com o declínio da profecia na Igreja, surgiram além dos limites de Roma aqueles que a preservaram. Muitos desses a assumiram involuntariamente, arrastados que foram pela avalanche de vozes ou visões. Alguns santos de modo especial se sentiram compelidos a passar adiante as orientações recebidas.

Em seu anseio por conhecer o divino pessoalmente, muitos santos não se preocupavam com os acessórios da religião, pois tinham experiências de êxtase e ouviam a voz do que acreditavam ser o Espírito Santo. Alguns que recebiam inspiração divina achavam que seu chamado provinha de uma voz interior que os orientava e lhes dava forças para realizar grandes obras. São Francisco de Assis (1182-1226), fundador da ordem que tem o seu nome, viu uma imagem de Jesus tomar vida e ordenar-lhe que pusesse ordem na casa de Deus. São Francisco era um homem íntegro e piedoso, mas observe-se que ele também se dedicava ao jejum por longos períodos de tempo, e como já vimos, jejuns prolongados causam alucinações. A visão, porém, o impeliu a realizar grandes obras. Ele pediu ao papa Inocêncio III que aprovasse sua ordem, mas este se mostrou inicialmente reticente. Na mesma noite o papa teve um sonho em que viu a Basílica de São João de Latrão prestes a desabar, mas um homem correu e a escorou com os ombros. Inocêncio reconheceu Francisco naquele homem, considerou o sonho um sinal de sua importância para a Igreja e aprovou a criação da Ordem Franciscana. Quase no fim da vida, São Francisco teve uma visão enquanto rezava no Monte Verna. Ele viu um anjo e uma imagem da crucificação. Depois desse evento, que o comoveu profundamente, ele desenvolveu os sinais dos estigmas nas mãos e nos pés e a ferida no lado, lembrando a lança que perfurou Jesus na cruz. Sua vida e sua obra inspiraram o nome escolhido pelo papa atual.

Outro santo famoso de grande relevância para a nossa história é Santa Hildegarda de Bingen (1098-1179). Hildegarda era uma monja beneditina que tinha visões desde os 3 anos de idade, mas preferiu mantê-las em segredo. Aos 42 anos ela teve uma visão que a orientou a divulgar suas experiências. Nessa visão, Deus lhe teria dito: "Escreve o que vês e ouves. Dize às pessoas como entrar no Reino da Salvação".

Santa Hildegarda descreveu que o Espírito Santo descia sobre ela e a inundava de visões, que ela registrava em pranchetas de cera. Ela compilou 26 visões num livro chamado *Scivias* (*Conheça os Caminhos do Senhor*). Foram necessários dez anos para terminar o livro, o qual reflete sobre o misticismo de Deus, sobre a criação e sobre a redenção. *Scivias* contém ilustrações e interpretações feitas por ela mesma como comentários inspirados pelas visões. Ele inclui muitas profecias, como por exemplo: "Alguns países preferirão seus próprios governantes da Igreja em vez do papa" e "O império alemão será dividido", ambas comprovadas pela história.

Hildegarda também escreveu extensamente sobre o Fim dos Tempos, um tema que perpassa todas as profecias. Entre outras figuras notáveis que predisseram o Fim dos Tempos estão Santo Hilário (291-371), Santo Efrém no século IV, o venerável Beda e Santo Odilo no século VIII, e São João Bosco (1815-1888).

Consta que diversos papas também tiveram visões, nem sempre agradáveis: elas podem ocorrer em momentos inoportunos e também contêm revelações incômodas. Em 13 de outubro de 1884, Leão XIII (pontífice de 1879 a 1903) desmaiou numa das capelas particulares do Vaticano. Ele ficou inconsciente durante vários minutos e quando voltou a si descreveu uma visão relacionada ao século XX. Ele disse que viu como o mal chegaria ao auge do seu poder. Pio X (1903-1914) viveu uma experiência semelhante quando entrou em transe e teve a visão de um futuro papa fugindo do Vaticano sobre os corpos dos cardeais. Pio XII (1939-1958) voltou de uma visão advertindo que a humanidade enfrentaria os dias mais negros desde o dilúvio.

NOSTRADAMUS

O maior profeta conhecido, apesar de ser católico e de ter contribuído muito para a cura de doentes, não é chamado de santo. Estamos falando de Michel de Nostre-Dame (1503-1566), o famoso Nostradamus. Médico e vidente francês, ele compôs mais de 100 profecias em forma de quadras crípticas, publicadas nas obras *As Profecias* (1555) e *Centúrias e Presságios* (1550).

A família de Nostradamus era de origem judia, mas seu pai havia se convertido ao catolicismo. Incluímos Nostradamus aqui não só por ele ser exemplo importante de um profeta moderno, mas também porque fez inúmeras previsões relacionadas com o papado e com o fim do mundo. Muitos questionam a precisão dessas profecias ou mesmo se é possível interpretar suas obras, mas ninguém pode duvidar do registro histórico de inúmeras predições suas que se realizaram ainda durante sua existência. Ele previu que Catarina de Médici sobreviveria aos três filhos dela, o que realmente aconteceu, e que o rei Henrique II da França morreria durante um "duelo" em consequência da perfuração de um olho. Isso aconteceu durante uma justa entre amigos, quando uma lasca da lança do oponente atravessou o elmo do rei, perfurou seu olho e penetrou em seu cérebro, tirando-lhe a vida no ato.

Nostradamus também perscrutou o futuro e recebeu imagens de invenções como a do submarino e do tanque, descrevendo-os como "peixes de metal com a morte saindo da boca" e "fortalezas em movimento". Suas descrições são toscas porque ele não podia entender logicamente esses engenhos no século XVI.

Seu legado se constitui em centenas de quadras que predizem acontecimentos nos séculos futuros. Nostradamus previu o surgimento de um Anticristo e a ocorrência de um grande cisma que dividiria a Igreja. Como Santa Hildegarda, ele também fez comentários sobre papas, antevendo que um deles seria assassinado.

Não podemos subestimar a importância de Nostradamus no que diz respeito à profecia. Suas obras hoje, infelizmente, são muitas vezes submetidas aos extremos do cinismo ou da crença cega através de interpretações intrincadas. Seus detratores alegam que eventos importantes do tempo presente não foram previstos, mas vale observar que o que consideramos de grande importância no presente pode um dia ser visto como irrelevante para o caminho percorrido pela humanidade. Em termos de sua verdadeira relevância, o que os jornais nos levam a acreditar ser história em realização só pode ser constatado em retrospectiva.

Muitos acreditam que a aptidão de Nostradamus para a previsão teria sido um dom natural com que ele fora favorecido desde o berço, mas uma análise mais minuciosa sugere que ele pode ter recebido ajuda da mesma fonte que alimentava os profetas do Antigo Testamento. Ele nasceu na França e foi católico piedoso durante a maior parte da vida, mas seus ancestrais pertenciam à tribo bíblica de Issacar, mencionada em 1 Crônicas 12,32, cujos membros "sabiam discernir os tempos em que Israel devia agir e a maneira de fazê-lo". A tribo de Issacar era uma tribo de profetas. No decorrer dos séculos, alguns dos seus integrantes migraram para o sul da Europa e Nostradamus teria sido um dos seus descendentes.

Assim, o biógrafo Manly P. Hall (em *Sages and Seers*) afirma que Nostradamus herdou uma biblioteca de textos antigos de sua tribo e que esses textos reforçaram sua habilidade natural para ter visões. Ele também se serviu da astrologia como recurso e instrumento para profetizar. As visões de Nostradamus eram tão assustadoras, que ele chegou a fazer a promessa de proteger a humanidade contra elas. Além da natureza críptica dos seus escritos, testemunhas dizem tê-lo visto queimando pilhas de documentos quase no fim da vida. Alguns supõem que esses papéis continham profecias escritas em forma não codificada, mas é mais provável que fossem a biblioteca dos seus antepassados, os meios para ver o futuro.

Voltaremos a Nostradamus num capítulo posterior, pois ele pode ter exercido influência direta sobre as profecias atribuídas a São Malaquias, publicadas pela primeira vez pouco depois da morte de Nostradamus.

VISÕES E APARIÇÕES

Desde a Alta Idade Média ocorreram inúmeras aparições de anjos ou de personagens bíblicos para comunicar mensagens. Existem relatos muito semelhantes no Antigo Testamento e alguns no Novo em que anjos se manifestam para transmitir a vontade de Deus. Mais recentemente, as aparições praticamente se restringem às da Virgem Maria. As visões marianas normalmente transmitem instruções diretas indicando um curso específico de ação a seguir ou de missão a cumprir, como onde construir uma igreja (Le Laus, França, em 1664) ou onde lançar uma medalha de ouro com desenhos específicos (Paris, França, em 1830, a Catherine Labouré). Muitas dessas aparições continuam a tradição de revelar informações através de advertências e profecias. Embora não reconheça essas aparições abertamente, a Igreja Católica as considera muito importantes; também as informações recebidas são normalmente consideradas muito influentes e guardadas a sete chaves no Vaticano.

É possível que alguns desses eventos fossem embustes ou produto de alucinação, ou que alguma outra coisa estava acontecendo, mas as tendências culturais podem pintá-los com matizes católicos. Os lugares onde ocorreram se tornaram novos destinos de peregrinação; o efeito das peregrinações atraindo riquezas era bem conhecido na Alta Idade Média e em alguns casos explorado através do comércio de relíquias.

Essas visitações parecem predispostas a fazer profecias; diferentemente da maioria das formas de profecia, as aparições da Virgem Maria tendem a transmitir informações bem específicas. O fato de escolherem uma criança no meio do nada, em vez de um papa ou de um líder mundial, levanta problemas semelhantes aos relatos de testemunhas de óvnis, embora nenhuma dessas situações desmereça a qualidade das informações dadas pela "visão". É difícil rejeitar o fenômeno das aparições da Virgem Maria como embustes ou fantasias, considerando-se que Nossa Senhora se revela muitas vezes a grupos por longos períodos de tempo.

Os primeiros relatos dessas visitas encontram-se numa coletânea de histórias datada dos inícios do século XV e intitulada *Milagres da Bem-Aventurada Virgem Maria*, de Johannes Herolt. Em sua maioria, essas histórias são relatos de casos e não têm datas específicas ou fontes citadas, mas ilustram que os fenômenos estavam se tornando mais comuns e populares entre os católicos.

Um dos problemas para avaliar essas profecias é que seus registros eram quase sempre feitos muito depois do evento. Consta que em Walsingham, Inglaterra, em 1061, Lady Richeldis teve três visões da Virgem Maria na casa em que Jesus cresceu. Recebendo instruções específicas, ela financiou a construção de uma réplica, que se tornou um santuário. Infelizmente, o relato escrito mais antigo desse evento data do século XIV, por isso sua credibilidade é duvidosa. O mesmo problema envolve a aparição de Nossa Senhora de Guadalupe, que ocorreu em 1531. O primeiro registro escrito dessa aparição é de 29 anos mais tarde.

Um exemplo importante encontra-se nos relatos de La Salette, França, 1846. Esse evento estabelece o molde para visões posteriores — na natureza da visão e no fato de que ela aparece para crianças para comunicar profecias. Essa aparição foi vista por uma jovem pastora e um menino, e o relato deles descreve a visão de uma luz brilhante envolvendo uma senhora, embora eles nunca a identifiquem especificamente como Maria. A visão transmite uma profecia de fome, com menção específica a safras perdidas, inclusive de batatas. As profecias se realizaram e cada uma das safras especificamente mencionadas pela visão fracassou nos anos seguintes. Ter a visão aparecido só para crianças, como em geral acontece, parece indicar que as crianças estão predispostas a visualizar tais eventos paranormais.

Eventos posteriores, embora famosos, também levantam questões de autenticidade. Em Lourdes, França, 1858, uma visão apareceu a Bernadette Soubirous. A decisão de identificar a visão como a Virgem Maria foi feita por um adulto, que chegou a essa conclusão sem realmente ver a aparição, e não pela criança que testemunhou o evento. Bernadette, a única pessoa que de fato viu e ouviu a visão, foi ouvida por centenas de milhares de pessoas, que esperavam para tomar conhecimento do que havia sido transmitido. Infelizmente, os registros escritos de suas revelações são incompletos e às vezes contraditórios.

FÁTIMA

O mais famoso desses eventos é a aparição da Virgem Maria em Fátima, Portugal, em 1917. Uma figura descrita como "mais brilhante que o Sol" apareceu a três crianças e comunicou-lhes três segredos sob a forma de profecias. As aparições continuaram durantes seis meses, atraindo multidões cada vez mais numerosas de testemunhas até um público estimado de 70 mil pessoas – mas só as três crianças podiam ver a santa e ouvir as mensagens. Outras testemunhas afirmam ter visto alguns fenômenos, como uma bola de luz ardente, mas nada semelhante a um vulto. As visões terminaram com uma "dança do Sol", mas as versões do público em torno do evento são diferentes, apesar de todas mencionarem o Sol assumindo alguma determinada forma.

A primeira profecia de Fátima consistiu numa visão do inferno com pessoas sendo consumidas pelo fogo na companhia de demônios. A segunda previa que, apesar do término da Primeira Guerra Mundial, se a humanidade não se corrigisse, uma segunda guerra eclodiria, muito pior que a primeira. Essa previsão se realizou pouco mais de 20 anos depois com a deflagração da Segunda Guerra Mundial.

A terceira profecia foi inicialmente mantida em segredo, mas circularam rumores de que dizia respeito ao Fim dos Tempos. O Vaticano tomou a decisão de que o papa só a revelaria depois de 1960, mas voltou atrás e adiou sua divulgação para o ano 2000. Irmã Lúcia, uma das testemunhas da visão e confidente do segredo, comentou em suas memórias que a última profecia começava com as palavras: "O dogma da fé será sempre preservado em Portugal". A versão finalmente liberada pelo Vaticano não inicia assim e sem dúvida não se trata da mesma mensagem.

Há pistas para a verdadeira natureza do terceiro segredo. Irmã Lúcia também escreveu artigos para diversas publicações católicas, remetendo os interessados para os capítulos 8-13 do Livro do Apocalipse. Esses capítulos descrevem a abertura dos sete selos e da chegada do Dragão Vermelho durante o apocalipse. O papa Bento XVI, em 1984, quando ainda era o cardeal Ratzinger, também confirmou que o terceiro segredo de Fátima se referia ao Fim dos Tempos. No mesmo ano, Ratzinger afirmou na revista católica paulina *Jesus*, "Ele não acrescenta nada ao que os cristãos devem saber com relação ao que está dito no Livro do Apocalipse". Também o papa João Paulo II teria comentado sobre o terceiro segredo de Fátima: "Se você ler que os mares inundarão os continentes e que milhões de pessoas morrerão em poucos minutos, uma vez conhecidos esses fatos, torna-se desnecessário insistir na publicação desse segredo".

ESCATOLOGIA

No estudo da profecia, tanto de um ponto de vista cristão como secular, não podemos ignorar a natureza predominantemente negativa da maioria das predições. Desde pragas e períodos de grande escassez até guerras e grandes cataclismos, os profetas são em geral arautos de infortúnios. Em consequência disso e das Escrituras, no Ocidente, muitos cristãos alimentam a expectativa de um evento iminente, em alguns casos associado ao milênio ou a uma variação de Nova Era, mas enraizado no Fim dos Tempos e na promessa de apocalipse.

O termo "apocalipse" deriva da palavra grega *apokalyptein*, que significa "desvelar", "revelar". A "revelação" em termos bíblicos é muitas vezes da vontade de Deus ou uma previsão de catástrofes e de eventos futuros. O cristianismo, o islamismo e o judaísmo respeitam a Escritura apocalíptica. O budismo, o hinduísmo, o zoroastrismo e os maias também veem a história em termos de ciclos de criação e destruição. A tradição apocalíptica como forma visionária ocorre em muitas religiões e é tratada sob o título "escatologia".

Para os cristãos, a fonte principal da escatologia é o Livro do Apocalipse, o último e breve texto do Novo Testamento. O Apocalipse é uma jornada visionária e profundamente simbólica através dos três estágios do passado, presente e futuro segundo as previsões de São João de Patmos. O aspecto futuro do texto é uma revelação extraída da profecia.

Calvino nos adverte que o estudo do Apocalipse nos levaria à loucura, mas esse texto continua sendo o mais enigmático da Bíblia. As visões podem ser assustadoras e podemos imaginar que ao ser tomado pelo pesadelo abstrato do apocalipse, São João deve ter sofrido alguma forma de colapso nervoso.

Durante os eventos apocalípticos Cristo voltará para julgar as pessoas, sendo essa a origem da crença católica na Segunda Vinda. Haverá uma Era de Ouro, com duração de mil anos, à qual se seguirá um período sob o reinado de Satã, o Anticristo. Esse período culminará com uma batalha final, seguida pelo Juízo Final e por último pelo fim do mundo.

No centro do Livro do Apocalipse está a abertura dos sete selos, os quais descrevem os eventos do fim do mundo. Cada selo aberto deflagra algum evento cataclísmico, como pragas, guerras ou fome que devastam a terra, e o resultado da hecatombe é em geral medido em números de mortos. Como guerras, fome e calamidades vêm sendo fatos constantes nas décadas recentes, é de se perguntar se o apocalipse já não está em curso.

AS VISÕES DE SÃO MALAQUIAS

As obras atribuídas a São Malaquias compõem uma parte importante da tradição profética e escatológica. Ele tem lugar assegurado entre os santos e videntes relacionados antes e entre numerosos outros profetas na história católica que se sentiram impelidos a divulgar suas visões e experiências de eventos futuros. Malaquias fez previsões ao longo de toda a vida, mas nenhuma delas é tão conhecida quanto "as profecias da sucessão dos papas".

Segundo a lenda, quase mil anos atrás o arcebispo de Armagh, Irlanda, mais tarde canonizado como São Malaquias, teve uma visão de cada futuro papa, desde os tempos medievais até os dias de hoje. Embora não existam relatos da época que apresentem Malaquias fazendo essa profecia específica, no século XIX o padre Cucherat escreveu que as profecias eram o resultado de visões que Malaquias havia recebido em 1139-1140. Infelizmente, Cucherat não fornece a fonte dessa informação, mas diz que Malaquias teve uma visão em que todos os papas desfilaram diante dele, desde o que governava a Igreja no seu tempo até o último que exerceria o pontificado.

Não sabemos o que o conhecimento espontâneo de toda a história dos papas desde então até o presente representou para Malaquias. Ele deve ter percebido a importância de sua visão e da verdade que a separava dos sonhos normais. É possível que se pusesse a devanear, recitando-as a partir do estado de transe teta de um sonho acordado enquanto um dos seus monges as transcrevia apressadamente. A linguagem usada nas profecias presta-se bem à ideia de que elas eram extraídas de experiências visuais.

Cucherat sustenta que Malaquias deu as profecias de presente ao papa Inocêncio II durante sua estada em Roma em 1139 e 1140 para confortá-lo em seu difícil reinado com a notícia de que o papado perduraria por muitos séculos. Sem dúvida, essa informação apaziguaria o angustiado papa, mas agora aqueles séculos passaram e, conforme a profecia, o reinado dos papas está chegando ao fim. No momento em que escrevo este livro, a lista dos papas acaba de chegar ao fim, com a renúncia de Bento XVI e a eleição do papa Francisco. O último parágrafo das profecias diz que o próximo papa será o último e que ele será testemunha da destruição de Roma e do juízo final de toda a humanidade. Essa última afirmação está de acordo com o tema apocalíptico que perpassa toda a escatologia cristã.

Além de tranquilizar-se com a informação de que muitos papas ainda o sucederiam, Inocêncio II teria percebido a influência que as profecias poderiam exercer sobre as eleições papais e teria impedido sua circulação pública. Tudo indica que teriam sido mantidas em sigilo nos arquivos do Vaticano, onde ficaram até ser redescobertas e publicadas no século XVI. Ao serem liberadas, quase 400 anos depois de escritas, as primeiras questões levantadas foram se Malaquias era o verdadeiro autor ou se elas eram uma elaboração recente. Independentemente das questões sobre a autoria, a importância das previsões está na sua precisão.

As profecias dos papas preservaram-se como um tema fascinante durante os séculos posteriores à sua publicação. O motivo desse interesse permanente é que elas identificam com exatidão muitos papas que foram eleitos. Muitas vezes só se percebe essa precisão quando o papa já está no exercício das suas funções. Essa não é uma tentativa de interpretá-las para adequá-las ao papa eleito; nesse aspecto, elas seguem a tradição do Antigo Testamento, ou seja, são profecias após o fato — às vezes só podem ser compreendidas à luz de eventos já ocorridos.

Como a Igreja Católica não quer se pronunciar a respeito da exatidão das profecias, resta às pessoas decidir até que ponto as previsões de Malaquias são dignas de credibilidade em termos de sua fonte, conteúdo e autoria.

Nesse caso, a impressão é que o Espírito Santo revelou a Malaquias o futuro dos papas ou então que sua própria ardorosa e devota consciência de algum modo trouxe do futuro as imagens dos papas. Tal era a dedicação de Malaquias a Deus e às boas obras da Igreja, que quase encarnou o arquétipo de um "Bom Católico". Essa figura levaria em si o espírito coletivo da época, ou *zeitgeist*.

É nesse ponto que o dom divinatório ou profético pode deixar de ser uma projeção pessoal para tornar-se algo mais social, refletindo o *zeitgeist*. O recebimento de informações para todo um grupo como a Igreja Católica tem por base um "destino comum": a interdependência do grupo. Esse recebimento tem normalmente início quando ocorre a formação de um interesse coletivo dentro da energia psicológica de um grupo, uma tensão como a dos tempos traumáticos da Igreja na Alta Idade Média. Malaquias teria imergido nos problemas enfrentados pela Igreja e entrado em sintonia perfeita com a matriz dos papas e com os sinais individuais por eles emitidos através dos tempos. Em seu papel como elo de ligação ou arquétipo para os medos da Igreja, ele teria recebido um chamado coletivo como arquétipo do católico perfeito.

Não há a mínima dúvida de que Malaquias estava totalmente imerso no "espírito" católico. As visões de Malaquias expõem um poder coletivo entrincheirado na fé do mesmo modo que as crianças mencionadas antes testemunhavam um fenômeno e depois o descreviam como uma aparição da Virgem Maria. A manifestação da mente grupal católica leva algo do espírito do catolicismo que é necessário para o público presente e as aparições dão uma resposta à necessidade do grupo através da profecia.

PROFECIA HOJE

Não temos hoje profecias originárias da Igreja Católica, mas outros grupos cristãos mantêm essa tradição. Os evangélicos continuam valorizando a profecia e a consideram a forma mais elevada da experiência religiosa.

Os métodos adotados pelas ordens evangélicas incluem oração, meditação e a espera ativa da manifestação divina com coração aberto. Nessas congregações, os profetas têm um desejo intenso de entrar em sintonia com as forças divinas e uma expectativa atenta enquanto escutam e rogam a Deus que revele Sua vontade. Os crentes que seguem esses métodos às vezes têm convulsões ou começam a falar em línguas antes de ter uma experiência de revelação. O fenômeno que consiste em falar em línguas é mencionado pela primeira vez em 1 Coríntios 14,2, "Pois aquele que fala em línguas, não fala aos homens, mas a Deus. Ninguém o entende, pois ele, em espírito, enuncia coisas misteriosas". Embora nem sempre seja o caso, o ato de falar em línguas pode preceder o recebimento de profecia ou de algum conhecimento revelado.

Os evangélicos acreditam que toda verdadeira profecia existe para esclarecer as Escrituras e identificaram sua necessidade no mundo moderno, pois ela exerce um papel diferente do ensino. Para eles, o ensino é um meio para explicar as Escrituras a fim de que a mente possa compreender, ao passo que a profecia ou revelação tem a capacidade de falar diretamente ao coração. As profecias que esses grupos defendem como verdadeiras só são aceitas se correspondem a um parâmetro claramente definido. Como Paulo continua em 1 Coríntios 14,3, a profecia é preferível ao falar em línguas, pois "aquele que profetiza fala aos homens: edifica, exorta, consola".

Como demonstram os profetas do Antigo Testamento, Jesus e os santos, parece possível comunicar-se com uma fonte divina de revelação. Mas a profecia envolve muitos problemas – para cada profecia que parece correta, há centenas que não fazem sentido ou que não levam a nada. Ainda é possível encontrar livros recentes, de 20 anos atrás, que anunciam que até o ano 2000 o mundo estaria coberto de gelo ou que alguma outra catástrofe teria recaído sobre nós todos.

CONCLUSÃO

Dedicar-se ao estudo de Malaquias é uma tarefa religiosa. O contexto dos seus escritos requer que penetremos nos confins da fé católica e de sua longa tradição de profetas que remonta ao Antigo Testamento. Suas palavras compõem uma tapeçaria que se estende até as origens das igrejas cristãs. Malaquias devia ter consciência clara de que muitos ensinamentos do cristianismo vieram à luz através da revelação. Esses ensinamentos eram verdades que o Espírito Santo procurava comunicar através daqueles que Ele escolheu como emissários e disseminadores de eventos futuros. Desde sábios e devotos até crianças que repetem palavras de anjos, somos levados a aceitar que através da sintonia com o divino eles se tornaram canais de comunicação, dando voz aos reinos além do nosso. Por seu caráter fiel e espiritual, muitos deles foram canonizados.

Não obstante, o profeta quase sempre está sozinho. A Igreja Católica não quer se pronunciar a respeito de qualquer profecia revelada após a composição da Bíblia; embora as visões e revelações possam circular e os altos escalões da Igreja possam especular sobre elas indefinidamente, não é possível chegar a nenhuma conclusão. Assim as visões que afluem a esses homens e mulheres santos não são reconhecidas, pois não podem ser aceitas nem se permite que influenciem a Igreja de qualquer modo que seja. Por mais que possam parecer inspiradas por Deus, o próprio papa deve optar por ignorá-las. Malaquias foi canonizado por suas muitas boas ações, mas sua qualidade mais cristã, o dom da profecia que ecoa o Antigo Testamento, permanece sem reconhecimento e denegrida como seu atributo menos influente.

Uma última ideia sobre a profecia foi inspirada pelo livro *1984* de George Orwell, um excelente estudo a respeito da revisão e manipulação da história. Pelo fim do livro, O'Brien oferece uma bebida a Winston Smith, que também lhe pergunta se ele gostaria de brindar ao futuro. Smith responde que preferiria brindar ao passado, com o que seu captor concorda, proclamando que o passado é mais importante. Para os profetas, que parecem obcecados em antever o futuro, é interessante o desafio quando uma janela aberta para o passado pode ser mais proveitosa. Assim, é pelo passado que começamos.

CAPÍTULO 4

A HISTÓRIA DOS PAPAS SEGUNDO MALAQUIAS

INTRODUÇÃO

A *Profecia dos Papas* de Malaquias caracteriza a Igreja Católica pela sucessão dos papas, estendendo-se do século XIII até o presente. Além da última profecia, que narra os derradeiros dias do papado, cada predição descreve um papa e seu contexto, ou então os problemas que ele enfrentará. A última antevê como o papa enfrentará a hecatombe final, sem referências mais amplas senão apenas ao destino de Roma. As profecias não tratam do destino da Igreja Católica ou dos fiéis, mas atêm-se aos acontecimentos que envolvem o papa. Do mesmo modo que outros profetas e profecias viam sua mensagem como uma tela ampla abrangendo todos os aspectos da fé, também a visão de Malaquias é bem específica. Fica-se com a impressão de que pelos olhos de Malaquias o papa e a Igreja Católica são sinônimos.

Com tanta ênfase dada ao papel do papa, precisamos entender um pouco o significado desse título.

O PAPA

O termo "papa" provém do grego e chega até nós através da palavra latina *papa*, que significa "pai" e também "papai"; dentre outros nove, esse é o título formal mais usado para identificar o chefe da Igreja Católica Romana. Os outros oito são: Bispo de Roma, Vigário de Cristo, Sucessor do Príncipe dos Apóstolos, Supremo Pontífice da Igreja Universal, Primaz da Itália, Arcebispo e Metropolita da Província Romana, Soberano do Estado do Vaticano e Servo dos Servos de Deus.

Os títulos "Supremo Pontífice" e "Servo dos Servos de Deus" podem parecer contraditórios, mas descrevem adequadamente as diversas funções que o cargo exige hoje. Certamente "serviço" combinaria melhor com a vida de Jesus, mas ao mesmo tempo, além de líder espiritual, o papa precisa atuar como governante, estadista e político.

Os vários títulos papais refletem a natureza multifacetada do papel como chefe da congregação espalhada em todo o mundo, sustentáculo dos ensinamentos apostólicos e chefe do Estado do Vaticano. No contato pessoal, as formas de tratamento são "Vossa Santidade" e "Santo Padre".

HIERARQUIA

Com o tempo, a estrutura de autoridade na Igreja se fixou e o papa hoje detém poder supremo sobre os aspectos espirituais e materiais da Igreja. Como Bispo de Roma, ele é sucessor direto de São Pedro. Dentro do Vaticano, ele é também chefe da Cúria Romana, a qual é responsável pelo cumprimento das obrigações administrativas da Igreja. É de sua competência ainda nomear os bispos, considerados sucessores dos apóstolos. Os bispos formam o Colégio Episcopal e são responsáveis pela condução da Igreja Católica.

Cada bispo tem a seu cargo a direção de uma diocese, uma área geográfica normalmente constituída de determinado número de paróquias individuais. A igreja principal de uma diocese recebe o nome de catedral. Se a população ou a extensão geográfica de uma diocese ultrapassa determinados critérios estabelecidos, a Igreja normalmente cria um arcebispado, com os respectivos arcebispo e bispos indicados para auxiliá-lo.

Abaixo dos bispos estão os padres, responsáveis pela paróquia. Originalmente, havia um padre para cada igreja paroquial, mas devido à redução do número de fiéis, às vezes várias igrejas são administradas por um único padre. Os padres entram em contato direto com seus fiéis, ou paroquianos, presidem rituais como casamentos e funerais, ouvem confissão e presidem a celebração da eucaristia, ou missa. Eles trabalham em âmbito comunitário e em muitos casos recebem a ajuda de diáconos. Antigamente, o papel de diácono era exercido exclusivamente por padres, mas o conceito foi ampliado para incluir pessoas leigas. Os membros da hierarquia eclesiástica, de padre para cima, devem ser celibatários.

ELEVAÇÃO AO PAPADO

Quando um jovem se sente chamado ao sacerdócio, ele procura manter-se fiel à castidade e dedicar-se à piedade e ao serviço ao próximo. Normalmente ele se dirige ao seu vigário em busca de conselho e reza pedindo a Deus orientação para melhor seguir sua fé. Caso decida ser padre, ele entra no seminário ou numa escola de teologia para receber a formação para o sacerdócio. O candidato deve estudar todos os aspectos da fé num processo que pode durar vários anos. Talvez ele passe até um ano como auxiliar numa paróquia, preparando-se para o diaconato. Uma vez ordenado diácono, ele se dedica a atividades específicas que conduzem à ordenação sacerdotal. No ato de ordenação pelo bispo, os padres fazem voto de pobreza, de castidade e de obediência. Como voto, o celibato inspira-se na passagem de Mateus 19,12, na qual Jesus fala sobre a união divina do matrimônio. Ele diz aos discípulos que todo homem que repudia sua mulher, a não ser por motivo de infidelidade, e desposa outra, comete adultério. Os discípulos retrucam que se essa é a condição do homem em relação à mulher, não vale a pena casar-se. Jesus, então, responde: "Com efeito, há eunucos que nasceram assim, desde o ventre materno. E há eunucos que foram feitos eunucos pelos homens. E há eunucos que se fizeram eunucos por causa do Reino dos Céus".

Como não há menção explícita ao celibato nessa passagem, mas a Igreja Católica assim a interpretou, toda essa questão é motivo de muita polêmica.

Uma vez ordenado padre, o avanço na hierarquia da Igreja depende do bispo local e do papa. Depois de anos de ministério, alguns padres são promovidos, mas a grande maioria continua como padre por toda a vida. O nível hierárquico seguinte é a consagração como bispo, pela qual o padre recebe a investidura episcopal. Quem não quer percorrer esse caminho nem receber as sagradas ordens, mas deseja dedicar sua vida a Deus, pode ingressar em alguma ordem religiosa. As ordens monásticas são um exemplo disso; para muitas pessoas, uma comunidade é o ambiente mais propício para praticar a vida espiritual.

O papa nomeia os bispos e estes nomeiam os padres e diáconos; apenas o papa, porém, pode indicar bispos para o Colégio de Cardeais. Em geral, os cardeais são bispos mais antigos. Eles podem continuar como bispos, supervisionando uma diocese, ou podem assumir uma função administrativa no Vaticano. O Colégio de Cardeais é um grupo seleto que se reúne para eleger um novo papa. Tecnicamente, qualquer fiel pode ser eleito papa, mas atualmente os cardeais somente promovem alguém pertencente ao próprio Colégio.

A PERSPECTIVA DA HISTÓRIA

A Igreja Católica começou em circunstâncias modestas, mal sobrevivendo aos primeiros séculos, até finalmente consolidar-se a sucessão apostólica na primitiva comunidade cristã de São Pedro em Roma. Os séculos seguintes apresentaram enormes dificuldades que repercutiram profundamente sobre o tempo de Malaquias e sobre os papas do segundo milênio d.C.

Enquanto o papado evoluiu como organização ao longo dos últimos 2 mil anos, a história concomitante do seu desenvolvimento espiritual parece estranhamente inexistente. Diferentemente das biografias dos santos, a vida dos papas é escassa em registros de suas predisposições místicas além dos limites de suas práticas espirituais diárias. Aparentemente, ignoram-se os aspectos edificantes dos papas, assim como toda evolução espiritual do papado, preteridos em favor do escândalo e das manobras políticas.

É verdade que nesses anos de formação ocorreu a transformação de uma organização de natureza espiritual em uma organização política, e por isso a história dos papas é normalmente mensurada em eventos políticos. O papa exerceu um papel fundamental em muitas das grandes turbulências militares, políticas, culturais e científicas no decorrer dos séculos. O envolvimento dos papas nesses campos rendeu-lhes a acusação de agirem além da sua competência, e em alguns casos, como durante a Segunda Guerra Mundial, de simplesmente não agirem.

É preciso lembrar que os historiadores raramente abordam questões de fé, mais interessados que estão nas artimanhas curiais. Por isso, embora a jornada pelos dois milênios de história católica possa parecer materialista, a questão implica uma deficiência dos historiadores mais do que um verdadeiro reflexo da falta de espiritualidade ou de fé dos papas. Até certo ponto, a Igreja Católica deve culpar apenas a si mesma pelo modo como é lembrada pela história. Conquanto os críticos e historiadores tenham certamente destacado os escândalos e as intrigas, as próprias enciclopédias da história dos papas publicadas pelo Vaticano enfatizaram a dimensão política. Essa atenção constante aos eventos e atos externos de cada papa, e não ao seu progresso interior, inculca nos observadores externos da Igreja a imagem de uma organização em que a religião é um conjunto fixo de regras, não um modo de vida vibrante e inspirador.

Mas essas histórias não devem denegrir o propósito essencial do papado: a missão espiritual, que faz da Igreja Católica uma das instituições mais permanentes do mundo. As estruturas de Roma foram construídas com riqueza e ardis, como denunciam alguns, mas também sobre os fundamentos da fé.

Uma história tão empolgante encobre muitas vezes os elementos místicos que orientam o desenvolvimento espiritual da Igreja. A função do papa é também traduzir e transformar os aspectos místicos do cristianismo em modos de vida cotidianos que possam ser facilmente comunicados a um público leigo – a pessoas que, nas origens, eram em geral analfabetas e incultas. No curso do tempo, o desafio tem sido o de expandir aquelas mensagens simples à medida que o público foi se educando e ampliando seus conhecimentos filosóficos e científicos.

O PRIMEIRO PAPA

A sucessão papal remonta ao apóstolo Pedro. Ele é considerado o primeiro "Bispo de Roma", depois seguido por todos os demais papas. Segundo a tradição, São Pedro deixou Jerusalém e foi para Roma, onde circulava entre as muitas comunidades cristãs já formadas na capital do Império. Ele acabou sendo martirizado e enterrado no local onde hoje está o Vaticano. O Novo Testamento não o menciona vivendo em Roma, por isso os relatos das suas viagens são montados com fragmentos de indícios históricos.

A importância de Pedro para Jesus e sua posição entre os apóstolos não estão em questão, pois em várias ocasiões Jesus se referiu a ele com termos elogiosos. O Evangelho de João relata o momento em que Jesus diz a Pedro (chamado Pedro ou Simão bar Jonas – filho de João): "Alimenta os meus cordeiros, alimenta as minhas ovelhas" – como se o estivesse mandando ensinar em seu nome.

Em Roma, no século I, os cristãos não formavam um corpo homogêneo, mas constituíam um conjunto de comunidades e facções, cada um com seu líder. Estudiosos afirmam que não havia um líder cristão único em Roma nessa época, de modo que São Pedro não teria sido o chefe da Igreja Cristã. No entanto, sua proeminência nas Escrituras e o fato de ser testemunha dos ensinamentos de Jesus o teriam transformado numa espécie de autoridade para todos os cristãos – se não politicamente, por certo como seu líder espiritual natural. Nesse sentido, é possível reconhecer Pedro como a principal influência da Igreja Cristã em Roma e, portanto, como primeiro papa.

Roma se tornou sede do poder da Igreja porque tanto São Pedro quanto São Paulo foram martirizados lá. Roma é considerada a "sé apostólica", ou sede apostólica, porque era onde o bispo tinha sua *cathedra*. Esse termo grego significa "cadeira", daí o emprego atual da palavra catedral para indicar o lugar onde o bispo se encontra. A "sé" mais importante é a que foi ocupada por São Pedro, pois se situa onde seu trono teria se localizado, caso esse trono tivesse existido. Os bispos sucessores de São Pedro são considerados extensões dos apóstolos, e assim Roma se tornou a "sé apostólica". A posição hierárquica mais elevada na Igreja é a de ocupante dessa sede como chefe de toda a Igreja, responsável pela supervisão de todos os demais bispos. O título que designa essa função é "pai", "papai" ou "papa".

Jesus tinha confiança em São Pedro e se referiu a ele como sua "pedra". Certa ocasião, Pedro afirmou convictamente que estava pronto para seguir Jesus até a prisão e mesmo até a morte, mas Jesus previu corretamente durante a Última Ceia que Pedro o negaria três vezes antes que o galo cantasse. Mesmo sabendo disso, Jesus descreveu Pedro como sua "pedra" (Mateus 16,18), dando a entender que não se tratava de um teste que visava a reprovar, mas um teste orientado para a formação do caráter. Como Jesus previu, Pedro o negou três vezes, mas depois da ressurreição tornou-se um pregador dedicado da mensagem que Jesus lhe transmitira, e nas décadas que viveu depois da morte de Jesus, foi considerado um especialista nos ensinamentos de Jesus.

Existiu realmente uma comunidade cristã em Roma no século I e cartas remanescentes daquele tempo mostram que seus membros conheciam e respeitavam Pedro.

Acredita-se que São Pedro tenha sido martirizado em Roma, provavelmente no ano 70 d.C. Numa região subterrânea de Roma há um cemitério chamado Grutas Sagradas. Em 1952, foi ali descoberto um túmulo do século I com inscrições devocionais mencionando Pedro. Nas proximidades, há também um santuário do século II dedicado a Pedro. A conclusão de que o túmulo seja de Pedro não é definitiva, mas reforça o argumento de que ele viveu seus últimos dias em Roma.

São inúmeras as questões relacionadas com esse túmulo e com muitas relíquias que datam desse período. Diversos locais em Roma e arredores foram citados como o túmulo definitivo de Pedro. Depois de aceitar vários deles no decorrer dos séculos, o Vaticano mostra-se reticente em escolher um em particular. Como os lugares sagrados dependem em geral de doações de peregrinos, duvido que a técnica de datação por carbono seja aplicada aos vários restos mortais num futuro relativamente curto.

Durante o tempo em que Pedro permaneceu em Roma, as pequenas comunidades cristãs que surgiam na cidade o teriam reconhecido como autoridade em questões espirituais. Na época, o cristianismo vivia sob a ameaça das perseguições romanas, de modo que a fé era professada em grande parte em âmbito privado. Não havia reuniões públicas para celebrações e em geral a Igreja considera esse tempo como um período de cristianismo "simples". Contígua do tempo e da origem dos seus ensinamentos, a nova religião estava mais próxima da essência da mensagem trazida por Jesus ao mundo. Desde então, grupos têm tentado voltar àqueles tempos de fé simples, mas o mundo avançou.

A IGREJA CATÓLICA ATÉ O TEMPO DE SÃO MALAQUIAS

A função do papa como chefe da Igreja Católica Romana existe há quase 2 mil anos. Ao longo desse tempo, enquanto a maioria dos países era governada por sucessão e se beneficiava da continuidade proporcionada por esse sistema, os papas sempre foram eleitos. O fato de muitos papas serem eleitos em idade avançada produziu períodos de reinado curtos e mudanças constantes.

Nos primeiros 300 anos, o cristianismo sofreu perseguições e a sucessão dos papas representou pouco ou nenhum poder; os registros históricos desses papas são vagos. Na época, o cristianismo em Roma não formava uma sociedade estruturada única; inúmeros pequenos grupos reuniam-se em segredo, considerando-se parte de um todo maior. É provável que não houvesse uma figura central de liderança, a não ser que São Pedro indicasse um dos seus discípulos.

As questões que se punham a esses grupos girariam em torno da tomada de decisões com relação aos textos do Antigo e do Novo Testamento que deviam ser seguidos, além das Escrituras hebraicas. Eles também devem ter discutido sobre as datas a ser estabelecidas para comemorar eventos históricos e sobre os dias de celebração. A Igreja estava em formação, e certamente as reuniões conhecidas como sínodos devem ter estudado e analisado extensamente a melhor data para a celebração da Páscoa ou os autores de evangelhos que mais se aproximavam da verdade.

Antes do século III, eram poucas as diretrizes relativas ao comportamento dos papas. Muitos devem ter sido casados, até que essa prática foi abolida no sínodo de 305 d.C. Mesmo nessa época as perseguições aos cristãos continuavam, mas como os papas demonstraram não constituir nenhuma ameaça militar ou política, puderam continuar praticando a religião reservadamente sem ser perturbados.

Então, em 312, Constantino se tornou imperador do Império Romano. Ele foi tolerante com os cristãos e teve influência decisiva na constituição da Igreja como corpo único. Em parte influenciado por sua mãe cristã, Santa Helena, Constantino facilitou a consolidação da Igreja.

Sua ação mais promissora foi a convocação do Concílio de Niceia, cidade localizada no norte da Turquia, no ano 324 d.C. Mais de 250 bispos de todo o mundo reuniram-se para refletir e decidir sobre inúmeros princípios fundamentais da Igreja Católica que ainda hoje continuam válidos, e também para encontrar formas para deter a fragmentação que ameaçava dividir a Igreja primitiva.

Constantino deu à Igreja cristã condições de se constituir e de se tornar pública. Os grupos dispersos saíram das catacumbas de Roma sem medo de ser perseguidos e começaram a professar abertamente suas crenças. A liberdade obtida se fez acompanhar de certa porção de poder. Esse foi o legado de Constantino.

No século V, a Itália estava à mercê de forças invasoras da Europa Ocidental. Os visigodos comandados pelo rei Alarico assolavam os estados italianos e acabaram saqueando Roma. Depois deles vieram os vândalos, e no século VI os lombardos germânicos se apoderaram de grande parte do norte da Itália. Eles ameaçavam invadir Roma e só foram contidos por somas cada vez mais altas de suborno. Com o tempo, muitos se converteram ao cristianismo, mas foram por fim derrotados pelo poder militar que se formara na Europa Central sob a liderança de Carlos Magno, rei dos francos, durante o século VIII. A influência de Carlos Magno foi fundamental para as tribos da Germânia e para o papado, pois ele apoiou as tentativas do papa Adriano de reformar a Igreja em todo o continente europeu.

Foi Carlos Magno que estabeleceu o domínio romano na Europa Ocidental e definiu o primado do papa na Igreja. Ele também invadiu e se apossou dos territórios ocupados pelos lombardos, doando-os ao papa. No ano 800 d.C., o papa lhe retribuiu, coroando-o imperador da Europa.

Depois de Carlos Magno as heresias continuaram a enfrentar a autoridade da Igreja sob a forma de seitas cristãs alternativas. Esses grupos persistiram em conquistar adeptos até alcançar o auge da popularidade na Idade Média, quando a Igreja Católica deflagrou sua própria perseguição com o martelo da Inquisição.

Carlos Magno havia protegido o papa de seus inimigos dentro e fora de Roma, mas os que contestavam o primado do papa o acusaram de adultério e perjúrio e o levaram à prisão. O papa Leão prometeu se emendar, tendo por testemunha Carlos Magno, que a essa altura já havia conduzido suas manobras e alcançado uma posição de grande influência. Dois dias depois de fazer sua promessa, o papa coroou Carlos Magno imperador.

Carlos Magno não era necessariamente um homem religioso, mas compreendeu a importância política e social da religião. No século IX, seu império abrangia quase todo o norte da Europa. Ele havia costurado sua colcha de países, culturas e tribos por meio da nomeação de arcebispos, bispos e padres para congregar as comunidades. A função deles era educar e orientar as massas, mas também garantir que estas se submetessem às ordens do imperador.

Os arcebispos eram figuras poderosas e às vezes questionavam a autoridade do papa Nicolau I. Nicolau tinha uma posição forte a respeito da supremacia do papa sobre os arcebispos e defendeu essa posição em inúmeras ocasiões.

Na época em que João VIII (872-82) assumiu o trono de São Pedro, intrigas políticas e rivalidades internas dentro da Igreja haviam chegado ao nível mais baixo. Presumidamente, João foi envenenado e golpeado até a morte por um dos próprios assessores. Sucederam-no inúmeros papas de vida curta e muitos que não passavam de fantoches políticos. Esse estado de desordem duraria por quase um século, quando muitos papas foram assassinados ou manipulados por interesses políticos. Foi como se o papado decaísse para a loucura – por fim, a situação chegou ao auge quando o cadáver do papa Formoso foi exumado e levado a julgamento por seu rival e sucessor Estêvão VI. O próprio Estêvão teve um fim violento, mas não antes de mandar mutilar o corpo de Formoso e jogar seus membros no Tibre.

Pelo fim do século IX, o papado enveredara por um movimento de declínio constante, e nos nove anos entre 896 e 904, nove diferentes papas reinaram. A causa disso, em parte, foi o assassinato de vários deles, uma ocorrência que se tornara normal, pois os rivais tentavam depor o pontífice. Nesse período, o papa Estêvão VII foi aprisionado e morto por um interno, e o papa Sérgio III foi considerado responsável pelo assassinato de pelo menos outro papa durante sua ascensão ao poder. Ele também teve um filho com sua amante, que depois se tornou o papa João XI. Quando chegou ao poder, o papa João XII (955-64) se entregou à devassidão, abrindo um bordel na igreja de São João de Latrão em 955. Dizem que ele morreu de ataque cardíaco durante os espasmos de uma relação adúltera. No mesmo ano o papa Bento V fugiu para Constantinopla com uma jovem, voltando a Roma mais tarde apenas para ser morto por um marido ciumento.

A estabilidade e a razão começaram a refrear os excessos do papado apenas no século XI. Quando o papa Bento VIII subiu ao trono em 1012, começavam as reações contra os abusos de natureza sexual entre o clero e contra outras práticas que causavam distúrbios na Igreja, apesar de alguns dos excessos de poder mais flagrantes permanecerem. Depois da morte de Bento, num grande ato de nepotismo, sua poderosa família tramou para que ele fosse substituído por seu irmão mais novo, que nem sequer era padre. Ao papa João XIX sucedeu seu sobrinho Bento IX, agravando ainda mais os escândalos na Igreja. Por fim, ele foi deposto por Clemente II, que contava com o apoio do imperador Henrique III. Clemente agiu rapidamente e declarou ilegal a venda de cargos, movido pelo objetivo de impedir que as poderosas famílias de Roma instalassem outros papas.

Clemente foi sucedido pelo papa Leão IX, outro reformador que continuou a obra do antecessor criando mais leis contra a simonia — a venda de cargos — e regulando o relacionamento sexual do clero. Ele era benquisto e viajou pela Europa para mais uma vez levar sua influência aos países cristãos.

As reformas continuaram e até fins do século XI estava consolidada grande parte do que hoje consideramos ser o catolicismo. As regras para as eleições papais estavam definidas, o casamento do clero estava proibido e a indicação dos papas não podia estar ligada à riqueza. Isso se aplicava a grande parte da Europa, mas não à Irlanda, que nesse período estava em declínio e vendo-se cada vez mais excluída dos avanços importantes que aconteciam no restante da Igreja.

Em 1089, Urbano II criou uma cúria, ampliando o poder e a influência aos cardeais. Com a constituição de um círculo interno de assessores do papa, a função de cardeal tomava forma: agora, somente eles podiam escolher um novo papa. Eles acabaram assumindo a administração do Vaticano e limitando a eleição de outros papas aos que exerciam a mesma função.

Urbano II também promoveu a Primeira Cruzada com o objetivo de reconquistar a Terra Santa para os cristãos. Ele realizou um sínodo na França para obter apoio e financiar a campanha; politicamente, ele uniu o Ocidente sob a bandeira de Roma contra um inimigo comum. Em 1099, os exércitos do Ocidente, sob o comando de nobres europeus, marcharam para ocupar Jerusalém. Urbano II morreu pouco depois.

Seu sucessor, papa Pascoal II, apoiou Henrique V da Alemanha, mas este invadiu Roma e exigiu ser coroado imperador. Insatisfeito com a resposta de Pascoal, Henrique o sequestrou e o obrigou a realizar a cerimônia. Assim que as tropas de Henrique se retiraram, Pascoal renegou suas próprias ações e voltou para Roma com a intenção de abdicar, mas morreu durante a viagem.

Em 1119, Calisto foi coroado papa em Viena. Excelente diplomata, ele solucionou a questão de Henrique V e, como resultado direto da insistência anterior de Henrique de que ele poderia nomear seus próprios bispos, Calisto criou o modelo para as "concordatas", ou acordos formais celebrados entre o papa e um governante. Esta, especificamente, estabelecia que somente a Igreja tem o poder de nomear bispos, promovendo assim a separação entre Igreja e Estado. A concordata continua em uso atualmente. Sua aplicação mais notória ocorreu em meados do século XX com o acordo celebrado entre Pio XII e Adolf Hitler.

No século XII, as nações europeias passaram a definir-se por seus reis e governantes que surgiam, distanciando-se do controle do imperador. O poder hereditário estava em ascensão e trouxe estabilidade à liderança dos países. A Igreja do segundo milênio também havia se transformado completamente, não sendo mais constituída daqueles pequenos grupos cristãos que se encontravam em segredo mil anos antes.

Mesmo entre os papas, os primeiros mil anos foram um tempo fluido e às vezes bárbaro. A função também estava repleta de desafios, uma vez que historicamente se exigia que o papa fosse tanto um político como um líder espiritual. Nos séculos anteriores a Malaquias, o papado se envolvera em distúrbios com frequência, pois os poderes do papa eram contestados. Essas divergências às vezes retardavam a eleição por anos, aumentando a agitação na Igreja.

O TEMPO DE MALAQUIAS

Na época de São Malaquias, o poder da Igreja Católica sobre seus súditos estava no auge. A Igreja regulava todos os aspectos da vida dos seus seguidores através do controle da educação e do ensino, ao mesmo tempo que exercia sua influência sobre reis e chefes de Estado, sempre ansiosos por ser alvos de suas boas graças. Mas os que se envolvem com política raramente saem incólumes e durante algum tempo a influência percorreu ambos os caminhos, com os reis e nobres tramando para instalar papas para fins políticos.

As Cruzadas haviam começado logo antes de Malaquias e continuariam por quase 500 anos. A Igreja Católica havia unido a Europa, recebendo apoio de reis e nobres na luta para enfrentar a maré do Islã que avançava para o Ocidente desde o século VII. A Espanha caíra no século VIII e até o século XI a

Europa cristã estava assediada por todos os lados. O islamismo era uma fé mais robusta do que haviam sido as crenças pagãs anteriores e se mostrou inacessível aos missionários, que quase sempre eram aprisionados ou mortos por pregar o cristianismo em países islâmicos.

As Cruzadas para recuperar partes da Europa e liberar a Terra Santa conquistaram não apenas Jerusalém, mas também a imaginação das pessoas em toda a Europa. A causa deu à Igreja Católica um só inimigo e um objetivo com que as pessoas podiam se identificar. Doações em terras e moeda afluíram em apoio às Cruzadas, e o poder da Igreja aumentou exponencialmente, a ponto de tornar-se mais poderosa do que qualquer rei ou país. O papa podia influenciar a política em qualquer país e estava se tornando temido e respeitado como aliado necessário para os reis.

Essa foi também a época das catedrais góticas: sinfonias imponentes de geometria, pedra e vidro erguiam-se acima de todas as outras construções como marcos que podiam ser vistos a quilômetros de distância, sempre visíveis como um lembrete do Deus sempre presente e do poder da Igreja. No entanto, essas maravilhas e a natureza progressista da Igreja, que via a influência do catolicismo espalhar-se por todo o continente europeu como força única, não haviam chegado à Irlanda.

O século XII foi também o tempo de São Bernardo de Claraval, cujas obras circulavam extensamente para atender às necessidades do número crescente de teólogos e estudiosos. O estudo do direito canônico se tornara popular e a educação ampliava cada vez mais sua influência sobre a população. À medida que a Europa se aproximava do escolasticismo, com o avanço da educação, com o estudo de textos religiosos de ampla circulação e com pensadores como São Bernardo e Santo Anselmo, a Irlanda corria o risco de ficar para trás, atolada em distúrbios religiosos. Ela se tornara um lugar onde a fé estava em declínio ou então distorcida para servir aos fins políticos dos governantes locais.

Então, nesse ambiente, nasceu São Malaquias.

CAPÍTULO 5

A VIDA DE SÃO MALAQUIAS

INTRODUÇÃO

No extremo geográfico da Europa Ocidental, a Irlanda ficara imune à maioria das mudanças turbulentas que vieram reconfigurando a civilização europeia desde a queda do Império Romano. Quando as hordas bárbaras invadiram a Europa depois de saquear Roma no século V, a Irlanda se tornou um dos últimos baluartes da fé católica em todo o continente.

CATOLICISMO NA IRLANDA

Atribui-se a conversão da Irlanda ao catolicismo à missão de São Patrício, que lançou as bases para organizar a Igreja local, embora o prestígio das religiões pagãs ali, em comparação com o continente europeu, ainda fosse muito grande.

Apesar de ter "convertido" a Irlanda, a influência de São Patrício consistiu principalmente em orientar as crenças já existentes entre a população para o início de um modo de ser cristão. A influência e a inspiração de São Patrício continuam sendo um símbolo de grande significado para os católicos irlandeses e originaram algumas de suas tradições.

São Patrício nasceu no oeste da Inglaterra e com 16 anos foi raptado por piratas irlandeses e obrigado a trabalhar como escravo na Irlanda. Depois de seis anos, guiado pelo que ele acreditava ser um anjo, ele conseguiu fugir e voltou para casa, onde começou a estudar para se tornar padre. Depois de ordenado, recebendo uma inspiração em sonho, ele voltou para a Irlanda como missionário. Ele se tornou bispo da Irlanda em 435 d.C. e promoveu a construção de mosteiros em todo o território. Segundo seus biógrafos, ele teria sido responsável pela edificação de mais de 700 igrejas e pela nomeação de centenas de bispos e milhares de padres. Durante sua vida, ele teria realizado mais de mil milagres, entre eles a ressurreição de muitos mortos. Em menos de 30 anos, a Irlanda passou de uma condição religiosa quase inteiramente pagã para uma condição de maioria católica. Embora a profecia faça parte da fé católica, a Irlanda preserva uma longa tradição de santos que revelam aptidões como a realização de milagres e a previsão do futuro. A ênfase nesse aspecto particular da fé decorre especialmente das lendas em torno de São Patrício.

De acordo com *A Vida e Ações de São Patrício*, São Patrício teria dito, "Embora eu seja um nada, o Senhor me deu o poder de realizar milagres entre um povo bárbaro". Ele também fez inúmeras previsões, inclusive a de que Dublin, na época apenas uma vila, se tornaria uma grande cidade e que a população da Irlanda seria poupada do Juízo Final porque antes do fim seria destruída por um dilúvio.

Depois de sua morte em 461 d.C., a influência de São Patrício diminuiu e o país voltou a uma mistura de crenças pagãs e cristãs. Sucederam-no outros santos e bispos que sustentaram a causa do catolicismo; os primeiros são chamados de "doze apóstolos da Irlanda". A estrutura da Igreja era corrupta, porém: os bispos não eram nomeados por Roma nem eram eleitos, mas assumiam o cargo por sucessão hereditária dentro dos clãs irlandeses.

A Igreja Católica influenciou a reconstrução de grande parte da Europa durante os séculos VI e VII e foi responsável pela criação de muitos colégios e formas de educação daquela época. Isso lhe possibilitou exercer uma grande influência sobre muitos aspectos da vida e da cultura que ainda continuam e predominam hoje entre os católicos irlandeses.

Afastada do continente europeu, a Irlanda continuou a preservar a fé, multiplicando abadias e mosteiros e consolidando a forte tradição irlandesa de preparar e enviar missionários ao mundo inteiro. Um velho padre irlandês me disse uma vez: "A Irlanda não invadiu nenhum território pela força, mas invadiu muitos países discretamente com seus missionários". Nos séculos VI e VII, os missionários puseram-se ao mar e revigoraram o cristianismo em toda a Europa, restabelecendo-o como religião dominante.

No início do século IX, os invasores *vikings* iniciaram suas campanhas contra a Irlanda, dirigindo-as muito particularmente contra os mosteiros e as igrejas, e assim aos poucos despojaram a Igreja local de seu poder e riquezas. Bibliotecas foram queimadas e mosteiros, saqueados. Durante algum tempo pareceu que a Irlanda cairia na sua própria Idade das Trevas. As incursões *vikings* pelo país continuaram solapando o cristianismo, alimentando a impressão de que a situação na Irlanda e na Europa voltaria à estaca zero.

Enquanto isso, o resto da Europa renovou-se, com as hordas bárbaras dispersas ou incorporadas às sociedades que haviam anteriormente submetido.

Embora a distância do país o tivesse originalmente protegido dos bárbaros que haviam varrido a Europa depois da queda de Roma, as invasões posteriores dos *vikings* voltaram a isolá-lo, mas dessa vez dos avanços que ocorriam na Europa, impedindo que ele fosse controlado pelo catolicismo. A Irlanda demorou a seguir Roma, mas durante o século XI alguns invasores *vikings* começaram a converter-se ao cristianismo e a estabelecer-se, enquanto as forças restantes foram finalmente derrotadas na batalha de Clontarf, na Sexta-Feira Santa de 1014. O assédio às populações irlandesas chegou ao fim e os *vikings* que restaram converteram-se à fé cristã.

Muitos historiadores desse período (Lanfranc e Anselmo, por exemplo) concordam que a Irlanda viveu um período de decadência cultural e espiritual no século XI. São Bernardo de Claraval, biógrafo de Malaquias, descreve seu biografado como "uma ovelha entre lobos, mas uma ovelha que os converteu". A Irlanda do tempo de Malaquias consistia em muitos territórios tribais diferentes e, seja pelos relatos de Malaquias, seja por sua própria invenção, em inúmeras ocasiões São Bernardo descreve a população irlandesa como "bárbara" e "inculta". São Bernardo deprecia o povo da Irlanda para mostrar que, em comparação, Malaquias suplantava a todos. Ele o chama de "povo rude", embora ele próprio nunca tenha posto os pés na Irlanda.

A reação veemente de São Bernardo é reproduzida por outros historiadores cristãos, como Giraldo, que descreveu o povo irlandês como "uma raça imunda, uma raça imersa no vício [...] ignorante dos rudimentos da fé". Essa visão cristã de que os irlandeses como povo não tinham fé deve-se provavelmente às práticas heterodoxas que eram generalizadas. Antes da chegada de São Patrício, a nação irlandesa não existia num vácuo espiritual, e assim provavelmente os historiadores católicos da época não podiam aceitar que os irlandeses mantivessem os princípios de suas crenças religiosas mais antigas. Mesmo depois de São Patrício tê-los catequizado, eles relutaram em abandonar totalmente as tradições de sua antiga religião e optaram por misturar essas tradições com a fé do missionário. O resultado foi uma forma de cristianismo pagão, numa época em que a Igreja Católica perseguia implacavelmente os que se desviavam da prática aceita.

As descrições negativas também ignoram o respeito que a Irlanda tributava aos seus centros de educação. A tradição acadêmica continuou a florescer e a Irlanda foi considerada um centro de conhecimento na Europa durante muitos séculos. Havia muitos sábios de renome na Irlanda e isso continuou no século XI com escolas de ensino superior como as de Armagh e Kildare. Grandes obras foram produzidas nesse período, como os manuscritos de belas ilustrações com imagens coloridas e caligrafia admirável.

Com esses acadêmicos renomados e respeitados e com esses centros de ensino, nobres e mesmo reis europeus viajavam para passar algum tempo e receber orientações desses professores eruditos. Como o catolicismo oferecia a maior parte da educação disponível na Alta Idade Média, a Igreja controlava muitos aspectos da vida das pessoas, inclusive de sua visão de mundo.

Não obstante, Roma virou as costas para a Irlanda: havia muitos bispos irlandeses, mas eles não tinham autoridade aos olhos de Roma e não eram reconhecidos como habilitados a celebrar oficialmente os sacramentos, como o da ordem. Em alguns casos, o bispo era o chefe de um clã local, não ordenado por outros bispos ou por Roma, mas indicado por sucessão hereditária, algo totalmente heterodoxo e inaceitável para Roma. Na época em que Malaquias foi sagrado bispo, a posição da Irlanda estava bem distante da jurisdição da Igreja Católica. Os poderes dos bispos eram sancionados e sua jurisdição se limitava aos seus próprios meios. Essa situação ensejava um alto grau de variação nas práticas em todo o país. A moralidade era lassa e as práticas religiosas, como a confissão, não eram praticadas.

Uma grande reforma se estendeu posteriormente pelo país, e no século XIII a Irlanda estava organizada em dioceses como no resto da Europa, cada uma com um bispo e uma catedral como sede do poder, atendida por um clérigo. Restabeleceu-se a adesão estrita aos sacramentos para reintegrar a Igreja irlandesa à tradição ortodoxa. A causa dessa súbita redescoberta da fé na Igreja Católica e a subsequente conversão e união de diferentes facções que haviam fragmentado a Irlanda deveram-se, em grande parte, a um único homem.

MALAQUIAS O'MARE

Durante séculos São Malaquias foi conhecido principalmente como reformador destacado da Igreja Católica na Irlanda. Sua dedicação a Deus e à Igreja foi exemplar em seu esforço de unir os muitos bispados que estavam separados em sua terra natal.

Graças à influência de Malaquias, a Irlanda se tornaria novamente um farol da fé e da comunidade católica.

Infância

Malaquias nasceu no seio da família O'Mare, perto de Armagh, Irlanda do Norte, em 1095; a mãe era da família O'Hanratty. O nome Malaquias é a versão latina do gaélico "Maolmhaodhoc". Seus pais eram católicos fervorosos. O pai, professor, morreu quando Malaquias tinha 8 anos de idade, e o garoto ficou sob os cuidados maternos. São Bernardo demonstra grande respeito pela mãe de Malaquias que, apesar de sozinha, conseguiu criá-lo muito bem. Ela buscou apoio na fé e trabalhou muito para proporcionar a formação moral e espiritual que tanto beneficiaria o filho mais tarde.

Malaquias é apresentado como calmo, educado, amável e gentil com todos, uma criança exemplar, mas de certo modo também como um homem circunspecto, pouco afeito a brincadeiras. A morte do pai deve ter-lhe roubado parte da infância, como quase sempre acontece quando um garoto órfão de pai assume o papel de "homem da casa". Parte da amizade de São Bernardo e São Malaquias pode muito bem ter se alicerçado sobre a experiência de luto vivida pelos dois na infância – São Bernardo também perdeu o pai ainda pequeno.

A caminho do reconhecimento

Na adolescência Malaquias tornou-se discípulo de um eremita muito austero chamado Imar O'Hagan, que fundou o mosteiro e a igreja de Armagh e ocupava uma cela muito simples anexa à catedral de Armagh. Malaquias se sentava aos seus pés e o acompanhava em seu silêncio e austeridade. Aos 17 anos, seu mestre lhe ensinou a humildade e a regra monástica. Ele passou a adolescência estudando e acumulando sabedoria e São Bernardo o descreve como um ser puro de coração e muito querido.

Os seminários como estabelecimentos destinados à formação para o sacerdócio já existiam no século XIII, de modo que se poderia ter a impressão de que Malaquias não tinha a intenção de ser padre. Pessoas como O'Hagan eram conhecidas como "anacoretas", e viviam como ascetas, muitas vezes confinados voluntariamente a uma diminuta cela ao lado de uma igreja, dependentes da ajuda de outros para alimentação, higiene e saúde. Ele teria parecido para Malaquias o modelo de um homem piedoso, vivendo uma vida devotada à oração e à contemplação. Os anacoretas eram essencialmente eremitas que ensinavam pelas grades de uma pequena janela. Como muitos ficavam reclusos até a morte, um costume mórbido na época era o pároco local administrar os últimos ritos ao anacoreta antes que este morresse. Essas cerimônias incluiriam a representação de uma cena de morte.

Uma função inicial de Malaquinas na Igreja foi a de preparar o morto para o enterro. Sua irmã lhe teria sugerido que ele fizesse o possível para que os pobres tivessem um enterro digno; ele a chamou de "mulher infeliz", que sabia citar a Escritura, mas ignorava o que ela significava. Para São Bernardo, a irmã de Malaquias é o exemplo de uma pessoa pecadora, em contraste com o espírito puro de Malaquias. Eles nunca resolveram essa diferença fraternal e muitos anos depois, após a morte da irmã, Malaquias se sentiu motivado a rezar muito por ela e tendo visões de seu espírito inquieto. Ele também ouvia vozes em sonhos falando-lhe a respeito da triste situação de fome que a irmã passava no outro mundo, o que o fazia sentir-se penalizado. Certa ocasião, o espírito da irmã apareceu a Malaquias três vezes, quando ele rezou por ela durante vários dias. Na primeira vez ela apareceu em roupas pretas e não conseguiu entrar na igreja. Na segunda aparição ela vestia roupas mais claras e conseguiu entrar na igreja, mas não se aproximar do altar. Na terceira visitação ela estava vestida toda de branco, visão que Malaquias interpretou como sinal de que ela estava salva.

O exemplo mostra a tendência de Malaquias para visões, mas é também apresentado como evidência do poder da oração para redimir almas perdidas.

Ordenação

Em 1119, com 25 anos de idade, Malaquias foi ordenado sacerdote, a idade mínima para o exercício dessa função, embora regras dessa espécie não fossem seguidas rigidamente na Irlanda na época. São Bernardo nos leva a acreditar que o bispo queria pôr os notórios talentos de Malaquias a serviço da difusão da palavra de Deus entre a população. Logo se percebeu que Malaquias tinha habilidade para falar bem e converter as pessoas, perseverando na piedade e sendo um bom exemplo para aqueles a quem pregava.

O bispo Gilbert queria resolver o problema das divisões internas da Irlanda e unir as várias facções locais. Ele tencionava atribuir essa missão a Malaquias. Embora Malaquias tivesse as habilidades diplomáticas para a tarefa, faltavam-lhe os fundamentos teológicos que lhe permitissem apresentar e defender seus argumentos. Concluindo que não estava qualificado para a missão, Malaquias mudou-se para Lismore e passou os dois anos seguintes estudando com São Malco.

Malaquias voltou para Armagh com a intenção de corrigir os abusos do clero e restabelecer os sacramentos na vida da comunidade, os quais haviam sido abandonados em algumas regiões.

Mosteiro de Bangor

Em 1123 Malaquias foi nomeado Abade de Bangor, um título que não era atribuído havia dois séculos, e aqui ele fundou um novo mosteiro, onde trabalhava com os monges da comunidade de Imar. Durante a realização de uma tarefa, ele jogou uma machadinha e atingiu acidentalmente as costas de um colega, ferindo-lhe a espinha. Todos consideraram o ferimento tão grave que achavam que o monge morreria em pouco tempo. Quando o examinaram, porém, descobriram que não havia lesão nenhuma sob a camisa. Esse é considerado o primeiro de muitos milagres que Malaquias realizou em vida, embora se deva observar que o ato, se verdadeiro, não foi um milagre intencional de Malaquias, mas uma ação da graça intercedendo por ele.

Malaquias era chefe do mosteiro, mas estava subordinado a Imar, que lhe definia o que fazer. Pelo exemplo, ele orientava os monges, mas muitos questionavam sua capacidade de administrar a instituição de modo empresarial, pois diversas vezes ele tomava o que fora coletado e o distribuía diretamente aos pobres.

Durante o tempo em que Malaquias permaneceu em Bangor, a região continuou sofrendo incursões e alguns anos mais tarde piratas e invasores destruíram o mosteiro original por ele construído. Com 30 anos, Malaquias foi promovido a bispo de Connor, onde continuou seu programa de reformas substituindo com sucesso a liturgia céltica pela liturgia romana.

A ordenação sacerdotal de Malaquias fora presidida pelo arcebispo Celso, e em 1129, pouco antes de morrer, este pediu que Malaquias o sucedesse. Ele enviou a Malaquias seu báculo – chamado Bachal Isu, o Bastão de Jesus – e uma carta nomeando-o arcebispo de Armagh. O Bastão de Jesus chegara à Irlanda como doação de São Patrício, que o havia recebido de presente durante sua visita à ilha de Alanensis, perto de Cannes, no Mar Mediterrâneo. Quando São Patrício subia uma colina em oração, alguém lhe ofereceu um bastão para apoiar-se. Ele doou o bastão para a Irlanda, onde era considerado uma relíquia importante e símbolo de poder para aqueles que o empunhassem. Malaquias reconheceu o bastão numa visão em que ele lhe fora dado como símbolo de sucessão.

A indicação de Malaquias criou um conflito, pois a tradição exigia sucessão hereditária, e os clãs e nobres autodesignados locais não permitiriam que um forasteiro assumisse a posição. Parentes de Celso ocuparam a sede, interceptaram e roubaram o Bastão de Jesus e empossaram o primo de Celso, Murtagh, como arcebispo.

Para evitar derramamento de sangue, Malaquias esperou dois anos antes de contestar Murtagh. Por fim, ele foi ameaçado com a excomunhão se não se opusesse a esse arcebispo hereditário das tribos locais, apesar de saber que as irritaria. Os inimigos de Malaquias atacaram a cidade de Connor, obrigando-o a fugir e pôr-se sob a proteção do rei Cormack, no Condado de Kerry.

Em 1134 Murtagh morreu e foi substituído pelo irmão de Celso, Niall. Niall assumiu o controle da situação e planejou matar Malaquias. Dizem que quando soube do plano, Malaquias rezou e uma grande tempestade se levantou e destruiu seus supostos agressores. São Bernardo compara esse evento com Elias invocando o fogo do céu no Antigo Testamento. Esse foi um exemplo de como se dizia que Deus favorecia Malaquias e destruía seus inimigos. Em outro relato, a língua de um homem que difamava Malaquias ficou inchada e apodreceu, o que o fez vomitar durante sete dias, até morrer. A malevolência para com Malaquias diminuiu muito quando uma praga se disseminou na cidade e Malaquias rezou para que a população ficasse livre dela, e ela cessou imediatamente.

Niall respondeu pedindo uma reunião com Malaquias, que aceitou, sabendo que devia correr o risco do martírio para restaurar a Igreja na Irlanda. Durante a reunião, Malaquias falou de forma muito eloquente, cativando os presentes e levando Niall a concordar em renunciar ao título de arcebispo. O Bastão de

Jesus ainda pertencia a Niall e Malaquias o comprou em nome da Igreja Católica da Irlanda.

Este não é o momento nem o lugar para examinar a veracidade da relíquia, pois seu propósito era servir de símbolo. O Bastão de Jesus acabou sendo destruído em 1538 por ordem do rei Henrique VIII da Inglaterra, de modo que, infelizmente, tanto seu poder quanto a prova de qualquer credibilidade estão além do nosso alcance.

Malaquias tinha agora autoridade para sustentar suas palavras e ações. Ele se manifestou tão claramente sobre assuntos eclesiásticos que São Bernardo o comparou aos apóstolos. Malaquias procurou difundir a palavra de Deus percorrendo o país com seus discípulos e pregando — de uma forma que lembrava a de Jesus, ele levava o Evangelho às pessoas, em vez de esperar que elas o procurassem.

Quando a sua fama se espalhou, muitos começaram a procurá-lo em busca de orientação para suas dúvidas de fé e para curar-se. Dignitários locais, e mesmo um dos reis da Irlanda na época, pediam seus conselhos.

Viagens e milagres

Em torno de 1140 Malaquias tomou a decisão de ir em peregrinação a Roma com seus seguidores para visitar o papa. O grupo atravessou a Escócia e a Inglaterra e chegou ao litoral da França. Foi nessa viagem que Malaquias conheceu São Bernardo de Claraval.

Por essa época, São Bernardo já era bem conhecido na Europa. Ele era uma figura de destaque no cristianismo e muito respeitado em todo o continente europeu. Deve ter sido uma experiência deslumbrante para um humilde monge da Irlanda conhecer pessoalmente uma figura lendária, mas São Bernardo viu em Malaquias uma alma gêmea e os dois se tornaram grandes amigos. Bernardo escreveu um relato minucioso desse período da vida de Malaquias, repleto de milagres, de modo a parecer mais uma epopeia heroica da antiguidade do que um registro biográfico.

Os ensinamentos de São Bernardo influenciaram Malaquias por toda sua vida. Inspirado por ele, Malaquias introduziu a ordem cisterciense na Irlanda e construiu mosteiros. Eles se tornaram grandes amigos, mas suas origens não podiam ser mais diferentes. São Bernardo era filho de um nobre, Tescalin, e nasceu em Fontaines, perto de Dijon, na França. Sua mãe foi uma influência religiosa muito forte e Bernardo assumiu uma vida religiosa, ingressando na comunidade próxima de Citeaux. Citeaux era a base da ordem cisterciense fundada por Stephen Harding. A ordem seguia as observâncias rígidas dos beneditinos, incluindo a proibição de uma vida confortável e a necessidade de sobreviver de forma autossuficiente no seio de uma comunidade agrícola, sem recursos advindos de taxas e tributos.

A *Regra de São Bento* foi escrita no século V e se tornou o modelo para toda vida monástica desde então. A *Regra* prescrevia o modo de vida de um monge, definindo suas ações ao longo do dia. Essa forma organizada de viver era autoimposta para evitar ao máximo sentimentos inadequados ou pecaminosos, como orgulho, mas também oferecia uma estrutura para os atos de devoção e oração. Nessa estrutura, São Bernardo destacava o caminho quádruplo para o desenvolvimento espiritual da "leitura divina", um ciclo de leitura, meditação, orações e contemplação. Esse caminho, de grande proveito ainda hoje, levou a um estilo de vida simples, metódico e humilde. Parte da regra regulava o trabalho manual, estabelecendo que os monges dedicariam algumas horas todos os dias ao cultivo da terra e à venda dos produtos para fins de sobrevivência básica. O que sobrasse seria doado aos pobres. Com sua labuta, os monges levantavam fundos para os mosteiros e para as comunidades próximas, muitos deles acabando por se transformar em indústrias caseiras de grande sucesso.

Variações dos beneditinos surgiram com o tempo e em 1098 São Roberto e Santo Estêvão fundaram a ordem dos cistercienses na abadia de Citeaux. Sob a orientação sábia e popular de São Bernardo, que assumiu a direção da abadia em 1113, ela se tornou uma das ordens de maior sucesso da Europa.

Tomando a renovação do mosteiro de Clairvaux como modelo, São Bernardo promoveu um monasticismo remodelado que atraiu milhares de seguidores.

Ele também se notabilizou por sua forte ética do trabalho e por sua lendária capacidade de curar doentes, atraindo multidões a Clairvaux em busca de ajuda e orientação. Os mosteiros se tornaram centros de estudo e ensino, o que fez deles uma das poucas opções disponíveis para educação. Mas São Bernardo nunca se desviou do verdadeiro objetivo da vida monástica: viver uma vida cristã profundamente espiritual com pessoas animadas pelos mesmos ideais, dedicando longos períodos de tempo à contemplação num ambiente livre de tentações ou distrações.

Apesar de toda sua sabedoria, a devoção por vezes arrebatada de São Bernardo à Igreja Católica levou-o a condenar grupos heréticos na Europa, entre eles os cátaros, e a promover a Segunda Cruzada em 1145 para reconquistar a Terra Santa. Ele apoiou a Ordem dos Cavaleiros Templários e redigiu seu regulamento, a *Regra dos Templários*.

Na época da morte de São Bernardo, havia 400 mosteiros cistercienses em toda a Europa e mais de 700 monges em Clairvaux. Ele morreu em 1153 e já então era considerado a figura religiosa mais influente na Europa, superado apenas pelo papa.

Depois de encontrar um amigo e mentor em São Bernardo, Malaquias e seu grupo retomaram a peregrinação a Roma, lá chegando em 1139.

Em Roma

Malaquias ficou em Roma durante um mês. A biografia escrita por São Bernardo oferece poucas informações sobre a estada de Malaquias em Roma, além de dizer que ele visitou os lugares sagrados para rezar. O relato nos possibilita apenas uma breve síntese dos eventos.

O historiador e escritor católico François Cucherat (1812-1887) descreve em detalhes a visita de Malaquias a Roma, dizendo que ele teve muitas visões durante sua permanência na cidade. Segundo Cucherat, Malaquias, em estado de transe, ditou A *Profecia dos Papas* a um dos seus monges durante toda uma noite. Essas profecias consistiam em mais de 100 descrições dos papas que sucederiam o pontífice da época até o fim do papado. Dias depois, ainda segundo

Cucherat, Malaquias deu as profecias de presente ao papa Inocêncio II, que vivia momentos de incerteza diante das dificuldades da época. O objetivo do presente era tranquilizar o angustiado papa, assegurando-lhe que o Vaticano e o papado perdurariam por outros mil anos após seu pontificado. Esse seria um gesto de conforto, do mesmo modo que no Antigo Testamento a profecia mostra a Abraão a Terra Prometida que seu povo receberia e os filhos que ele próprio teria.

Inocêncio aceitou o documento e o guardou nos arquivos do Vaticano, onde ficou esquecido durante quatro séculos, com acesso permitido somente aos altos mandatários da Igreja.

Cucherat não fornece a fonte desse relato e devemos ter em mente que as profecias ficaram nos arquivos até 1590, só sendo publicadas depois que Arnold de Wyon as tornou públicas em 1595. Críticos da autenticidade da autoria de Malaquias sustentam que São Bernardo também não faz menção a nenhuma visão registrada ou a documentos entregues ao papa, prova de que as profecias não eram de Malaquias, mas falsificações de alguma data posterior. Examinaremos essas alegações mais adiante, mas no momento precisamos considerar que São Bernardo de fato diz pouca coisa sobre o tempo de Malaquias em Roma, de modo que não temos ideia dos assuntos que os dois abordaram. Naquela época o Vaticano conservava registros de documentos depositados e Malaquias aparece como doador de alguma coisa, mas sem nenhum detalhe sobre a natureza dos documentos entregues. Como ele havia publicado inúmeros manuscritos católicos ortodoxos e tradicionalistas, pode ter sido qualquer um desses.

Malaquias também consultou o papa Inocêncio II sobre a possibilidade de transferir-se e viver em Clairvaux com seu bom amigo São Bernardo, mas o papa não autorizou, alegando que ele seria mais útil na Irlanda, onde podia continuar sua obra, mas que poderia recolher-se na abadia de Clairvaux pelo fim da vida. Como comprovação disso, Inocêncio conferiu-lhe o título de legado, ou representante, papal para toda a Irlanda.

Malaquias partiu de Roma e voltou passando por Clairvaux, onde sua comitiva permaneceu para aprender com os monges: eles aprenderiam e assimilariam o modo de viver dos cistercienses de São Bernardo e levariam esses ensinamentos para a Irlanda.

Homem de Milagres

À semelhança de muitos santos, Malaquias era dotado do poder de curar e de realizar milagres. Ele usava esses poderes em suas viagens para ajudar os doentes ou os possuídos por maus espíritos. As histórias dos milagres de Malaquias são muitas e variadas e nos dão uma ideia do que o santo era capaz. Na sua viagem a Roma ele passou por York, na Inglaterra, onde um monge lhe ofereceu um velho cavalo preto, desculpando-se pelas más condições do animal. Malaquias aceitou a oferta de coração aberto; o animal logo se tornou uma bela montaria e trocou milagrosamente de cor, ficando branco. Na mesma viagem, em Ivrea, Itália, ele curou o filho moribundo do seu hospedeiro.

Toda a viagem de ida e volta a Roma está repleta de atos de cura, e à medida que sua reputação se espalhava, as pessoas levavam seus doentes das cidades próximas para visitá-lo. Nessa época ele teria curado muitas pessoas, inclusive uma mulher paralítica que conseguiu voltar para casa totalmente restabelecida, uma menina muda que voltou a falar e uma mulher considerada louca que recuperou a razão. No regresso para a Irlanda, Malaquias passou pela Escócia e teria curado milagrosamente o príncipe Henrique, filho do rei Davi I. Seu método de cura nesse caso foi dizer à criança, "Confia em mim, meu filho, não será agora que irás morrer", e abençoou o menino com água benta. No dia seguinte, o príncipe estava totalmente recuperado.

Malaquias ganhou fama de curador também na Irlanda. Levaram-lhe um homem doente com a informação de que um demônio o instruíra a não dar ouvidos a Malaquias. Recorrendo ao poder da oração, Malaquias curou a doença e expulsou o demônio. Outros relatos apresentam Malaquias realizando exorcismos. Na cidade de Coleraine, duas mulheres estavam possuídas. Malaquias expulsou o demônio de uma delas e o enviou para a outra, e por fim o expulsou também desta segunda. Ele também expulsou o demônio de um homem em Lismore e de uma criança em Leinster.

Do ponto de vista da sociedade moderna, o exorcismo parece algo arcaico. O nosso entendimento da mente aumentou muito com as pesquisas em psicoterapia realizadas no último século. A ideia assustadora de possessão demoníaca está sendo hoje considerada como esquizofrenia e outros distúrbios mentais, mas os exemplos de Malaquias curando problemas de saúde mental, casos de insanidade e epilepsia são diferentes dos seus exorcismos, no sentido de que ele se comunicava diretamente com o espírito que possuía o indivíduo. Toda diocese no mundo inteiro tem hoje à disposição um exorcista habilitado. O cinema usa a ideia da possessão demoníaca para muitos filmes de terror, mas mesmo o filme original sobre esse assunto, *O Exorcista*, de William Friedkin, baseado no livro homônimo de William Peter Blatty, tem suas origens no caso real de exorcismo de um menino no fim da década de 1940.

Os métodos de cura de Malaquias envolviam oração, contato físico, como o toque, água benta para imersão, alimentos bentos para ser ingeridos e mesmo o uso de sua cama vazia depois de desocupada. Em outro caso, Malaquias extirpou a raiva de uma mulher colérica convencendo-a a confessar-se.

A maioria das suas curas devia-se apenas à oração: as orações que ele próprio fazia ou as que ele orientava o atribulado a rezar. A força das orações nesse contexto consiste em mais do que pedir a Deus que faça o que se lhe pede – ela deve assumir algum aspecto mais profundo. Suas orações eram também atendidas quando ele ajudava as comunidades: numa ilha onde os habitantes estavam passando fome porque os pescadores não conseguiam encontrar peixe, Malaquias rezou ajoelhado na praia e os peixes voltaram.

Seus poderes de cura se estendiam até a ressurreição. Temos a história de um nobre que chamou Malaquias para salvar sua mulher moribunda. A mulher morreu na noite antes que Malaquias chegasse. Ao chegar na manhã seguinte, porém, Malaquias lhe devolveu a vida.

À medida que o tempo avança os relatos se tornam mais exagerados e menos dignos de confiança, mas dão uma ideia do que as pessoas da época imaginavam ser curas milagrosas. Por exemplo, uma menina muda foi levada a Malaquias em Lismore. Ele rezou, tocou a língua da jovem, cuspiu-lhe na boca e ela foi embora curada. Outra mulher que não conseguia falar foi orientada a rezar o Pai-Nosso. Ela rezou e ficou curada no mesmo instante. Ele teria curado câncer borrifando água benta no paciente. E também teria dado um copo de água abençoada por ele a um nobre para que a levasse à sua mulher que passava do tempo de dar à luz. Ela bebeu a água e logo entrou em trabalho de parto. Dizem que quando Malaquias tentou apaziguar duas facções rivais, Deus interveio e inundou o território entre elas para impedir mais conflitos.

Não sabemos o grau de controle que Malaquias tinha sobre seu poder de cura. Supostamente, ele podia realizar esses milagres por força da fé e dependia inteiramente da graça para alcançá-los. Um exemplo dos seus poderes de cura é muito significativo. Ele reanimou um homem moribundo em Antrim durante tempo suficiente para ouvir sua última confissão — isso levanta a questão do porquê ele não curou o homem por completo. A resposta pode ser que havia limites quanto ao que ele tinha *permissão* de fazer.

Milagres não seriam realizados através de Malaquias apenas, mas também pareciam acontecer para aqueles que o rodeavam. Ele não deixava de ter inimigos e mesmo nessas questões parecia que Deus intervinha a seu favor. De acordo com São Bernardo, um inimigo difamou Malaquias e inventou histórias para desacreditá-lo. A resposta de Malaquias teria sido: "Homem infeliz, muitos verão isso terminado, mas tu não o verás terminado". Quase como uma maldição, ele invocou a ira de Deus de uma maneira que parece estranha ao seu modo de ser, por isso São Bernardo talvez tenha escrito isso para instilar medo naqueles que precisavam desse incentivo. Quando o homem voltou para casa, um demônio se apossou dele e o jogou numa fogueira para morrer, mas seus amigos o salvaram; Malaquias foi chamado para ajudar e rezou pelo homem, que abriu os olhos e se converteu.

Como as relíquias que foram consideradas ter poderes que podem ser transmitidos pelo toque ou pela contemplação, de acordo com a tradição, quando Malaquias lançava sua magia através de formas as mais variadas, ele próprio se tornava um objeto sagrado, um objeto de poder tanto para fins espirituais quanto políticos. Na Irlanda do Norte, um homem estava doente, e as pessoas acreditavam que a doença era causada por demônios. O homem se deitou na cama onde Malaquias havia passado a noite e logo ficou curado. Mesmo depois da morte de Malaquias, muitos que visitaram seu túmulo diziam ter sido curados.

São Malaquias viveu e realizou grandes obras durante um período tumultuado da Irlanda, mas é difícil aceitar o número de milagres a ele atribuídos desde uma perspectiva tão distante.

Homem de Visões

Ao retornar à Irlanda depois da visita a Roma, as visões de Malaquias continuaram. Ele se fixou em Bangor e, seguindo orientações recebidas numa visão, pôs os monges a trabalhar na construção de um oratório. Ele teve a visão desse projeto depois de muitas orações e dedicou-se totalmente a ele, apesar de ser um empreendimento dispendioso que consumiu rapidamente todas as receitas. Sem se deixar abater, Malaquias continuou os trabalhos de escavação dos fundamentos e foi nessa etapa que os monges encontraram um tesouro enterrado que foi usado para custear a obra.

O objetivo primordial da vida de Malaquias nunca foram as visões. Seu amigo e biógrafo São Bernardo diz que ele era "rico em sinais, profecia e revelação" e menciona inúmeras ocasiões em que Malaquias profetizou. Entretanto, ele dá poucos exemplos e foi somente após a publicação de *A Profecia dos Papas* atribuída a Malaquias, em torno de 400 anos depois, que ele ficou famoso como profeta. Na sua época, interesse muito maior atraíram as manifestações proféticas de Santa Hildegarda de Bingen (1098-1179) e outros, enquanto Malaquias era tido como exemplo de homem piedoso que podia dominar o furor da barbárie com suas palavras e ações humildes.

São Bernardo relata como Malaquias previu a hora e o local exatos da própria morte, uma forma bastante comum de profecia pessoal; Joana d'Arc ouvia vozes de santos orientando-a a salvar a França e também ela conheceu os detalhes de sua morte num sonho profético.

Um relato minucioso descreve como Malaquias e um grupo de bispos viram um altar de pedra tomado pelo fogo no cemitério de São Patrício. Do grupo, somente Malaquias compreendeu o significado do evento e correu para abraçar a pedra que estava sendo consumida. Independentemente de atribuirmos ou não A *Profecia dos Papas* a Malaquias, fica claro que o espírito de profecia fluía através dele livremente.

Últimos dias

Em 1148 Malaquias partiu da Irlanda para visitar o novo papa, Eugênio III, na França, uma viagem feita de interrupções constantes. Por fim, sentindo a proximidade da morte, Malaquias foi a Clairvaux, onde foi muito bem recebido por seu velho amigo São Bernardo. Ele permaneceu em Clairvaux e morreu nos braços do amigo em 2 de novembro de 1148, com 54 anos de idade. Malaquias foi homenageado na abadia com muitos sermões dedicados a divulgar sua história e a compará-lo com Moisés ou Elias.

Pouco depois São Bernardo o declarou santo, o que foi confirmado pelo papa Clemente III antes do final do século XII. São Bernardo morreu cinco anos mais tarde, depois de concluir uma biografia de Malaquias. O dia festivo de São Malaquias é 3 de novembro, data escolhida para evitar choque com o Dia de Finados. Essa data é comemorada pelos cistercienses e por toda a Irlanda. Uma mitra e uma taça de madeira usadas por Malaquias durante sua vida se tornaram relíquias do santo e foram conservadas na abadia de Clairvaux.

Canonização

Somente o papa tem autoridade para proclamar uma pessoa santa através do processo de canonização. Com esse ritual, que só pode ser realizado após a morte, o nome da pessoa é incluído no "cânone dos santos". O título de "santo" só é conferido quando a Igreja conclui que a pessoa está com Deus ou que teve uma vida que de algum modo serve de modelo para uma verdadeira vida cristã. Esse título também inclui os mártires, os que estavam prontos a morrer por suas crenças. O objetivo dos santos no cristianismo é inspirar outras pessoas e servir de ícones de veneração; muitos deles têm o poder de atender pedidos de cura através de suas relíquias. A Igreja atribui certos poderes aos santos cujos restos mortais se tornam relíquias, mas esses poderes representam o Espírito Santo que se revela através deles.

O atual processo de canonização requer a indicação do nome do possível candidato. Em seguida, o bispo local determina a abertura de uma investigação sobre a vida e a morte do indicado. Se as conclusões do relatório forem aprovadas, o processo é enviado para a Congregação para as Causas dos Santos, constituída de teólogos e cardeais. Se aprovado por essa Congregação, é encaminhado ao papa. Nessa etapa os mártires podem ser canonizados sem quaisquer outras deliberações, mas outros possíveis santos, para ter sua santidade finalmente confirmada, precisam ainda ter dois milagres realizados e comprovados por testemunhas.

Às vezes os santos são nomeados padroeiros de algum aspecto da vida. Alguns, como São Valentim, padroeiro dos namorados, são muito conhecidos, enquanto outros, como Santa Clara de Assis, padroeira da televisão, ou Santo Ubaldo, padroeiro das mordidas de cães, têm pouca notoriedade.

BIOGRAFIA

Depois da morte de Malaquias, São Bernardo dedicou muitas horas à composição de uma biografia do amigo. Essa obra minuciosa sobreviveu, nos oferece muitas informações sobre a vida e a obra de Malaquias e nos põe a par dos seus milagres, pois ele ficou conhecido como operador de curas e prodígios.

São Bernardo concluiu a biografia por volta de 1150, dois anos depois da morte de Malaquias, e por isso pode ser considerada, se não precisa, pelo menos contemporânea. A versão que adotamos neste livro é a tradução de De Backer, conforme citada em *St Bernard of Clairvaux's Life of St Malachy of Armagh*, de H. J. Lawlor.

A biografia compõe uma imagem edificante de São Malaquias em todos os níveis. São Bernardo certamente o conhecia bastante bem para julgar seu caráter, descrevendo Malaquias como "um homem realmente santo [...] de singular sabedoria e virtude". Infelizmente, São Bernardo não tem maiores preocupações com datas, e outros autores penaram muito desde então para relacionar os eventos com episódios e lugares conhecidos na vida de Malaquias e na história da Irlanda. A biografia também padece por oferecer uma representação demasiado perfeita do biografado.

As biografias dos santos normalmente têm dois objetivos. O primeiro é registrar a vida do santo e de suas obras; o segundo é fazer do relato uma luz que ilumine o caminho para as pessoas por meio da exposição de exemplos de uma vida piedosa. Ao escrever a biografia de São Malaquias, São Bernardo estava promovendo o mito de um homem que seria considerado um dos grandes santos da Irlanda. Assim, não há dúvida de que ele adornou a história e pode muito bem ter elevado uma vida humilde a uma espécie de epopeia heroica que civilizações mais antigas haviam apreciado. Ele transformou Malaquias num ícone medieval atribuindo-lhe feitos e portentos, e se estendeu bastante para provar que Deus estava sempre agindo em favor dos seus extremamente piedosos fins.

Uma longa tradição relacionada com a composição de biografias de santos consiste em aplicar níveis variados de polimento para tornar o assunto cativante e gracioso. Bispos frequentemente descreviam a vida de um santo com base em poucas ou mesmo nenhuma evidência real da vida do indivíduo. Com isso eles estavam criando ícones modernos com os quais as pessoas locais podiam se relacionar. Malaquias suportou as mesmas tribulações que o seu povo, viveu as mesmas dificuldades, mas conseguiu elevar sua face a Deus. O efeito de um caráter assim, ou mesmo caricatura, sobre o leigo era inspirá-lo a aprofundar sua vida religiosa. Transmitia-lhe coragem e esperança.

Essa não é a liberdade abusiva da composição histórica que parece, mas um simples dispositivo para proporcionar a Malaquias a glorificação mais elevada. São Bernardo reconhecia Malaquias como uma alma gêmea humilde e piedosa na fé, se não na personalidade, concluindo que ele era "um verdadeiro sucessor dos apóstolos" quando pregava ao povo. Não surpreende que, imediatamente após a morte de Malaquias, o autor da proposta de sua canonização tenha sido

São Bernardo. Novamente, esta pode ter sido uma tentativa de São Bernardo de oferecer uma luz iluminadora àqueles que procuravam ser "bons cristãos" num dos cantos mais distantes da Europa.

Malaquias, ao que parece, não era tido em tão alta estima pelo papa, que não o autorizara a juntar-se aos cistercienses de São Bernardo. Talvez se tratasse de uma decisão política tomada com a intenção de deter a força da ordem de São Bernardo, restringindo sua influência na Irlanda, ou talvez o papa quisesse manter Malaquias como aliado direto de Roma.

CONCLUSÃO

Como São Bernardo nunca visitou a Irlanda, ele dependia da contribuição imparcial de Malaquias para conhecer os nomes, povos e lugares, e os detalhes que ele expõe sobre o seu biografado. Assim, quer Malaquias tenha adornado sua história, quer São Bernardo tenha decidido promover criativamente seu amigo como candidato à santidade – ou quer os eventos tenham realmente acontecido – em última análise cabe ao leitor decidir. Entretanto, São Bernardo não deixa dúvidas de que considerava Malaquias um homem notável, aparentemente capaz de operar milagres e profetizar, mas também por suas habilidades oratórias postas a serviço da conversão das pessoas e da intermediação entre facções.

São Bernardo retrata-o como um perfeito cristão, progressista e, todavia, piedoso e preocupado com a transformação espiritual da humanidade. Sua fé era absoluta e sua percepção das ações de Deus lhe revelou um caminho claro de pregação e o equipou com uma mente singular para combater hereges e abusos da Igreja. Para o próprio secretário de São Bernardo, Geoffrey, Malaquias e São Bernardo estavam no mesmo nível.

Não tenho dúvidas de que São Bernardo escreveu a biografia do amigo tanto como um ato de veneração a um bom cristão quanto para atender à necessidade política de criar um santo para converter os pagãos da Irlanda. Também é improvável que os feitos de Malaquias tenham sido inteiramente forjados. Considerando as facções existentes na época, sua tarefa de conduzir a Irlanda a uma única doutrina da fé foi uma grande conquista. Malaquias foi historicamente conhecido por sua ação na reforma do cristianismo na Irlanda e isso lhe garantiu seu lugar na história.

São Bernardo pode bem ter realçado a vida de São Malaquias, mas todo ornamento existe para inspirar e converter aqueles que leem sobre a vida do santo. Os aspectos e afirmações mais exagerados em nome de Malaquias também servem para ajudar sua história a sobreviver para ser lida por gerações futuras. Por todas suas imprecisões e dubiedades históricas, as vidas dos santos mantêm as tradições dos escritos cristãos. Não ensinamos nossos filhos a ler usando dicionários.

Desde sua publicação, *A Profecia dos Papas* ofuscou as boas ações de Malaquias, e fora da Irlanda ele é hoje conhecido mais por sua habilidade de profetizar do que por qualquer outra realização. Somente os irlandeses lembram por que ele se tornou santo — não por suas visões, mas por sua fé.

CAPÍTULO 6

AS PROFECIAS — PARTE I

INTRODUÇÃO

De acordo com Cucherat, biógrafo de Malaquias do século XIX, as profecias foram entregues ao Vaticano para tranquilizar o papa e logo em seguida desaparecerem da história. Só 400 anos mais tarde elas voltaram a aparecer em forma publicada para circulação mais ampla, numa coletânea de textos do historiador Arnold de Wyon.

A publicação das profecias ocorre num momento em que a lista dos papas a que elas se referem chegava à metade, lançando uma sombra tanto para o passado quanto para o futuro sobre o modo de ler as profecias. As profecias alusivas aos papas anteriores à publicação podem ter sido alteradas por De Wyon com o acréscimo de mudanças corretivas que as ajustassem aos papas que haviam passado. Para os papas posteriores à publicação, o risco é que podem ter sido manipuladas ou usadas para influenciar indicações ao papado.

As profecias não foram publicadas em seu formato original, fato que levou alguns a especular sobre a inexistência de um texto original e sobre a possibilidade de serem uma falsificação do século XVI. Desenvolveremos essa questão quando tratarmos da publicação. A versão mais antiga das profecias em circulação chegou até nós por intermédio da obra de Arnold de Wyon, *Lignum Vitae* (publicada na Itália em 1595). A *Lignum Vitae* é constituída de duas partes, sendo que a profecia está incluída no segundo livro. A versão a que tive acesso durante este estudo é um original da Biblioteca Britânica de Londres.

De Wyon diz na *Lignum Vitae* que a versão das profecias por ele publicada foi extraída de uma lista original. Ele não explica como encontrou essa lista nem menciona se havia um texto identificando São Malaquias como o autor. Com base na versão de Wyon, podemos constatar que o original era pouco mais do que uma breve lista de frases latinas.

Quando de De Wyon publica a *Lignun Vitae* em 1595, ele oferece algumas explicações para os papas relacionados antes dessa data. As profecias são apresentadas como uma lista de frases curtas a que De Wyon acrescentou o nome do papa correspondente e uma breve tentativa de explicar o nexo entre o papa e a profecia. Depois de 1592 as curtas frases proféticas são dispostas em três colunas como uma lista de entradas sem números, concluindo com um parágrafo que descreve um "Pedro Romano" como parte da tribulação e do juízo finais.

Conforme registro de De Wyon, o primeiro grupo de profecias é o seguinte:

> Ex Castro Tyberis, Inimicus Expulsus, Ex Magnitudine Montis, Abbas Suburranus, De Rure Albo, Ex Tetro Carcere, Via Trans-Tyberina, De Pannonia Thusciae, Ex Ansere Custode, Lux in Ostio, Sus in Cribro, Ensis Laurentii, De Schola Exiet, De Rure Bovense, Comes Signatus, Canonicus de Latere, Avis Ostiensis, Leo Sabinus, Comes Laurentius, Signum Ostiense, Hierusalem Campanie, Draco Depressus, Anguinus Vir, Concionatur Gallus, Bonus Comes, Piscator Thuscus, Rosa Composita, Ex Teloneo Liliacei Martini, Ex Rosa Leonina, Picus Inter Escas, Ex Eremo Celsus, Ex Undarum Benedictione, Concionatur Patareus, De Fasciis Aquitanicis, De Sutore Osseo, Corvus Schismaticus, Frigidus Abbas, De Rosa Attrebatensi, De Montibus Pammachii, Gallus Vicecomes, Novus de Virgine Forti, De Cruce Apostolica, Luna Cosmedina, Schisma Barchinoniu, De Infero Pregnano, Cubus de Mixtione, De Meliore Sidere, Nauta de Ponte Nigro, Flagellum Solis, Cervus Sirenae, Corona Veli Aurei, Lupa Coelestina, Amator Crucis, De Modicitate Lunae, Bos Pascens, De Capra & Albergo, De Cervo & Leone, Piscator Minorita, Praecursor Siciliae, Bos Albanus in Portu, De Parvo

Homine, Fructus Jovis Juvabit, De Craticula Politiana, Leo Florentius, Flos Pilei Aegri, Hiacynthus Medicorum, De Corona Montana, Frumentum Floccidum, De Fide Petri, Esculapii Pharmacum, Angelus Nemorosus, Medium Corpus Pilarum, Axis in Medietate Signi, De Rore Coeli, Ex Antiquitate Urbis, Pia Civitas in Bello, Crux Romulea.

Cada uma dessas frases aparece com um papa correspondente e uma explicação, mas o original provavelmente tinha a forma acima. O livro de De Wyon foi publicado nesse ponto e os demais papas ainda deviam ser identificados. As profecias restantes são listadas em três colunas, bem distribuídas na página para não desperdiçar papel. Não existem lacunas nem quebras de linha, para indicar que nada foi omitido.

Elas aparecem como segue:

Undosus Vir.
Gens Perversa.
In Tribulatione Pacis.
Lilium & Rosa.
Jucunditas Crucis.
Montium Custos.
Sidus Olorum.
De Flumine Magno.
Bellua Insatiabilis.
Poenitentia Gloriosa.
Rastrum in Porta.
Flores Circumdati.
De Bona Religione.
Miles in Bello.
Columna Excelsa,

Animal Rurale.
Rosa Umbriae.
Ursus Velox.
Peregrine Apostolic.
Aquila Rapax.
Canis & Coluber.
Vir Religiosus.
De Balneis Etruriae.
Crux de Cruce.
Lumen in Coelo.
Ignis Ardens.
Religio Depopulata.
Fides Intrepida.
Pastor Angelicus.

Pastor & Nauta.
Flos Florum.
De Medietate Lunae.
De Labore Solis.
Gloria Olivae.
In Persecutione,
extrema S.R.E. sedebit
Pedrus Romanus,
qui pascet oves in
multis tribulationibus:
quibus transactis civitas
septicollis diruetur,
& Judex tremendus
judicabit populum suum.
Finis.

OS PAPAS

De acordo com a Igreja Católica, houve 266 papas desde São Pedro. As profecias dos papas de São Malaquias, começando no século XII, referem-se praticamente à metade desse total. Essas profecias seguem a vida dos papas e o curso sinuoso da Igreja Católica como um rio que corre ao longo do tempo. É um rio que flui e reflui, desde os lagos serenos da paz até os borbotões dos conflitos e escândalos. À medida que esse curso se deslocava pelo tempo, às suas margens não estavam pescadores de almas, mas Malaquias, nosso comentador que lança seu olhar à frente para nos prevenir com relação ao que pode estar depois da próxima curva. Mesmo de onde estamos, de nossa era de cinismo, podemos olhar para trás, deter-nos sobre as palavras de Malaquias e ser levados com a correnteza, do mesmo modo que o autor foi inundado pelas visões divinas para predizer o que pode acontecer a um determinado papa.

A *Profecia dos Papas* começa com Celestino II em 1143 e continua até os dias atuais. O nome do papa aparece em primeiro lugar, seguido das datas do seu pontificado. Segue a descrição profética, que é traduzida e interpretada, e por fim um esboço biográfico do papa e do seu lugar na história da Igreja Católica.

Começamos com dois papas de pontificado breve e que por isso não tiveram tempo para consolidar ou implementar mudanças mais significativas na Igreja.

Celestino II (1143-1144)

Profecia: Ex Castro Tyberis

Tradução: De um castelo às margens do Tibre

Interpretação: Celestino II nasceu em Città di Castello, uma pequena cidade localizada às margens do rio Tibre.

Com um pontificado de apenas cinco meses, Celestino era inteligente e culto, mas severo. Seu mandato como papa foi muito curto para realmente fazer diferença. Um ato de grande repercussão foi ter revogado o interdito contra a França, imposto por seu predecessor.

Durante o seu pontificado, um "antipapa" rival, Vítor IV, recebeu o apoio do rei Rogério II da Sicília, mas Celestino morreu antes de encontrar uma solução para o conflito político.

Lúcio II (1144-1145)

Profecia: Inimicus Expulsus

Tradução: Inimigo expulso

Interpretação: Possivelmente um trocadilho com o sobrenome do papa "Caccianemici", ou seja, "caçador de inimigos".

Antes de ser eleito papa, Lúcio foi legado papal na Alemanha e vigoroso defensor de Inocêncio II. Lúcio se encontrara com o rei Rogério II da Sicília em nome do papa Inocêncio, mas não conseguira chegar a um acordo. Como papa, foi obrigado a interferir comandando um exército para intimidar os usurpadores, mas fracassou tanto contra os partidários do antipapa como contra os romanos republicanos. Foi manipulado politicamente em âmbito interno e externo. Sem opção, Lúcio tentou reagir militarmente, mas foi derrotado e morreu pouco depois em consequência dos ferimentos. Para alguns membros do clero, ele continua sendo um mártir não canonizado.

Eugênio III (1145-1153)

Profecia: Ex Magnitudine Montis

Tradução: Do monte grande

Interpretação: O nome de família de Eugênio era Montemagno, derivado de *mons magnus*, latim para "monte grande", e ele nasceu no castelo de Gramont, ou "monte grande". Tudo indica que Cucherat corrigiu De Wyon adequadamente.

Como resposta à ameaça do rei Rogério e do antipapa Vítor IV, os cardeais leais a Lúcio nomearam rapidamente um monge cisterciense como o próximo papa. Percebendo que Roma estava enveredando pela turbulência depois de sua eleição, Eugênio fugiu imediatamente da cidade. De berço nobre, ele foi influenciado por São Bernardo de Claraval; ambos dedicavam grande estima um pelo outro. Quando Eugênio fomentou a Segunda Cruzada, São Bernardo levantou recursos em toda a Europa em nome dele, mas por fim a campanha fracassou.

Enquanto isso Roma vivia outra rebelião civil que tinha como alvo as igrejas, os mosteiros e os palácios. Esses foram saqueados e em alguns casos destruídos, antes que Eugênio pudesse finalmente negociar a paz. Eugênio permaneceu na França, onde apoiou escolas de teologia e filosofia e selou um acordo de paz com o rei Luís. Por fim, reuniu poder político e militar suficiente para retornar ao Vaticano. Ele continuou indo e vindo durante o restante do seu papado, mas não conseguiu resolver totalmente as revoltas romanas que irrompiam.

Atanásio IV (1153-1154)

Profecia: Abbas Suburranus

Tradução: Abade Suburra

Interpretação: O seu nome de família era Suburra.

Num breve mandato de 18 meses, Atanásio negociou a paz entre o papado e Frederico Barba-Roxa. Ele também apoiou a Ordem dos Cavaleiros Hospitalários nas Cruzadas, mas dado seu pontificado breve, não conseguiu muito mais do que isso.

Adriano IV (1154-1159)

Profecia: De Rure Albo

Tradução: Dos campos de Alba

Interpretação: Ele nasceu em Santo Albano, Inglaterra, e foi bispo de Alba antes de se tornar papa.

Considerado originário do condado de Hertfordshire na Inglaterra, Adriano é até hoje o único papa de origem inglesa. Durante sua carreira, foi enviado à Noruega como legado papal, onde promoveu a reforma do clero e foi reconhecido como um homem de vontade forte e decidida. Como papa, foi rígido, exigindo observância total tanto de reis quanto de cortesãos. Sua inflexibilidade causou consternação entre líderes europeus e provocou conflitos com o rei Guilherme I da Sicília.

OS "ANTIPAPAS"

Os antipapas surgiram já no século III d.C., com Hipólito, e fustigaram periodicamente a Igreja Católica até o presente. Durante a Alta Idade Média, a luta pelo poder na Itália entre diferentes facções acarretou uma sucessão de antipapas que desafiava o poder de Roma. Vítor IV é o primeiro dentre vários "antipapas" constantes da lista de Malaquias. Eles resultaram de cismas dentro da Igreja Católica, muitas vezes baseados numa subcorrente de lutas pelo poder entre famílias e por motivos políticos. Os papas rivais desafiavam o papa escolhido pelo poder sobre a Igreja Católica, mas com o tempo esse poder se dissipou e eles não são oficialmente reconhecidos pela Igreja Católica. Vítor IV chegou numa época em que ocorria uma dissensão entre os papas e o que restava do Sacro Império Romano sob Frederico Barba-Roxa. Este invadira e fora coroado rei da Itália em 1155. Vítor criticara o papa contemporâneo e decidira seguir o antipapa anterior Anacleto II (que não está incluído na lista de papas).

Com a intenção de controlar a Igreja Católica, o imperador Frederico Barba-Roxa apoiou Vítor IV contra Alexandre III, que havia sido eleito. Frederico convocou um concílio para legitimar o papa, nomeando a si mesmo coordenador da reunião; sem nenhuma surpresa, ele declarou Vítor IV o candidato legítimo. Boatos da injustiça se espalharam e o papa Vítor percebeu que não tinha nenhum poder real ou influência sobre os cardeais. Depois da morte de Vítor, Pascoal III, Calisto III e Inocêncio III seguiram-se em rápida sucessão sob o patrocínio do imperador. Papas que vieram mais tarde também escolheram os nomes de Calisto III e Inocêncio III, fortalecendo a ideia de que essas não eram figuras legítimas e excluindo-as da história do papado. Em 1176 os exércitos de Frederico foram finalmente expulsos da Itália; sem seu benfeitor, Inocêncio III também foi forçado a fugir. O papa verdadeiro, Alexandre III, sobrevivendo a quatro antipapas, voltou em triunfo para assumir seu posto em Roma.

No Terceiro Concílio de Latrão, Alexandre III, para evitar a ocorrência de novos cismas, determinou que seria necessária uma maioria de dois terços dos votos para eleger futuros papas.

O imperador Frederico continuou suas maquinações políticas e fez seu filho casar com a filha do rei da Sicília, que era um dos aliados militares mais fortes do papa. Com isso, os Estados Papais, que abrangiam grande parte do centro e do norte da Itália, ficaram indefesos, e mais uma vez Frederico mobilizou-se para invadir Roma. No momento em que sua campanha adquiria força, chegaram à Europa notícias de que Saladino invadira Jerusalém. Uma terceira cruzada foi convocada e os exércitos de Frederico seguiram para Jerusalém. Ele morreu a caminho da Terra Santa, finalmente removendo a ameaça de subjugar o papado.

Vítor IV (1159-1164), antipapa

Profecia: Ex Tetro Carcere

Tradução: De um cárcere tétrico

Interpretação: Como padre, ele dava assistência espiritual na prisão tuliana (construída por Sérvio Túlio).

Vítor nasceu de uma poderosa família romana, mas tinha poucos simpatizantes entre os cardeais. Manietado pela política do cisma e sem muito apoio, pouco realizou durante o seu mandato. Sua inclusão aqui é relevante por ele não ser considerado um papa de fato. A presença de vários antipapas nas profecias demonstra que não foram elaboradas depois do evento. Nenhum católico os incluiria por opção pessoal.

Pascoal III (1164-1168), antipapa

Profecia: Via Trans-Tyberina

Tradução: Estrada além do Tibre

Interpretação: Ele era cardeal-vigário da paróquia de Santa Maria, no bairro Trastevere, em Roma, que se traduz como "Santa Maria além do Tibre".

Pascoal foi um antipapa que sucedeu Vítor IV e continuou o conflito com Alexandre III, mas pouco fez além disso.

Calisto III (1168-1178), antipapa

Profecia: De Pannonia Thusciae

Tradução: Da Hungria Tusculana

Interpretação: Panônia era o nome latino da Hungria. Calisto era húngaro e cardeal-bispo de Túsculo.

Alexandre III (1159-1181)

Profecia: Ex Ansere Custode

Tradução: Ex-guardador de gansos

Interpretação: O brasão de armas da família representa um ganso.

O papa Alexandre III repeliu inúmeras formas de invasão. Num determinado momento, viu-se obrigado a fugir de Roma, invadida por Frederico I. Este ocupou Roma até ser derrotado na batalha de Legnano em 1176.

Alexandre III voltou a Roma e imediatamente convocou o Terceiro Concílio de Latrão, instalado em 1179, com a intenção de erradicar ingerências políticas nos assuntos da Igreja, como a nomeação de bispos.

Lúcio III (1181-1185)

Profecia: Lux in Ostio

Tradução: Luz à porta

Interpretação: Ele era cardeal de Óstia, que significa "porta".

Apoiado por São Bernardo de Claraval, Lúcio permaneceu apenas quatro meses em Roma antes de ser perseguido por suspender privilégios que seus predecessores haviam concedido a políticos locais. Ele retornou antes do fim da vida, mas foi obrigado a fugir novamente e por fim se estabeleceu em Verona.

Seu tempo de papado esteve marcado por um constante confronto de vontades com o imperador Frederico I, e como os dois grupos resistiram em suas posições, houve pouco avanço tanto para uns quanto para outros.

Urbano III (1185-1187)

Profecia: Sus in Cribro

Tradução: Porco numa peneira

Interpretação: Um epíteto desastroso, mas o brasão da família retrata um porco, e seu nome de família, Crivelli, significa "peneira".

Para evitar interferência e influência de Frederico, os cardeais tramaram uma eleição rápida após a morte de Lúcio.

A presença dos exércitos de Frederico nos Estados Papais continuou a afetar o poder do papado, celebrando um casamento político no seu próprio quintal, por assim dizer. Urbano provinha de Milão, que fora invadida por Frederico alguns anos antes, e assim o papa seguiu o angustiante caminho de tentar manter Frederico sob controle em vários desentendimentos políticos.

Ele era também defensor ardoroso das Cruzadas e de modo particular favoreceu os Hospitalários. Rumores atribuíram sua morte ao estado de choque que sofreu ao tomar conhecimento da derrota cruzada na batalha de Hattin.

Gregório VIII (1187)

Profecia: Ensis Laurentii

Tradução: Espada de Lourenço

Interpretação: Ele foi cardeal de São Lourenço, em Lucina, e o brasão de armas da família representa uma espada.

Num ano em que os cruzados foram expulsos da Terra Santa, Gregório foi escolhido por ser um diplomata competente. Culto e respeitado, ele conseguiria encontrar soluções pacíficas para os desafios representados por Frederico internamente, ao mesmo tempo que dirigiria suas energias e fundos para retomar

Jerusalém. Mas nada disso aconteceu, pois morreu menos de dois meses depois de assumir suas funções.

Clemente III (1187-1191)

Profecia: De Schola Exiet

Tradução: Saído da escola

Interpretação: Seu nome de família, Scolari, significa "culto".

Romano de nascimento, Clemente foi uma escolha popular dos habitantes políticos locais, e representou um regresso auspicioso do papa a Roma para ali estabelecer-se novamente. Homem de paz, Clemente organizou a Terceira Cruzada e se serviu dela para unir as muitas facções da Europa com o propósito único de recuperar Jerusalém. O grande e diversificado exército varreu o Oriente, mas Clemente morreu pouco antes da tomada de Acre.

Celestino III (1191-1198)

Profecia: De Rure Bovense

Tradução: Do campo de gado

Interpretação: Nome de família da localidade de Bobone, termo derivado da palavra *bovensis*, "bovino".

Eleito aos 85 anos de idade, coroou imediatamente o rei Henrique VI da Alemanha como imperador. Não tendo a personalidade pacífica do seu antecessor, Celestino apoiou as campanhas militares do rei que atravessava a Itália para apossar-se da Sicília. O gênio belicoso e os conchavos políticos de Henrique (ele mandou prender Ricardo Coração de Leão) lançaram uma sombra sobre o reinado de Celestino, visto que ele nunca conseguiu enfrentar ou refrear a natureza excessivamente violenta do rei.

Celestino concordou em canonizar Malaquias.

Inocêncio III (1198-1216)

Profecia: Comes Signatus

Tradução: Conde de Segni

Interpretação: Descendente dos condes de Segni, mais tarde chamados de família Segni.

Ao papa Celestino III sucedeu Inocêncio III. Muito culto e com diversas publicações, ele parecia perfeito para a transição para o escolasticismo. Infelizmente, foi o responsável pelo lançamento da desastrosa Quarta Cruzada, que resultou na destruição de Constantinopla e dividiu a Igreja Oriental e Ocidental. A cruzada tinha o objetivo de retomar territórios dos muçulmanos no Oriente, mas o exército cruzado se deslocou via Constantinopla e se viu envolvido na política local. O resultado foi o cerco de Constantinopla; metade dessa magnífica cidade, já cristã, foi saqueada e totalmente queimada.

Inocêncio também incentivou a Cruzada Albigense para erradicar os hereges cristãos da Europa, queimando-os em massa. Com sua visão estreita, excomungou toda a nação inglesa por adotar a Magna Carta, que pôs o rei João a serviço dos seus súditos e não do papa.

Embora popular, erudito em seus escritos e versado em direito canônico, Inocêncio é lembrado principalmente pela brutal eliminação de hereges. Ele pôs em ação o mecanismo da Inquisição.

HERESIA

A primeira Inquisição definiu uma tendência que pairaria sobre a Europa como uma sombra durante 500 anos. Ela não só provocou a extinção de religiões rivais e de hereges, mas ainda alastrou um terror que reprimiria o pensamento científico por séculos. Com a Inquisição a Igreja Católica estava pronta a sacrificar alguns dos maiores pensadores da Europa.

No século XIV, tornava-se cada vez mais difícil conciliar as pompas do poder e da riqueza da Igreja Católica com a vida humilde e os ensinamentos de Jesus. Variações de cristianismo começaram a chegar ao Ocidente vindas da Europa Oriental. Entre essas estavam os padres cátaros que optaram por viver e trabalhar entre a população como Cristo teria feito, ensinando e sobrevivendo da caridade. Eles repudiavam toda forma de posse e davam aos pobres tudo o que recebiam além do necessário para atender às suas necessidades básicas. Diferentemente da Igreja Católica, não cobravam taxas e evitavam o poder. Os cátaros não construíam nem possuíam templos, por isso faziam suas pregações ao ar livre ou em celeiros; além disso, eram avançados em termos de igualdade, aceitando que mulheres fossem ordenadas padres.

Por serem exemplos vivos de um modo de vida cristão, e por não cobrarem taxas, os cátaros atraíram e converteram facilmente muitas pessoas à sua fé. Por isso, eram uma ameaça à Igreja Católica, que reagiu deflagrando uma cruzada contra eles. A Cruzada Albigense no século XIII contra os cátaros no sul da França levou à morte mais de um milhão de pessoas pela ação de exércitos formados para extirpar a heresia. Um dos últimos baluartes cátaros ao sopé dos Pireneus franceses foi um castelo doado à causa cátara chamado Montsegur. Durante o cerco de 1244, os 200 cátaros sobreviventes à queda do castelo receberam a oferta de sentenças brandas caso se reconvertessem ao catolicismo. A fé desses sobreviventes era tão forte que todos eles preferiram ser queimados na fogueira, com suas mulheres e filhos, a se tornarem católicos.

Honório III (1216-1227)

Profecia: Canonicus de Latere

Tradução: Cônego do lado

Interpretação: Ele foi cônego de São João de Latrão.

O principal objetivo de Honório era recuperar a Terra Santa. Seus métodos de negociação eram menos agressivos do que os de alguns dos seus antecessores, mas ele fez um apelo a toda a Europa para que fosse empreendida uma cruzada. Recursos financeiros sobejaram, como também voluntários, embora de perfil militar duvidoso. Como muitos países europeus estavam com suas tropas comprometidas com conflitos locais, a força escassa e despreparada que zarpou para o Oriente foi repelida com facilidade.

Honório percebeu a importância de uma liderança forte e de um exército preparado para tomar a Terra Santa, por isso passou alguns anos negociando com o rei Frederico II da Alemanha, que prometeu comandar um exército. A falta de tropas disponíveis na Europa também o obrigou a intermediar entre nações europeias para resolver suas diferenças e lutas internas. Embora motivado pela necessidade de obter o apoio dos exércitos dessas nações, essa iniciativa promoveu a paz em grandes áreas do continente.

Gregório IX (1227-1241)

Profecia: Avis Ostiensis

Tradução: Ave de Óstia

Interpretação: Antes de se tornar papa, Gregório foi bispo-cardeal de Óstia.

Ex-diplomata pontifício, envolvido com a política europeia, desde o início Gregório ficou prejudicado por sua atitude rígida com relação ao imperador Frederico II. Logo depois de assumir o papado, ele exigiu que Frederico cumprisse a promessa de comandar uma cruzada, mas depois de passar alguns dias no mar, o imperador retornou alegando problemas de saúde. Gregório não acreditou na desculpa e a desavença seguinte entre os dois terminou com o papa excomungando o imperador. Este, demonstrando sua determinação, partiu para a Cruzada, mas o papa se recusou a apoiá-lo. Percebendo a inutilidade do empreendimento, o imperador voltou à Europa.

Numa aparente mudança de atitude, Frederico tentou reatar com o papa, mas Gregório morreu antes que eles pudessem resolver suas diferenças.

Tudo indica que um grande defeito do mandato de Gregório foi a falta de tolerância. Sua perspectiva irredutível o levou a apoiar a condenação de hereges à fogueira e a deflagrar uma guerra contra os cátaros no sul da França. Ele também foi o primeiro papa a transformar a Inquisição em tribunal para julgar hereges.

Celestino IV (1241)

Profecia: Leo Sabinus

Tradução: Leão sabino

Interpretação: Ele foi cardeal-bispo de Sabina, com um leão representado no brasão de sua família.

Celestino IV governou a Igreja durante quinze dias apenas.

Inocêncio IV (1243-1254)

Profecia: Comes Laurentius

Tradução: Conde de São Lourenço

Interpretação: Descendente dos condes de Lavagna, foi cardeal de San Lorenzo (São Lourenço).

Depois de 18 meses de acirrados debates, Inocêncio IV foi eleito e herdou as disputas de Gregório IX com o imperador Frederico II, que então ocupava os Estados Papais nos arredores de Roma. Ele teria parecido uma boa escolha para resolver a situação, pois conhecia o imperador pessoalmente antes de ser eleito. Inocêncio iniciou negociações com Frederico; este lhe concedeu o controle dos Estados Papais, mas não aceitou outras condições. Como as hostilidades entre os dois recrudesceram, Inocêncio, temendo por sua segurança, fugiu para a França, pondo-se sob a proteção do rei Luís IX. Aqui ele se empenhou em conseguir a deposição de Frederico na Alemanha, mas o plano fracassou, e por isso ele determinou uma cruzada contra Frederico. Sua preocupação com a política da época paralisou qualquer reforma na Igreja.

Alexandre IV (1254-1261)

Profecia: Signum Ostiense

Tradução: Signo de Óstia

Interpretação: Conde de Segni e cardeal-bispo de Óstia

Como Inocêncio III e Gregório IX, Alexandre pertencia à nobre casa dos Segni. Homem espiritualizado, mas fútil, herdou um papado já atolado na política da Europa. Uma tentativa de reunir as diferentes facções numa força cruzada logo fracassou, apenas para demonstrar o alto grau de fragmentação a que a Europa estava chegando.

Urbano IV (1261-1264)

Profecia: Hierusalem Campanie

Tradução: Jerusalém de Champagne

Interpretação: Ele nasceu em Troyes, na região de Champagne, França, e foi nomeado patriarca de Jerusalém em 1255.

Urbano é descrito como um homem de muita energia e astúcia. Ele herdou as dívidas do seu predecessor e logo se concentrou em encontrar uma forma de recuperar e equilibrar as finanças do Vaticano.

Parece que ele se sentia em débito com os que o haviam escolhido, pois no período de um ano, agradeceu os oito cardeais escolhendo seis novos cardeais entre os parentes deles. Dos quatorze cardeais que empossou, três se tornariam papas mais tarde.

Durante o seu papado, ele conseguiu influenciar o governo da Sicília, da Alemanha e da França, mas morreu antes de ver os resultados de suas ações.

Clemente IV (1265-1268)

Profecia: Draco Depressus

Tradução: Dragão submetido

Interpretação: Seu brasão papal representava uma águia imobilizando um dragão com as garras, emblema dos guelfos, correspondendo à sua experiência militar.

Clemente percorreu uma trajetória improvável até o papado. Ele era casado, pai e soldado durante algum tempo, antes de se dedicar à Igreja. Para sua grande surpresa, com a morte de Urbano IV, ele foi chamado para o conclave em Perugia, onde foi informado de que fora eleito papa por unanimidade de votos por causa da sua natureza piedosa e vida ascética. Depois de muito relutar, acabou aceitando a indicação.

Ele não esqueceu sua formação militar, e financiou a criação de exércitos para enfrentar seus inimigos na Europa. Uma cruzada à Terra Santa teria correspondido à sua natureza, mas ele se limitou a concentrar seu pensamento militar em assuntos na Europa, financiando os franceses para empreenderem guerras em seu nome.

Gregório X (1271-1276)

Profecia: Anguinus Vir

Tradução: Homem serpente

Interpretação: O brasão de armas da família Visconti representa uma serpente engolindo um menino.

Depois da morte de Clemente IV, decorreram três anos antes da eleição do novo papa. Tanto os cardeais franceses como os italianos, propondo um nome dentre os próprios compatriotas, obstinaram-se em sua intransigência. O conclave em Viterbo se prolongou tanto, que as autoridades locais confinaram os cardeais no palácio, sem comida, até que escolhessem o papa.

Gregório estava em peregrinação à Terra Santa quando foi convocado pelo Sacro Colégio. Na época ele não era cardeal nem padre, o que mostra como a decisão deve ter sido difícil. Durante seu mandato, ele coroou Rodolfo de Habsburgo como novo imperador e trabalhou para conciliar as diferenças entre as facções em conflito na Itália. Ele também garantiu recursos e apoio para uma cruzada à Terra Santa com um exército formado por franceses e ingleses, mas morreu antes de ver o plano realizado.

Gregório foi canonizado em reconhecimento à sua natureza virtuosa e sucesso em manter a paz.

Inocêncio V (1276)

Profecia: Concionator Gallus

Tradução: Pregador francês

Interpretação: Ele era de origem francesa, pertencia à Ordem dos Pregadores e foi arcebispo de Lyon.

Inocêncio V teve um pontificado breve, de apenas seis meses. Professor de teologia que servira como assessor de Gregório X, é lembrado por dar continuidade à direção tomada pelo papa precedente: assegurar a paz entre as facções da Itália.

Adriano V (1276)

Profecia: Bonus Comes

Tradução: Conde/Companheiro Bom

Interpretação: O nome de família era Ottobono, *bono* significando "bom", e ele era conde de Lavagna.

Adriano foi outro papa que governou a Igreja durante muito pouco tempo, ele morreu após um mandato de apenas 38 dias. Era sobrinho de Inocêncio IV e outro membro da poderosa família Fiechi a ocupar a Santa Sé, fato que levantou a questão do nepotismo e da sucessão familiar.

João XXI (1276-1277)

Profecia: Piscator Thuscus

Tradução: Pescador de Túsculo

Interpretação: Foi cardeal-bispo de Túsculo

Antes de se tornar papa, João foi professor de medicina e de teologia e autor de uma obra importante sobre lógica (*Summulae Logicales*). Fora nomeado por Gregório X como seu médico pessoal. Uma vez no poder, concentrou seus esforços em preparar uma cruzada para a Terra Santa, mas rivalidades internas detiveram o exército na Europa. O papa intermediou a paz entre as facções militares, mas a oportunidade havia passado.

Diplomata por natureza, João convocou um sínodo a ser realizado em Constantinopla com o objetivo de unir as duas Igrejas, mas uma aliança militar proposta para formar um exército cruzado não se concretizou. Ele mandou construir um apartamento no palácio em Viterbo e o usava como escritório, quando o telhado desabou, atingindo-o. Em decorrência dessa fatalidade, João morreu em menos de uma semana.

Nicolau III (1277-1280)

Profecia: Rosa Composita

Tradução: Rosa compósita

Interpretação: Seu brasão familiar tem uma rosa "compósita".

Apesar da queda do telhado sobre João XXI, a residência papal continuou em Viterbo. Nicolau também pertencia à nobreza romana, sendo da família Orsini. Diplomata com certa habilidade e imparcial em suas relações com os chefes de Estado, foi bem-sucedido na intermediação entre a França e a Inglaterra e assegurou uma província italiana com Rodolfo de Habsburgo.

Foi considerado íntegro por recusar presentes, mas não via problema em promover membros da própria família para cargos elevados e financeiramente vantajosos. Nicolau também restituiu ao Vaticano sua condição de residência papal e transformou o palácio e os jardins.

Martinho IV (1281-1285)

Profecia: Ex Teloneo Liliacei Martini

Tradução: Do Telônio de Martinho dos Lírios

Interpretação: Ele era tesoureiro da igreja de São Martinho de Tours sob uma administração que tinha um lírio como símbolo.

Francês de nascimento e ex-chanceler da França nomeado por Luís IX, Martinho se tornou legado papal para a França e estava perfeitamente apto a erradicar a corrupção que lá se instalara.

Sua eleição foi unânime, mas corrompida por Carlos de Anjou, que havia aprisionado dois cardeais da oposição antes do conclave. Sendo de origem francesa, Martinho era tão impopular entre os habitantes de Roma, que não podia pisar na cidade. Para evitar o escândalo dos cardeais presos, ele fugiu para Orvieto, pertencente aos Estados Papais em torno de Roma.

Dada a influência política em sua eleição, Martinho precisou transigir. Ele saldou a dívida promovendo Carlos de Anjou a senador romano, mas nunca foi plenamente aceito por seus súditos.

Honório IV (1285-1287)

Profecia: Ex Rosa Leonina

Tradução: Da rosa leonina

Interpretação: No brasão da família Savelli aparecem dois leões segurando uma rosa.

Como Honório III, ele pertencia à abastada família Savelli. Honório IV reinou num período de paz em Roma. Como romano, conseguiu manter a autoridade sobre os Estados Papais sem precisar enfrentar maiores resistências. Sua eleição foi imediata após a morte do seu antecessor para evitar que influências externas contaminassem o processo. Seriamente afetado pela gota, ele não conseguia caminhar ao assumir o pontificado.

Honório publicou uma bula papal contra os abusos dos governos, instando-os a promover e manter a justiça e a paz. O documento tinha como alvo primeiro a ocupação francesa da Sicília, que ele havia apoiado, e que mais tarde se degenerou tanto, que ele se viu obrigado a excomungar o rei siciliano Jaime II de Aragão.

Nicolau IV (1288-1292)

Profecia: Picus Inter Escas

Tradução: Picanço alimentando-se

Interpretação: Ele nasceu em Escoli, que remete a "escola", significando "comer". Originalmente, a cidade chamava-se Piceni, derivada de *picus* (picanço).

O conclave de 1287 foi suspenso devido à morte de alguns eleitores e reconvocado no início de 1288, quando Nicolau foi escolhido por unanimidade.

Embora alheio aos círculos da nobreza que sustentavam muitos dos papas dessa época, Nicolau era culto e patrono das artes. Na política, ele seria influenciado em suas decisões pela família Colonna, vendo-se envolvido nos jogos de poder da Europa. Ele organizou e financiou uma frota para uma cruzada à Terra Santa, mas sua convocação às armas não teve repercussão. O apetite por esse tipo de aventura estava chegando ao fim na Europa.

Celestino V (1294)

Profecia: Ex Eremo Celsus

Tradução: Exaltado do deserto

Interpretação: Ele foi eremita no deserto e obrigado a assumir a função de papa.

Quando Nicolau IV morreu em 1292, os cardeais passaram 20 meses escolhendo o papa seguinte. Durante esse tempo, receberam uma carta de um eremita chamado Murrone, apressando-os a tomar uma decisão, pois constatava que a falta de liderança estava pondo a Igreja em risco. A carta teve tão ampla repercussão, que os cardeais elegeram o eremita *in absentia* como o novo papa. Com grande relutância, Murrone aceitou, assumiu o título e adotou o nome Celestino V. Transpirou que o eremita havia sido inspirado a escrever por Carlos II, que então se tornou seu patrono e o reconduziu a Nápoles onde ele podia ser coagido a cumprir as ordens do rei. Logo ficou claro que Celestino não estava apto para o papado, pois não era senão um refém condescendente. Ele foi obrigado a dobrar o número de cardeais, nomeando os amigos prediletos de Carlos, mas por fim reconheceu que não estava à altura da tarefa e praticou um dos atos papais mais raros – renunciou, com a intenção de voltar à vida de eremita. Muitos interpretaram essa renúncia como fraqueza, e o próprio Dante o coloca no inferno, onde ele é acusado de covardia. Considerando-se, porém, sua posição contemporizadora e falta de tino político, sem dúvida essa era sua única opção.

Bonifácio VIII (1294-1303)

Profecia: Ex Undarum Benedictione

Tradução: Da bênção das ondas

Interpretação: O brasão papal representa duas ondas em diagonal, e o seu primeiro nome era Benedetto, que significa "bendito" e também "bento".

Celestino V foi rapidamente substituído por Bonifácio VIII, que representou uma volta às formas de atuação dos papas mais implacáveis do primeiro milênio. Bonifácio chegou à conclusão de que seu antecessor, ainda vivo, representava uma ameaça à sua posição, por isso mandou prender Celestino, que acabou morrendo no cárcere. As ações de Bonifácio foram outro escândalo para a Igreja e provocaram hostilidades prolongadas entre famílias italianas rivais. Sua reação foi promulgar a bula papal *Unum Sanctum*, declarando a superioridade do papa sobre todos os monarcas e sentenciando que somente quem se submetia ao papa alcançava a salvação. Tratava-se de uma evidente pretensão de impor seu poder aos reis e famílias nobres que questionavam suas ações.

Bento XI (1303-1304)

Profecia: Concionator Patareus

Tradução: Pregador de Patara

Interpretação: Ele nasceu em Patara, perto de Treviso, Itália, e era membro da Ordem dos Pregadores.

Depois de Bonifácio, sucessivos papas franceses assumiram o pontificado, a começar com Bento XI. O rei francês Filipe IV era impopular e manobrava para controlar o papado, pressionando Bento XI a favorecê-lo.

Clemente V (1305-1314)

Profecia: De Fasciis Aquitanicis

Tradução: Das listras da Aquitânia

Interpretação: O escudo de armas da família tinha três listras, conhecidas como *fasces*, e ele foi arcebispo de Bordeaux, na Aquitânia (França).

Clemente V permaneceu na França durante todo o seu mandato. Uma vez mais, o poder papal passava para as mãos da monarquia francesa e Roma deixava de ter seu bispo. Muito doente para enfrentar o rei, Clemente foi obrigado a estabelecer-se em Avignon e a apoiar a decisão do rei de suprimir a Ordem dos Cavaleiros Templários. Filipe prendeu membros da ordem sob a acusação de heresia, mas sua intenção evidente era despojá-los de suas riquezas. Uma carta descoberta pela Dra. Barbara Frale nos Arquivos Secretos do Vaticano em 2003 (Pergaminho Chinon), escrita pelo papa Clemente, absolve os Templários de quaisquer delitos, mas a carta nunca foi enviada. O papel principal do papa agora parecia o de joguete político do rei francês. Ele também nomeou mais cardeais franceses, vários deles sobrinhos seus. O objetivo era controlar as eleições papais e assegurar que futuros papas fossem franceses e não italianos.

João XXII (1316-1334)

Profecia: De Sutore Osseo

Tradução: Do sapateiro osseo

Interpretação: Seu nome de família era Ossa e o pai era sapateiro.

Morto Clemente V na França, ele foi substituído por João XXII, bispo de Avignon. Essa eleição comprovou que a sede da Igreja Católica estava definitivamente na França.

João era um idoso de 72 anos, mas cheio de energia, que viveu até os 90 anos. Não obstante, ele continuou a tradição de nepotismo indicando membros da própria família para promoção na Igreja. Ele enfrentou muitos grupos que questionavam a visão ortodoxa na Igreja e se propôs a resolver os problemas financeiros que contaminavam o Vaticano aumentando ainda mais os impostos dos seus integrantes. Pelo fim do mandato, ele foi se tornando impopular e recebeu muitos pedidos para residir em Roma, que se tornava agitada.

Nicolau V (1328-1330), antipapa

Profecia: Corvus Schismaticus

Tradução: Corvo cismático

Interpretação: É provável que o termo "Corvo" derive da possível localidade de nascimento, Corvaro ou Corbara. Nicolau foi outro antipapa, e assim parte do cisma no seio da Igreja Católica do seu tempo.

Bento XII (1334-1342)

Profecia: Frigidus Abbas

Tradução: Abade frio

Interpretação: Ele foi abade do mosteiro de Fontainefroid, "fonte fria" em francês.

Considerado de origem humilde e aparentemente sem muitos laços políticos ou hereditários, Bento teria sido uma voz neutra para muitos integrantes do conclave. Cisterciense, obtivera um doutorado em teologia na Universidade de Paris e sua nacionalidade asseguraria a permanência da sé papal em Avignon durante todo o seu pontificado. Ele repassou alguns recursos financeiros a Roma para abrandar a agitação lá reinante e condenou abusos de poder entre o clero.

Clemente VI (1342-1352)

Profecia: De Rosa Attrebatensi

Tradução: Da rosa de Atrébate

Interpretação: Ele foi bispo de Atrébate (Arras), região da Bélgica (Galia Belgica) habitada pelos atrébates.

Outro papa francês e monge beneditino, Clemente criou um grupo adicional de mais de 20 cardeais franceses. Ele celebrou um jubileu em 1350, uma comemoração que se mostrou muito popular, pois as peregrinações de modo geral ainda viviam um período de grande sucesso. Ele também trabalhou para retirar do imperador Luís da Baviera o poder de nomear bispos e abades, e para manter o cerco aos turcos com uma pequena cruzada em 1344, o qual acabou em trégua. Infelizmente, um estilo de vida perdulário acarretou consequências aos cofres papais e resultou em novos impostos.

Para seu crédito, durante a epidemia da Morte Negra, ele publicou bulas papais para impedir a mortandade de judeus, considerados responsáveis pelo surto da doença. Em 1562, os protestantes huguenotes profanaram seu túmulo e queimaram seus restos mortais.

Inocêncio VI (1352-1362)

Profecia: De Montibus Pammachii

Tradução: Dos montes de Pammachio

Interpretação: Nascido em Mont, perto de Limoges, ele foi cardeal da Basílica de São João e São Paulo, antigamente conhecida como Pammachio.

O papa Inocêncio VI também foi forçado a permanecer em exílio autoimposto devido aos conflitos em Roma. Ele acabou tomando a decisão de enviar uma força militar para retomar o controle, mas não conseguiu voltar a Roma.

Urbano V (1362-1370)

Profecia: Gallus Vicecomes

Tradução: Visconde francês

Interpretação: Nascido entre a nobreza francesa.

Com a situação política em Roma mudada, Urbano V pôde voltar e reassumir o trono de São Pedro. Os políticos de Roma, porém, não estavam muito dispostos a devolver o controle a um papa francês, por isso Urbano voltou a Avignon nos últimos anos de vida.

Gregório XI (1370-1378)

Profecia: Novus de Virgine Forti

Tradução: Novo do Forte da Virgem

Interpretação: Seu nome de família era Beaufort, e ele foi cardeal de Ste-Marie La Neuve (Santa Maria, a Nova).

Gregório XI também queria voltar a Roma. Ele enviou uma força militar à frente para reprimir a dissidência crescente antes de empreender a viagem com segurança. Ele voltou a Roma, mas, como Urbano antes dele, acabou sendo obrigado a deixar a cidade e morreu no exílio.

Urbano VI (1378-1389)

Profecia: De Infero Pregnano

Tradução: Pregnano de Infero

Interpretação: Ele nasceu numa localidade chamada Infero, perto de Nápoles, no seio da família Prignano.

Essa foi outra eleição rápida, dessa vez impulsionada pelas agitações em Roma e pelo risco de Avignon desafiar o papado. Urbano vinha do Reino de Nápoles, que na época estava mais alinhado com a Sicília do que com o norte da Itália. A inquietação civil continuou em Roma e novamente o papa foi obrigado a exilar-se.

Urbano apressou-se em condenar os cardeais por causa das riquezas que possuíam, mas ao mesmo tempo promoveu quatro sobrinhos seus para a função. Ele também se afastou de Avignon e por isso desagradou a muitos na França e também na Itália.

Os franceses tiraram partido dessa dissensão e elegeram o antipapa Clemente VII. Em Roma, a competição incessante por poder desviou a atenção dos envolvidos das questões mais urgentes que ocupavam a Europa na época.

Clemente VII (1378-1394), antipapa

Profecia: De Cruce Apostolica
Tradução: Da cruz apostólica
Interpretação: Ele foi cardeal-pároco da igreja dos Doze Apóstolos. Pertencente à casa de Genève (Genebra), seu brasão incluía uma cruz.

O GRANDE CISMA DO OCIDENTE

O sucessor de Gregório foi Urbano VI (1378-1389), que se revelou outra nódoa na história do papado, pois logo manifestou um temperamento violento e uma personalidade profundamente paranoica. Mesmo na Igreja, seus assessores o chamavam de demônio ou de anticristo. Na época, os problemas relacionados à saúde mental eram pouco ou nada compreendidos, e assim os cardeais não tiveram outra saída senão anular a eleição de Urbano e substituí-lo por Clemente VII. Urbano reagiu escolhendo seu próprio colégio de cardeais, ato que criou e ficou conhecido como o Grande Cisma do Ocidente.

Clemente ocupava uma posição política forte, com vínculos tanto com famílias nobres francesas como com alemãs. A expectativa era que ele influenciasse os simpatizantes remanescentes de Urbano a transferir sua lealdade para a própria causa, mas fracassou; também os políticos de Roma o rejeitaram e ele se viu forçado a exilar-se em Avignon.

Os dois papas excomungaram um ao outro, seguindo-se um longo e violento conflito enquanto reis e clero tomavam partido. Vendo a Igreja dividir-se em facções, os cardeais se empenhavam em encontrar uma solução para a situação. Urbano, de sua parte, continuou dando sinais claros de distúrbios mentais graves; sua reação ao desafio foi mandar torturar e assassinar os que ele imaginava que tramavam contra ele.

Alguns pensam que Clemente não deve ser incluído na lista de papas, mas até hoje a Igreja Católica não se pronunciou de nenhuma forma sobre a legitimidade dos papas desse período.

Mesmo atualmente muitos estudiosos em todo o mundo sustentam que foi o legítimo "antipapa", incluindo um antipapa francês, que deu origem a esse cisma.

Bonifácio IX (1389-1404)

Profecia: Cubus de Mixtione

Tradução: Cubo de mistura

Interpretação: O brasão familiar desse papa contém cubos em forma de dados.

A família de Bonifácio pertencia à nobreza, mas era pobre. Ele era respeitado e diplomático, mas despreparado teologicamente. Durante seu reinado, ele recuperou o controle de Roma e fortaleceu a cidade e os Estados Papais contra novos ataques. Essa foi uma tarefa dispendiosa, atraindo críticas de outros países que eram tributados para pagar os investimentos. Ele celebrou dois jubileus bem-sucedidos para levantar fundos e permutou excomunhões com seu opositor, o antipapa Clemente VII.

Inocêncio VII (1404-1406)

Profecia: De Meliore Sidere

Tradução: De uma estrela melhor

Interpretação: Há uma estrela cadente em seu brasão papal e seu sobrenome é Migliorati, derivado de *meliore*, "melhor".

De origem humilde, Inocêncio viveu dez anos na Inglaterra e, antes de ser eleito, tinha fama de conhecer bem os assuntos financeiros. Ele se empenhou em resolver o cisma, mas as rebeliões constantes em Roma o desviaram desse objetivo. Sua fraqueza foi o nepotismo, que resultou num conflito com seu próprio sobrinho assassino, promovido por ele. Críticas decorrentes desse conflito e o fracasso em resolver o cisma são as manchas do seu pontificado.

Gregório XII (1406-1415)

Profecia: Nauta de Ponte Nigro

Tradução: Marinheiro da Ponte Negra

Interpretação: Ele era natural de Veneza e fora cardeal da igreja de Negroponte ("Ponte Negra").

Nascido em Veneza e de família nobre, Gregório foi bispo de Castillo e patriarca de Constantinopla. Eleito papa por unanimidade por ser considerado o candidato ideal para pôr fim ao cisma com os antipapas, seus termos de reconciliação foram efetivamente sensatos. Ele se prontificou a abdicar se o antipapa Bento XIII também abdicasse. Com a renúncia de ambos, um novo conclave elegeria e reintegraria um único papa, encerrando assim o cisma, mas Bento não concordou.

Os cardeais convocaram um concílio para resolver o cisma, mas nenhum dos papas quis participar, com medo de ser preso ou assassinado. O impasse continuou e finalmente o concílio, dada a ausência dos papas, indicou um terceiro papa, Alexandre V. Essa decisão simplesmente agravou o problema, pois agora eram três os papas.

Precedidos por Clemente VII, vários antipapas sucedem um ao outro. Estes são normalmente excluídos das listas oficiais de papas, mas aparecem nas profecias.

O único defeito de Gregório foi continuar a tradição de nepotismo, pois promoveu quatro sobrinhos ao cardinalato.

Bento XIII (1394-1423), antipapa

Profecia: Luna Cosmedina

Tradução: Lua cosmedina

Interpretação: O nome de família era Luna, e ele foi cardeal de Santa Maria em Cosmedin.

Bento XIII sucedeu a Clemente VII e a divisão continuou, sem nenhum dos lados disposto a abandonar sua posição.

Alexandre V (1409-1410), antipapa

Profecia: Flagellum Solis

Tradução: Flagelo do Sol

Interpretação: Flagelo poderia ser um trocadilho com seu nome, Philarges. Ele foi também arcebispo da catedral de Milão, que tem uma famosa estátua de Santo Ambrósio com um açoite de autoflagelo nas mãos. Seu brasão familiar representa um Sol nascente.

Como Gregório e Urbano não chegaram a uma solução para o cisma, um concílio convocado para resolver a questão elegeu um terceiro papa, Alexandre V. Alexandre não teve apoio nem poder além daquele que lhe foi outorgado pelo concílio. Seu mandato teve curta duração, pois ele morreu dentro de um ano.

João XXIII (1410-1415), antipapa

Profecia: Cervus Sirenae

Tradução: Cervo de sereia

Interpretação: Ele foi cardeal de Santo Eustáquio, representado artisticamente com um cervo. Era também originário de Nápoles, que tem por símbolo uma sereia.

Quando Alexandre morreu menos de um ano depois de sua eleição, ele foi substituído por João XXIII, e o drama dos três papas se prolongou sem solução clara à vista. João foi impopular e no fim fugiu disfarçado do Concílio de Constança. Ele foi preso, destituído de sua posição e encarcerado por um ano.

Clemente VIII (1423-1429), antipapa

Profecia: Schisma Barchinoniu

Tradução: Cisma de Barcelona

Interpretação: Eleito em oposição a Martinho V, era cônego de Barcelona.

Avignon havia desenvolvido seu próprio grupo de cardeais para eleger papas em oposição a Roma. Clemente foi indicado cardeal por Bento XIII, mas tinha consciência do mal que o cisma estava causando à Igreja, e em 1429 uma delegação de Roma o convenceu a renunciar. Ele morreu em 1446.

Martinho V (1417-1431)

Profecia: Corona Veli Aurei

Tradução: Coroa do véu dourado

Interpretação: O brasão de armas da família representa uma coroa e Martinho foi cardeal-diácono de Velabro, nome que significa "véu dourado".

Quando Bento XIII faleceu em 1423, os cardeais puderam finalmente eleger um único papa. Eles escolheram o italiano Oddone Colonna, que tomou o nome Martinho V.

Martinho voltou a Roma para restabelecer a Santa Sé e reparar os males físicos e espirituais que haviam acometido o Vaticano na ausência de um papa. Ele trabalhou incansavelmente para organizar a Igreja como uma instituição digna do seu propósito; sua grande força de vontade também fez dele um papa notável. Ele morreu em 1431.

RENASCENÇA

No início da Renascença, a opinião geral sobre a Igreja Católica era a de que, devido ao seu poder, ela era uma entidade corrompida. Os papas eram eleitos segundo os objetivos políticos e através de conluios escusos de famílias poderosas, como os Bórgia e os Médici. Ao mesmo tempo, a Igreja se via novamente ameaçada pela própria Europa, à medida que avanços nas artes, na filosofia e na medicina fugiam rapidamente do seu controle e começavam a enfrentar sua autoridade no campo científico.

Eugênio IV (1431-1447)

Profecia: Lupa Coelestina

Tradução: Loba celestial

Interpretação: Ele foi membro da Ordem dos Celestinos e bispo de Sienna, cujo estandarte representava uma loba.

Félix V (1439-1449), antipapa

Profecia: Amator Crucis

Tradução: Amante da cruz

Interpretação: Seu nome de família é Savoia, que tem em seu brasão o símbolo da cruz. "Amator" pode ser um trocadilho com seu nome, Amadeu.

Outro antipapa, Félix opôs-se sem sucesso a Eugênio IV, e o Grande Cisma do Ocidente parecia finalmente chegar ao fim.

Nicolau V (1447-1455)

Profecia: De Modicitate Lunae

Tradução: Do tempo de uma lunação

Interpretação: De pais pobres, ele nasceu em Luni di Sarzana. Além disso, adotou o símbolo da Lua em seu brasão papal.

Nicolau V testemunhou o fim do Cisma, quando o último antipapa, Félix, o reconheceu como papa e se integrou ao colégio de cardeais. Nicolau atraiu milhares de peregrinos a Roma para ajudar a recuperar as finanças. Os novos recursos foram usados para melhorar a cidade e fornecer água limpa aos moradores, o que lhe assegurou o apoio da população que antes obrigara papas a se exilarem. Não obstante, a ameaça de simpatizantes republicanos continuou, e Nicolau sobreviveu a uma tentativa de assassinato.

Ele também centralizou as bibliotecas e as aprimorou significativamente, apoiando estudiosos e especialistas na tradução de centenas de documentos, lançando assim as bases do que é hoje a Biblioteca do Vaticano.

Com o patrocínio de Nicolau, o Vaticano passou por uma restauração profunda, de modo a tornar-se daí em diante a principal residência de todos os seus sucessores. Seu mecenato voltado aos artistas da Renascença logo no início desse movimento promoveu uma explosão das artes em geral e da escultura em particular, grande parte desta encomendada por personagens eminentes na Igreja Católica.

Para seu desalento, em 1453, pouco antes do fim do seu pontificado, o Império Turco tomou Constantinopla.

Calisto III (1455-1458)

Profecia: Bos Pascens

Tradução: Boi pastando

Interpretação: No seu brasão familiar havia um boi pastando.

Calisto III, um papa espanhol, tentou em vão formar um exército cruzado para recuperar Constantinopla. Também ele um Bórgia, lançou as bases da influência dessa notória família sobre as eleições papais. Para começar, nomeou seu sobrinho cardeal – sobrinho esse que se tornaria o papa Alexandre VI.

Pio II (1458-1464)

Profecia: De Capra et Albergo

Tradução: De uma cabra e um albergue

Interpretação: Antes de ser papa, foi secretário dos cardeais Capranico e Albergatti, cujos nomes derivam de *capra*, que significa "cabra", e *albergo*, que significa "albergue".

Pio II, um intelectual, continuou buscando apoio para uma cruzada, mas também ele não conseguiu.

Paulo II (1464-1471)

Profecia: De Cervo et Leone

Tradução: De um cervo e um leão

Interpretação: Ele foi administrador da igreja de Cérvia e adotou o título cardinalício de São Marcos, simbolizado por um leão alado.

Apesar de ser sobrinho de Eugênio IV, Paulo alcançou um alto nível de formação religiosa e subiu na hierarquia da Igreja por seus próprios méritos. Ele foi colecionador de obras de artes e benfeitor de universidades, mas era abertamente hostil a pagãos e hereges. Também financiou a construção do Palácio Veneziano e prestou assistência aos pobres de Roma.

Sisto IV (1471-1484)

Profecia: Piscator Minorita

Tradução: Pescador menorita

Interpretação: Ele era filho de um pescador e pertencia à Ordem Franciscana, também conhecida como Ordem dos Frades Menores, ou Menoritas.

Sisto IV era um homem culto que dava todos os sinais de estar bem preparado para ser papa, mas uma vez no poder tornou-se marionete do seu maquiavélico sobrinho. Seu nepotismo constitui o exemplo mais degradante dado pelo papado dessa prática. Ele nomeou seis sobrinhos cardeais e vendeu títulos e privilégios para gerar riquezas. Ele consumiu essa riqueza principalmente com os seus favorecidos, embora tenha investido pesadamente na Biblioteca do Vaticano e dado continuidade ao saneamento da cidade, incluindo a construção de muitas igrejas e da famosa Capela Sistina, que tem seu nome. A Capela Sistina e a Biblioteca do Vaticano seriam concorrentes se fosse feita hoje uma lista contemporânea de candidatos para as Sete Maravilhas do Mundo, mas o programa radical de construções de Sisto esvaziou mais uma vez os cofres do Vaticano.

Influenciado pelos sobrinhos, Sisto cometeu muitos erros políticos, entre os quais a promoção da Inquisição Espanhola. Tem-se a impressão de que ele deixou a política para os sobrinhos, ele próprio dedicando-se apenas ao Império Turco, que se expandia por toda a Europa a partir do sul e do leste.

Inocêncio VIII (1484-1492)

Profecia: Praecursor Siciliae

Tradução: Precursor siciliano

Interpretação: Conhecido como "João Batista", o precursor de Jesus, ele morou na Sicília.

O papa Inocêncio VIII continuou vendendo cargos e favores para tentar saldar as dívidas que herdou de Sisto. Essa atividade corrupta não passou despercebida e a insatisfação começou a espalhar-se entre os bispos e os que viviam fora de Roma – os impostos cobrados dos concidadãos eram esbanjados em favor de Roma e dos seus habitantes, com favores a amigos e familiares do papa.

Inocêncio continuou apoiando a Inquisição Espanhola e publicou uma bula atribuindo o controle desse tribunal a Tomás de Torquemada, sinal das trevas que estavam prestes a chegar.

INDULGÊNCIAS E CORRUPÇÃO

A riqueza, o poder e a influência tornavam o papel do papa atraente para aqueles que ansiavam por realizar seus desejos. Os papas podiam atrair aliados políticos fortes, por isso reis e imperadores sempre procuravam manter boas relações com eles. Essa aliança embaraçosa fez o equilíbrio de poder oscilar de um lado para o outro ao longo dos séculos. Financeiramente, a Igreja sempre dependeu de doações, seja em espécie ou em terras, as quais poderiam ser usadas para custear outras atividades, como as Cruzadas para recuperar o Oriente.

Originariamente, as doações não tinham relação nenhuma com as atividades espirituais e não eram em absoluto critério de avaliação da religiosidade individual, até que as indulgências se popularizaram.

As indulgências começaram de maneira inocente, como forma de liberação de penas devidas por pecados cometidos, após o cumprimento de algum tipo de penitência. A intenção era dar alguma esperança de salvação a quem havia cometido alguma transgressão, como a criminosos, por exemplo, e oferecer-lhe a oportunidade de se emendar e encontrar a paz. À medida que as indulgências foram se popularizando, tornou-se possível fazer pequenas doações financeiras para recebê-las. Essa prática logo se transformou num método corrupto de arrecadar dinheiro tanto de ricos como de pobres, pois a ameaça da condenação eterna esvaziava os cofres dos que procuravam comprar a salvação. No âmbito local da Igreja, era sempre difícil fiscalizar a corrupção, pois as doações já eram a principal fonte de receitas. Em lugar de favores ou de concessões de perdão, tornara-se então fácil doar terras, bens e recursos financeiros.

Quando a prática se alastrou, alguns acusaram a Igreja de se transformar num imposto cobrado pelas almas das pessoas e de enriquecer com as rendas obtidas. A situação se agravou quando a Igreja decidiu que o clero podia conceder o perdão em nome de Deus.

Com a expansão dessa tendência, a posição contrária também ocorreu na Igreja. A Ordem Franciscana fundada no século XIII levara as palavras de Jesus ao pé da letra e estabelecera o voto de pobreza, renunciando à riqueza e aos bens mundanos para viver de doações caridosas. A Ordem não cobrava taxas nem prestava serviços em troca de pagamento. Mas a cobiça da Igreja era tanta, que ela não podia suportar críticas como essa representada pelos franciscanos, e em 1415, Jan Hus, padre católico, foi denunciado como herege e queimado vivo por condenar a venda de indulgências.

Alexandre VI (1492-1503)

Profecia: Bos Albanus in Portu

Tradução: Boi no porto de Alba

Interpretação: Ele foi cardeal-bispo de Alba e do Porto, e o seu brasão cardinalício representava um boi.

Inocêncio foi sucedido por Alexandre VI, outro Bórgia, e o mais lendário dos papas decadentes. Sobejam lendas sobre suas depravações sexuais, sendo notório por ter procriado nove filhos, de diferentes mulheres, dois deles enquanto papa. Diferentemente dos papas anteriores, que se mantiveram discretos, Alexandre não teve essa atitude com relação aos filhos. Ele continuou a prática de promover membros da família para posições de alto escalão na hierarquia da Igreja. Um dos seus filhos, Cesare, era tão corrupto, que serviu de inspiração para O *Príncipe*, de Maquiavel. Alexandre morreu em 1503, em meio a boatos de que teria sido envenenado — ele certamente fizera muitos inimigos, mas é mais provável que tenha morrido de causas naturais.

Pio III (1503)

Profecia: De Parvo Homine

Tradução: Um homem pequeno

Interpretação: O nome de família por parte de mãe era Piccolomini, *piccolo* significando "pequeno".

Pio III deu continuidade ao título do seu tio Pio II. O pontificado de Pio III durou apenas três semanas, por motivo de doença, embora tenham circulado rumores de que o papa teria morrido por envenenamento.

Júlio II (1503-1513)

Profecia: Fructus Jovis juvabit

Tradução: O fruto de Júpiter agradará (ou ajudará)

Interpretação: O nome de família era Della Rovere, que significa "carvalho"; na antiguidade, essa árvore e seu fruto eram consagrados a Júpiter.

A corrupção continuou e o papa seguinte foi eleito mais por suborno do que por algum tipo de voto democrático. Júlio II tinha formação militar e inspirava medo aos que o cercavam. Ele era um político habilidoso e um estrategista militar, mas preferia a guerra à negociação como ponto de partida. Apesar de sua eleição fraudulenta, publicou uma bula proibindo o suborno nas eleições papais. Também conseguiu equilibrar as finanças dilapidadas pelos papas que o antecederam. Além das conquistas, admirava as artes, e contratou Rafael e Michelangelo para a tarefa de pintar o teto da Capela Sistina.

Leão X (1513-1521)

Profecia: De Craticula Politiana
Tradução: De uma grelha poliziana
Interpretação: Seu educador e mentor foi o eminente humanista e erudito Angelo Poliziano. A "grelha" é o mote que evidentemente se refere a São Lourenço, martirizado numa grelha. Trata-se de uma referência um tanto confusa ao pai de Leão, Lorenzo (Lourenço), o Magnífico.

Leão X também revelou tendências culturais, desfrutando a companhia de artistas e escritores, e era mais talhado para a política do que para a teologia. Ele assinou uma concordata com o rei francês, Francisco I, para protelar uma invasão dos Estados Papais, mas ao fazê-lo revogou uma lei que proibia os monarcas de indicar bispos. Considerando que pertencia à família Médici, seu pontificado ficou praticamente livre de escândalos em comparação com seus antecessores recentes, embora algumas decisões políticas equivocadas o tornassem tão impopular entre os cardeais, que estes tramaram seu assassinato. A conspiração foi descoberta e Leão mandou executar seu líder; ele preveniu ameaças futuras integrando amigos e aliados ao Colégio de Cardeais.

REFORMA

Nessa arena política entrou um pregador alemão da ordem monástica dos Agostinianos: Lutero. Lutero estava granjeando apoio como crítico da Igreja Católica com a pregação de que a salvação só se dá através da graça de Deus, uma graça que não pode ser comprada. A profusão de doações feitas ao Vaticano, os crimes de simonia (venda de missas e perdão), o suborno e as ofertas em troca de indulgências eram uma fonte importante de receitas para a Igreja. As indulgências eram vendidas como se de algum modo comprassem um lugar no céu. Em 1517, como é do conhecimento de todos, Lutero fixou suas *Noventa e Cinco Teses* na porta da Catedral de Wittenberg, na Alemanha. Tratava-se de uma coletânea rigorosa de críticas à Igreja, algumas dirigidas diretamente ao papa.

Ameaçado com a excomunhão por questionar a autoridade papal, Lutero tomou-se de determinação ainda maior e assumiu o papel de reformador da Igreja. Ele criticou a tributação imposta pela Igreja que estava sendo esbanjada com o que ele considerava como extravagâncias discrepantes com um modo de vida cristão. Muitos dos aspectos apontados eram inteiramente válidos, mas em sua retórica zelosa ele não percebeu que parte do que estava acontecendo envolvia uma dimensão espiritual que para as massas tinha um propósito. Por exemplo, Lutero criticava os peregrinos que se dirigiam a Roma porque via nisso uma maneira de obter receitas. Embora isso fosse verdade, muitos peregrinos passavam por uma experiência espiritual durante a jornada, uma realidade que faz parte da natureza da peregrinação.

A prensa de imprimir fora inventada na Alemanha 100 anos antes, e as palavras de Lutero circularam rapidamente, pois a disseminação de ideias estava agora à disposição de todos, não mais apenas de monges e escribas.

Lutero foi também responsável por uma tradução alemã do Novo Testamento, que antes estivera sob o controle da Igreja. A divulgação da Bíblia no idioma vernáculo infundiu novo ânimo nas pessoas, possibilitando-lhes ter acesso direto às Escrituras, em vez de apenas ouvir as interpretações transmitidas pelos padres. Os cristãos que adotaram essa nova liberdade e apoiaram Lutero ficaram conhecidos como protestantes, termo derivado da palavra "protestar". A inevitável excomunhão foi pronunciada e muitos passaram a considerar Lutero um herege, mas suas palavras ecoariam pelo Vaticano durante muitas décadas e continuam sendo relevantes nos dias atuais.

Adriano VI (1522-1523)

Profecia: Leo Florentius

Tradução: Leão Florêncio

Interpretação: O nome de família fora simplificado para Florent, e seu brasão incluía um leão.

Adriano VI, um papa holandês, durou apenas um ano e seria o último papa não italiano durante mais de 450 anos.

Clemente VII (1523-1534)

Profecia: Flos Pilei Aegri

Tradução: Flor da bola dos doentes

Interpretação: Da família Médici, seu brasão tinha bolas medicinais, uma com a imagem de um lírio.

Por uma combinação de decisões errôneas com pura má sorte, Clemente VII foi testemunha do saque de Roma e de uma epidemia que afetou enormemente a população. Ele também parecia incapaz de se servir da diplomacia, e excomungou Henrique VIII, que pedira a anulação do seu casamento com Catarina de Aragão porque ela não conseguira dar-lhe um herdeiro. O rei reagiu autonomeando-se chefe da Igreja da Inglaterra e logo se apropriou das riquezas e propriedades da Igreja Católica em todo o reino.

Durante seu pontificado, Clemente fracassou em todas as frentes, seja em unir a Europa contra os turcos que avançavam, seja em reprimir o movimento luterano na Alemanha.

Paulo III (1534-1549)

Profecia: Hyacinthus Medicorum

Tradução: Jacinto dos médicos

Interpretação: Seu brasão papal tem seis jacintos e ele foi cardeal da igreja de São Cosme e Damião, que eram médicos.

Quando Paulo III subiu ao trono de São Pedro, a Igreja estava cercada, espiritualmente pelos luteranos e fisicamente pelos turcos, que invadiam o sul da Itália.

Paulo era um membro maduro da Igreja e se mostrou muito mais proativo e estratégico do que Clemente. Ele apoiou a continuação das obras de arte e de arquitetura do Renascimento e também financiou a reconstrução da Universidade Sapienza de Roma. Infelizmente, também ele aderiu ao nepotismo e promoveu dois sobrinhos assim que assumiu o papado.

Em 1536, em resposta a algumas questões levantadas por Lutero, ele propôs a reforma da Igreja e nomeou uma comissão para encaminhar uma decisão. A resposta da comissão consistiu em reafirmar que a vontade do papa era absoluta e implicava que tudo o que se opusesse a essa vontade constituía heresia. O resultado foi uma nova Inquisição organizada pelo recém-instituído Santo Ofício. Paulo também apoiou outras ordens religiosas emergentes, incluindo os jesuítas, que se dedicavam à educação, então ministrada em inúmeras novas universidades por eles criadas em toda a Europa.

CONCÍLIO DE TRENTO

Ao longo dos anos, vários papas presidiram o Concílio. Durante o seu pontificado, Paulo III conseguiu encontrar uma resposta para a doutrina de Lutero segundo a qual o homem só pode se salvar através da graça de Deus. A resposta do Concílio foi que, embora somente Deus concedesse a graça, o caminho para alcançá-la passava pela cocriação com o indivíduo. Até certo ponto, isso era compreensível, no sentido de que a pessoa precisaria estar aberta à graça, para começar, e de que praticando boas ações ela poderia chegar a um estado de ser que possibilitaria a graça. Significava também que a Igreja podia continuar aceitando presentes, doações e impostos.

CONTRARREFORMA

O século XVI foi testemunha da Contrarreforma, que incluiu mudanças nas estruturas eclesiásticas e a formação de novas ordens para enfrentar a onda do protestantismo. Uma dessas ordens, a dos jesuítas, fundada pelo espanhol Inácio de Loyola, pode ser vista como uma tentativa de reformar a Igreja a partir do seu interior assumindo a causa do leigo. Inácio publicou os seus "Exercícios Espirituais", uma coletânea de instruções sobre a oração e a devoção diária para membros da Igreja Católica. Os membros da Ordem eram professores que se dedicavam a orientar as pessoas, de modo especial os nobres que se tornavam cada vez mais corrompidos e alienados da religião. Ele reintegrou as pessoas na prática espiritual enfatizando o trabalho individual como parte da obra da Igreja.

Júlio III (1550-1555)

Profecia: De Corona Montana

Tradução: Da coroa do monte

Interpretação: O nome de família era "del Monte". Seu brasão representava duas coroas, uma de louros e outra de folhas de palmeira.

O Concílio foi interrompido com a morte de Paulo III, mas seu sucessor Júlio III procurou reiniciá-lo. Júlio parecia se sentir pouco à vontade na função de papa e desperdiçava um tempo precioso tratando de assuntos particulares e divertindo-se. Ele praticamente não deu um passo adiante em questões de reforma da Igreja e morreu antes de realmente produzir algum resultado positivo.

Marcelo II (1555)

Profecia: Frumentum Floccidum

Tradução: Trigo sem firmeza

Interpretação: Foi papa durante 22 dias, apenas; seu brasão retratava espigas de trigo.

Júlio foi substituído por Marcelo, que conservou seu próprio nome e se distinguiu por sua grande sabedoria. Ele entendia as acusações feitas contra a Igreja e estava disposto a reduzir suas despesas pessoais e a dividir os recursos com os pobres. Ele também se opunha fortemente ao nepotismo que maculara a reputação da Igreja e poderia ter sido um grande papa se não tivesse morrido depois de tão pouco tempo de pontificado.

Paulo IV (1555-1559)

Profecia: De Fide Petri

Tradução: Da fé de Pedro

Interpretação: Seu segundo nome era "Pedro" e o seu nome de família "Carafa" significa "fé querida".

Paulo IV era um homem de grande piedade e parecia um papa digno, mas o poder que a posição lhe conferia era excessivo para ele e o transformou num líder autocrático e fanático. Esses traços podem ser úteis num líder religioso, mas deixam um político em desvantagem. A visão de mundo de Paulo beirava a paranoia e ele começou a perseguir como hereges todos os que considerava uma ameaça à Igreja. Defendeu firmemente a Inquisição e criou o *Índice dos Livros Proibidos*, um ato evidente de censura. Na época da sua morte, ele era tão odiado em Roma, que uma multidão enfurecida jogou uma estátua dele no Tibre.

Pio IV (1559-1565)

Profecia: Esculapii Pharmacum

Tradução: Medicamento de Esculápio

Interpretação: Ele pertencia à família Médici, cujo brasão de armas representava comprimidos medicinais, e havia estudado medicina em Bologna.

Pio IV assumiu o pontificado e imediatamente revogou algumas leis mais extremas impostas por Paulo IV. Ele também promoveu a paz entre as famílias reais europeias e condenou membros da Igreja acusados de abuso do poder.

Pio V (1566-1572)

Profecia: Angelus Nemorosus

Tradução: Anjo nemoroso

Interpretação: Pio era natural de Bosco, Itália, que significa "bosque", e o seu segundo nome era Miguel, derivado do arcanjo.

Pio V era ex-agente da Inquisição e assumiu o papado mantendo a mesma atitude austera. Sua natureza intolerante promoveu o exílio de muitos judeus de Roma e a expulsão de prostitutas da cidade. Ele também defendeu a censura e perseguiu hereges, chegando a excomungar Elizabeth I, rainha da Inglaterra. Pio conseguiu apoio para expulsar os turcos do Mediterrâneo. Embora severo, era muito respeitado dentro e fora da Igreja e foi canonizado no século XVIII.

Gregório XIII (1572-1585)

Profecia: Medium Corpus Pilarum
Tradução: Metade do corpo das bolas
Interpretação: Seu brasão representava metade do corpo de um dragão e ele foi nomeado cardeal por Pio IV, cujo brasão representava comprimidos (bolas) medicinais; além disso, o pontificado de Pio IV durou apenas metade do tempo de Gregório. Essas explicações parecem forçadas, mas uma interpretação alternativa diz que a "metade da bola" do corpo é uma articulação, o que vem a ser um trocadilho com o nome de família Boncompagni: *compagni* deriva do latim *compago*, que significa "junção", "união", "articulação".

Gregório XIII sucedeu a Pio V e em alguns aspectos continuou a obra desenvolvida pelo antecessor. Ele procurou uma solução militar para as negociações com países e grupos que rejeitavam o catolicismo. Na França, o poder dos protestantes huguenotes tornou-se uma grande ameaça ao rei Carlos IX quando sua irmã se casou com um protestante. Nos dias seguintes à cerimônia, os líderes da Igreja Protestante Francesa se reuniram em Paris e o rei francês aproveitou a ocasião para atacá-los. Milhares foram mortos no que ficou conhecido como Massacre da Noite de São Bartolomeu, celebrado pelo papa com um *Te Deum* de ação de graças e com uma medalha comemorativa.

Gregório é lembrado principalmente pela revisão do calendário, denominado "gregoriano" em sua homenagem, que ainda está em vigor em todo o mundo.

Sisto V (1585-1590)

Profecia: Axis in Medietate Signi

Tradução: Eixo no meio do signo

Interpretação: Seu brasão era formado por um leão atravessado por um eixo.

Sisto era um professor e teólogo muito respeitado, proveniente do meio rural, de um ambiente humilde. Como papa, porém, ele pode ter sido muita coisa, menos humilde, e por vezes era severo e implacável. Num determinado momento do seu papado, ordenou a execução de centenas de criminosos em Roma.

Ele alcançou grande sucesso em seu objetivo de organizar as finanças. Suas habilidades administrativas eram lendárias e ele criou várias congregações formadas por cardeais incumbidas de administrar setores específicos da Igreja. Essas congregações supervisionavam as atividades do dia a dia, providenciavam o preenchimento de cargos e asseguravam a continuidade da estrutura administrativa, enquanto os papas chegavam e partiam. Até então, os cardeais tentavam desempenhar essas funções individualmente, mas não tinham poder para evitar ações mais abusivas dos papas.

No fim do seu pontificado, Sisto era um dos homens mais ricos da Europa, uma riqueza que ele acumulou com a imposição de novos impostos e que lhe permitiu aplicar verbas na conclusão de muitos projetos que estavam sendo executados em Roma e seus arredores.

A IDADE DA RAZÃO

No exato momento em que os conflitos políticos e territoriais começavam a resolver-se, iniciaram-se os ataques aos ensinamentos da Igreja. Com Copérnico e Galileu chegou também a Era do Iluminismo, quando os cientistas passaram a se valer de resultados mensuráveis para refutar as crenças da Igreja. A ciência e a filosofia avançaram em todas as áreas; o pensamento crítico e o método científico se tornaram o único caminho para o verdadeiro conhecimento.

Urbano VII (1590)

Profecia: De Rore Coeli

Tradução: Do orvalho do céu

Interpretação: Ele foi arcebispo de Rossano, na Calábria, onde era colhida a seiva chamada "orvalho do céu".

De família nobre, formado em direito e hábil negociador, Urbano se mostrou um exímio solucionador de conflitos antes ainda de ser eleito papa. Ele passou sete anos na Espanha como núncio apostólico na corte de Filipe II e foi promovido a inquisidor-geral do Santo Ofício. Eleito papa com o apoio popular, ele escolheu o nome Urbano, que significa "cortês". Seu pontificado foi tragicamente breve, mas mesmo assim opôs-se ao nepotismo e se empenhou em alimentar os pobres de Roma.

A PUBLICAÇÃO DAS PROFECIAS

Precisamos interromper neste ponto para dizer que as profecias vieram a lume pela primeira vez nesse momento da história. Segundo alguns estudiosos, elas circulavam no Vaticano já em 1590 e foram impressas e divulgadas ao público em 1595.

Sua publicação limitada em 1590 teria coincidido com o prolongado conclave que finalmente elegeu Urbano VII, mas a versão impressa só passou ao domínio público cinco anos depois. Com isso surgiram muitas denúncias de falsificação e declarações de que toda a obra foi forjada para apoiar um candidato ao papado.

Antes de voltarmos às profecias e seu lugar na história dos papas, precisamos reunir as provas e considerar o impacto da publicação e das acusações de falsificação.

CAPÍTULO 7

PUBLICAÇÃO E QUESTIONAMENTOS

INTRODUÇÃO

A dar-se ouvido aos boatos, *A Profecia dos Papas* circulava pelos corredores do Vaticano em 1590, mas só foi publicada em 1595. Considerando que Malaquias escrevera a obra quase 400 anos antes, tudo indica que ela estivera degradando-se em algum armário dos arquivos durante todo esse tempo. Esse fato levanta inúmeros questionamentos, como, por exemplo, por que as profecias demoraram tanto tempo a aparecer e o que motivou sua liberação? Como elas surgem muitos anos mais tarde, e não há o menor vestígio delas na biografia de Malaquias escrita por São Bernardo, críticos também questionam se foi o próprio Malaquias quem as escreveu. E nesse ponto precisamos perguntar: Se não foi Malaquias que as escreveu, quem então?

O que sabemos é que no século XVI as profecias foram parar nas mãos de um monge beneditino, Arnold de Wyon, de Flandres, Bélgica (nascido em 1554; data da morte, desconhecida). De Wyon era um historiador confiável, e em 1595 publicou um livro de 900 páginas, em dois volumes, intitulado *Lignum Vitae*, "Árvore da Vida". Os dois volumes foram encadernados juntos, formando um único livro; uma primeira edição dessa obra encontra-se na Biblioteca Britânica, em Londres.

O primeiro volume é um estudo da árvore genealógica de São Bento e inclui genealogias colaterais; o segundo é a história de beneditinos famosos. Inserido entre outros, um breve capítulo desses livros descreve as profecias atribuídas a São Malaquias. O autor explica que elas estão ali incluídas devido ao grande interesse que despertam. Esse capítulo começa na página 307 do segundo volume e tem o formato de um breve ensaio intitulado "Profecias de São Malaquias Arcebispo, dos Papas".

Embora apareçam impressas pela primeira vez no livro de De Wyon, não foi o autor a fonte da transcrição ou das interpretações das profecias a partir do original. De Wyon credita a autoria ao padre Alphonsus Chacón (Giacconus ou Giaconis, nascido em 1540), da Ordem dos Pregadores, que ele identifica como o "intérprete" das profecias. Nesse contexto, é provável que o termo "intérprete" indique o tradutor e editor. O escritor M. J. O'Brien afirma que a lista original seria um conjunto de frases latinas obscuras a que Chacón teria acrescentado os nomes dos papas até a data da publicação. O texto no livro de De Wyon não é uma cópia direta e fora reelaborado com o acréscimo de interpretações para os papas até a época da publicação no século XVI.

Não há menção às profecias antes de sua publicação em 1595, mas De Wyon as introduz dizendo que são famosas e motivo de muita especulação. Ele afirma que nunca foram publicadas antes, "embora muitos estejam ansiosos por conhecê-las". Essa afirmação só pode se referir aos rumores de circulação das previsões no conclave de 1590, que teriam sido publicadas por Alphonsus Chacón em apoio à causa do cardeal Simoncelli. Esse conclave ocorreu apenas cinco anos antes que De Wyon as imprimisse e não há provas de que fossem conhecidas antes dessa data.

Encontrei uma única referência, de caráter duvidoso, segundo a qual as profecias foram um dos primeiros documentos impressos na prensa de Gutenberg em 1455. Se isso fosse verdade, elas antecederiam as publicações de Chacón e de De Wyon em mais de 130 anos. Pesquisei nos Arquivos Secretos do Vaticano, na Biblioteca Central do Vaticano e na Biblioteca Britânica e ainda não encontrei nenhum desses exemplares. Em 1455, a prensa de Gutenberg certamente era usada para produzir exemplares de obras católicas, pois foi nessa época que a primeira Bíblia impressa foi produzida, mas a lista de documentos impressos naquele tempo é em geral conhecida e não há nela nenhuma menção às profecias.

Não podemos saber com certeza se o Vaticano sempre soube das profecias e só as liberou quando considerou proveitoso torná-las públicas. Ou talvez elas tenham vazado intencionalmente para fins políticos da época. Não está claro como chegaram a ser liberadas e se esse ato foi de algum modo aprovado pelo papa contemporâneo. Pode ser que boatos de sua existência tenham sido espalhados por De Wyon como forma de promover seu livro ou que uma redescoberta delas nos arquivos do Vaticano tenha transpirado.

François Cucherat (1812-1887), em seu *La Prophétie de la Succession des Papes*, publicado em 1873, cita o *Lignum Vitae* de De Wyon e diz que as profecias haviam permanecido incógnitas nos arquivos do Vaticano por 400 anos. Sua explicação minuciosa – cuja fonte ele não cita – começa dizendo que, durante uma visita a Roma em 1139 ou 1140 para a coroação de Inocêncio II, Malaquias teve uma visão, que registrou, da sucessão dos papas. Malaquias entregou as profecias a Inocêncio II para resguardá-las nos arquivos do Vaticano e para confortar o papa com a informação de que o papado perduraria por muitos séculos futuros.

Cucherat não fornece a fonte dessa informação, mas se a aceitarmos ao pé da letra, são inúmeras as possíveis razões por que não foram dadas a conhecer na época.

É difícil imaginar hoje quanto o clero e os leigos da Idade Média estavam mergulhados em superstições. A ciência ainda não acendera uma luz nos recantos mais escuros da existência e grande parte do que hoje aprendemos ainda na infância sobre o funcionamento do universo estava naquela época tomado pelas sombras da ignorância. No tempo de Malaquias, muito provavelmente as profecias teriam exercido uma influência enorme tanto como exemplo de profecia quanto como instrumento político com o qual controlar o futuro do cristianismo. Como Jesus entrou em Jerusalém montado num jumento, identificando-se com uma antiga profecia sobre a vinda do Messias (Zacarias 9,9-10), assim seria possível que candidatos ao papado tentassem identificar-se com as palavras proféticas de Malaquias.

Naquele tempo, era perfeitamente concebível que um candidato que estivesse com a eleição assegurada pudesse ser assassinado ou sequestrado em favor de outro. Com o que sabemos a respeito dos políticos e das facções em torno do papado, seria fácil imaginar um papa sendo assassinado para que fosse escolhido rapidamente outro que correspondesse à profecia seguinte. Cada facção apresentaria um candidato com o argumento de que ele era o que melhor atendia aos critérios da profecia; em muitos casos, futuros papas estariam eleitos já antes da realização do conclave. A conclusão seria que esse era um documento muito perigoso para o seu tempo. O dano potencial que a lista poderia causar teria sido motivo suficiente para mantê-la oculta ao domínio público naquele momento da história.

É possível que o papa Inocêncio II tenha exigido de Malaquias um juramento de sigilo ao perceber que as profecias teriam grande força sobre futuras eleições papais. Outros relatos de acontecimentos na vida de Malaquias também envolvem promessas de segredo. Por exemplo, quando ele rezava na companhia de um diácono, uma pomba entrou por uma janela e a basílica inteira resplandeceu com uma luz brilhante. Passado o prodígio, Malaquias admoestou o diácono a que, se dava valor à vida, jamais falasse sobre o que havia acontecido e jamais revelasse o mistério enquanto vivesse.

Há também evidências de que São Malaquias exigia das pessoas promessas de sigilo com relação às experiências espirituais dele. Se ele fez um acordo semelhante com o papa Inocêncio II relativamente às profecias, teríamos aí uma explicação para o fato de não constarem da biografia escrita por São Bernardo e da história em geral. Também é possível que o papa tenha exigido que ele não revelasse as profecias nem mesmo ao seu bom amigo e fiel biógrafo. Talvez esse fosse outro jogo de poder do papa Inocêncio II para manter São Bernardo sob controle, pois quem conhecesse as profecias poderia controlar as eleições ao trono de São Pedro.

DOCUMENTOS SECRETOS

Caso tenha sido tomada a decisão de manter as profecias de Malaquias em segredo, é possível que os papas as tenham transmitido em caráter privado ou que elas tenham sido colocadas em uma espécie de "cápsula do tempo" a ser aberta depois de alguns anos ou após algum acontecimento específico. Poderia inclusive acontecer que o papa Inocêncio II as tivesse confiado a uma família nobre com a responsabilidade de proteger o documento até que pudesse ser liberado. Outra possibilidade é que tenham sido depositadas no arquivo de modo tal que fosse difícil localizá-las.

A ideia de um documento tão importante não ser descoberto ou permanecer oculto por tanto tempo parece inicialmente improvável. No entanto, essa não é a primeira vez que documentos sob os cuidados do papa se extraviaram ou foram propositadamente mantidos fora de circulação. Um exemplo mais recente de uma profecia específica mantida em sigilo é o terceiro segredo de Fátima. O Vaticano a preservou durante 60 anos antes de liberar uma versão no ano 2000, e mesmo hoje questiona-se se a versão liberada corresponde à verdade ou se a verdadeira profecia continua secreta.

Um exemplo anterior, mais próximo da época de Malaquias, diz respeito a uma importante carta escrita por Clemente V que permaneceu oculta durante séculos nos arquivos do Vaticano.

CHINON E OS DOCUMENTOS DESAPARECIDOS

Em abril de 2004, a arquivista do Vaticano, Barbara Frale, publicou no *Journal of Medieval History* um artigo com o título *The Chinon Chart: Papal absolution to the last Templar Master, Jacques de Molay*. Esse ensaio, e em seguida o livro, sobre esse assunto descrevia a descoberta nos arquivos do Vaticano de um documento que estava perdido havia 700 anos. O documento era de suma importância para os historiadores, pois tratava-se de uma carta do papa Clemente V absolvendo os Cavaleiros Templários de todos os crimes cometidos no tempo em que foram perseguidos. Os Templários estavam sendo atacados pelo rei Filipe IV da França, que já havia perseguido os judeus para confiscar suas riquezas e propriedades, e encontrou nos Templários sua fonte de renda seguinte. Como o papa estava em Avignon e sob o controle de Filipe, ele não tinha condições de comunicar o perdão aos Templários, que assim permaneceu "letra morta", dando condições ao rei de persegui-los. A carta ficou guardada secretamente nos arquivos do Vaticano durante sete séculos.

O objetivo inicial de ocultar o documento de Chinon teria sido o de mantê-lo desconhecido durante tempo suficiente para que Filipe se apropriasse dos bens e terras dos Templários. Além disso, mais adiante ele isentaria o papa de qualquer infração; como muitas outras coisas, porém, ele se perdeu nas brumas da história. O fato de um documento tão importante ser esquecido por tanto tempo confere certa credibilidade à ideia de que as profecias de Malaquias ficaram incógnitas por quatro séculos antes de ser reveladas.

Eu entrei em contato com Barbara Frale, que descobriu o documento Chinon e continua trabalhando nos arquivos do Vaticano, para consultá-la sobre *A Profecia dos Papas* de Malaquias. Perguntei-lhe sobre a probabilidade de que outros documentos pudessem ter permanecido desconhecidos durante tanto tempo. Ela respondeu que muitos documentos do período medieval foram reimpressos ou liberados pela primeira vez em torno do século XVI. O pergaminho Chinon estivera desaparecido porque não fora identificado claramente e catalogado. Tive a impressão de que há muitas caixas de material nos arquivos do Vaticano, documentos que ainda não foram catalogados até hoje, alguns dos quais podem datar do tempo de Malaquias e de períodos ainda mais antigos.

A QUESTÃO DA FALSIFICAÇÃO

Examinaremos a questão da exatidão geral das profecias ao término da leitura das interpretações até os dias atuais. Saberemos então se elas resistem a um exame rigoroso como um todo.

Historicamente, muitos estudiosos da Igreja Católica se propuseram a examinar as profecias de São Malaquias e chegaram a uma de duas conclusões: as mensagens procedem do Espírito Santo que operou através de São Malaquias ou então são falsificações cabais forjadas no século XVI. Duvido que se trate de uma situação tão definida e fixa, e não desejo forçar uma conclusão absoluta. Verdadeiro ou falso são demasiado extremados enquanto afirmações, e há evidências que sustentam e contradizem ambos os pontos de vista. A ambiguidade do passado nos permite ver ambos os lados do mistério contido naquelas páginas proféticas.

O exame do autor e do motivo de uma falsificação desperta certo interesse porque permite testar as profecias em vez de apenas aceitá-las cegamente. Cabe ao indivíduo acreditar se são verdadeiras ou não, mas observe que "acreditar" é uma palavra muito pesada – às vezes usada para proteger o que percebemos ser verdadeiro, mesmo que continue sem comprovação.

Existem muitos relatos fictícios de como Malaquias foi consumido por uma visão febril e relatou o fluxo de profecias a um escriba do seu grupo que as registrou, mas não existem evidências conhecidas que comprovem a ocorrência desse evento. Os detalhes de como Malaquias recebeu as profecias e as ofereceu ao papa Inocêncio II chegam até nós de um período não anterior ao do relato do padre Cucherat no século XIX. Cucherat não fornece a fonte dessa informação e, como ele escreveu 800 anos depois do evento, seu relato não é algo em que possamos confiar totalmente. Com tão poucas evidências para as profecias existentes antes da publicação de De Wyon, muitos autores chegaram à conclusão de que foram uma criação mais moderna, feita e publicada em 1690 para dar credibilidade a um candidato durante aquele conclave; o autor, portanto, não podia ser Malaquias.

Claude-François Ménestrier (1631-1705), padre jesuíta, também diz que pelo fato de São Bernardo de Claraval omitir a menção às profecias em sua biografia de São Malaquias, elas não podem ter sido feitas pelo santo. A lacuna no relato de São Bernardo não é de modo algum conclusiva, mas reforça a pergunta sobre o autor das profecias. A biografia de Malaquias escrita por São Bernardo descreve em traços amplos os acontecimentos reais da estada de Malaquias em Roma. Em outros momentos na biografia, São Bernardo descreve Malaquias realizando muitos milagres e chega mesmo a dizer que ele era um profeta. Parece extraordinário São Bernardo não mencionar um evento tão importante na vida de Malaquias ou a existência de um documento tão importante para o papado.

A QUESTÃO DA AUTORIA

É possível que as profecias constituíssem um texto anônimo e que o nome de Malaquias fosse associado a elas para dar-lhes credibilidade, uma vez que as pessoas sabiam que ele tinha a capacidade de ver o futuro e também que havia entregado um documento ao Vaticano. Outros profetas da época de Malaquias poderiam certamente parecer mais indicados para receber os créditos de autoria. Santa Hildegarda de Bingen (1098-1179) era uma boa candidata, pois teve visões durante toda a vida, mas só começou a revelá-las aos 42 anos de idade. Desconhecemos o que aconteceu com as visões que ela teve antes disso; elas podem muito bem ter sido registradas e entregues ao papa para que ele decidisse o que fazer com elas. Muitas visões de Hildegarda se referem a eventos futuros da Igreja, entre eles grandes tribulações. O fato de também ela receber o apoio de São Bernardo de Claraval, como aconteceu com Malaquias, é uma coincidência interessante.

AUTORIA TARDIA

Algumas evidências sugerem que as profecias foram forjadas no século XVI. A presença dos antipapas levou alguns estudiosos a questionar a exatidão dos textos, pois um antipapa não é considerado um papa verdadeiro. Os antipapas surgiram com o "grande cisma" na história da Igreja e se sucederam ao longo de quase três séculos. Ademais, pelo menos um antipapa não consta do texto, além de possivelmente outros, visto que essa tradição continuou em segredo, e certamente mesmo hoje talvez existam pretendentes ao trono de São Pedro além dos muros da Cidade do Vaticano.

Mesmo não produzindo outros efeitos, a inclusão dos antipapas reforça a credibilidade da lista – se as profecias fossem forjadas, qualquer católico omitiria os antipapas, pois não são considerados papas verdadeiros. Mas os antipapas eram papa para *alguém*, e somente após o evento papas subsequentes confirmaram os papas antagonistas da época que deviam ser aceitos como legítimos. Em retrospectiva, tem-se a impressão de que as profecias erraram por excesso de precaução ao levar em conta ambos os pretendentes. A inclusão destes parece indicar alguma coisa que não foi decidida por um católico, mas apontada por outra fonte.

A FONTE DAS ANTIGAS PROFECIAS

Em 1557, Onuphrius Panvinius (nascido em Verona em 1529) escreveu uma história dos papas chamada *Epitome Romanorum Pontificum usque ad Paulum IV* [Síntese dos Pontífices Romanos até Paulo IV]. Essa obra nem sempre descrevia os brasões papais, mas quando os incluía, eles serviam de pistas para as profecias. A obra de Panvinius também continha inúmeras impropriedades, como a atribuição equivocada de brasões a alguns papas. Erros dessa natureza encontram-se também em *A Profecia dos Papas*, demonstrando assim que foram em parte copiados de Panvinius. Os próprios antipapas estão incluídos, quase dando o assunto por encerrado, não fosse o fato de que as profecias, depois do livro de Panvinius, continuam da mesma forma coerente. Como veremos no próximo capítulo, as profecias descritas depois da publicação não são menos exatas do que aquelas que aparecem antes. Esse fato projeta uma luz interessante sobre a ideia de que as profecias foram escritas no século XVI. Se elas foram forjadas, quem quer que as tenha escrito também era um profeta que podia voltar no tempo e escrever o passado, e daí continuar no futuro.

É nesse ponto que devemos considerar Nostradamus (1503-1566), pois ele estava vivo no início do século, quando as profecias apareceram. Como mencionamos anteriormente, ele era católico, e para fazer essas profecias era preciso ter uma mente católica. Ele pode ter extraído o passado do livro de Panvinius e acrescentado suas próprias profecias para completar a obra, mas seria necessária a habilidade de "dirigir" o dom da profecia para produzir um resultado específico. Isso contraria o que conhecemos da profecia e do modo como ela toma forma numa área da nossa consciência sobre a qual não temos controle.

MOTIVO PARA FALSIFICAÇÃO

Há certamente motivo para falsificação e para a publicação das profecias. Seu aparecimento inesperado teria interessado os cardeais e outros membros da Igreja, pois coincidiu com a eleição papal de 1590. Podemos suspeitar da época da publicação porque se entre os candidatos ao papado houvesse alguém com as características apresentadas pelo texto, a descrição seria um reforço considerável à causa pleiteada.

Claude-François Ménestrier afirmou no século XVIII que as profecias foram escritas pelo cardeal Simoncelli em 1590. Ele acreditava que a intenção de Simoncelli era influenciar a eleição papal que aconteceu naquele ano e que mais tarde De Wyon, ludibriado, incluiu as profecias no *Lignum Vitae*. A crença de que as profecias podiam influenciar as eleições papais mostra a seriedade com que a Igreja Católica as encarava.

Simoncelli era natural de Orvieto, que significa "cidade velha", e a profecia para esse papa é *Ex Antiquitate Urbis*, que se traduz como "de uma cidade antiga". Simoncelli não foi eleito e a tiara papal foi para Gregório XIV. Gregório era da antiga cidade de Milão, por isso também correspondia à descrição da profecia. Nem todas as profecias são suficientemente ambíguas de modo a possibilitar que dois papas atendam aos critérios; mas é interessante em si mesmo o fato de que poderiam se referir a um candidato ou outro.

A promoção de Simoncelli responde à pergunta sobre o motivo por que elas foram publicadas nessa época, mas não devemos confundir esse aspecto com o fato de terem sido ou não elaboradas nessa época com tal objetivo.

O objetivo de curto prazo de uma falsificação seria imediatamente óbvio, pois tentaria promover Simoncelli como próximo papa, mas o objetivo de longo prazo é de entendimento bem mais difícil. Se as profecias eram uma falsificação, por que incluir a queda de Roma, ou mesmo incluir qualquer dos futuros papas além dos papas daquele século? Por que tanto esforço para dar-lhes crédito com informações estendendo-se até o futuro distante?

As profecias terminam com um último texto que descreve o declínio de Roma e do último papa, Pedro Romano, que parece deslocado. É improvável que sua presença aumente a credibilidade da obra, além de dar continuidade à tradição da literatura apocalíptica emprestando-lhe certa gravidade. E se o documento foi totalmente falsificado, por que o falsário incluiu tantos papas futuros? A invenção de tantas previsões sem nenhum valor teria acarretado uma carga desnecessária de trabalho, apenas justificada se a intenção talvez fosse a de conferir maior credibilidade ao documento.

Desde a época da publicação, têm sido acirrados os debates em torno da questão de se as profecias são uma invenção puramente para fins políticos ou se há uma linhagem genuína que retrocede ao tempo de Malaquias.

O quadro que está se formando sugere que as profecias foram compiladas no século XVI com o propósito de promover um candidato específico, e não que foram guardadas até essa época e então utilizadas para esse propósito. Mas isso só faz sentido se, após a publicação, a precisão das profecias desaparecesse ou o texto em si se tornasse inteiramente ambíguo. Em última análise, as profecias só são válidas na hipótese de se comprovarem precisas após a data de publicação.

PÓS-PUBLICAÇÃO

O argumento da falsificação implica que, após a publicação no século XVI, as profecias enveredem por uma trajetória de declínio em termos de exatidão. A primeira observação a fazer é que não se observa nenhuma mudança na forma: as profecias continuam como descrições simples de duas ou três palavras, exatamente como antes da publicação. Em muitos casos, essas descrições são igualmente específicas, adotando uma linguagem muito precisa. Dentre as últimas descrições, porém, algumas não se distinguem pela relevância, sendo difícil encontrar uma explicação conclusiva para elas – nada, todavia, que ao menos se aproxime do número que a pura conjectura inspiraria. Como veremos no próximo capítulo, muitas profecias apresentam um nível elevado de precisão, inclusive as que se referem aos dias atuais.

Examinamos acima a exatidão da profecia correspondente a Inocêncio XII (1691-1700), a qual o descreve através do seu nome de família, "Rastrello", palavra italiana para "ancinho".

Outro exemplo de exatidão se refere ao papa que ocupava a Santa Sé em 1914, descrito como "religião despovoada". Esse epíteto descreve perfeitamente o tempo de Bento XV, pois a gripe espanhola, o avanço do comunismo e a Primeira Guerra Mundial contribuíram enormemente para "despovoar" o catolicismo. A descrição "religião despovoada" em si não é a que um autor católico incluiria casualmente numa profecia falsificada – novamente, considerando o fato de que o Vaticano não teria controle sobre esses eventos mundiais, não existem bases possíveis para suspeitar de fraude.

O texto sofre uma interrupção no tempo da publicação, mas logo que a elaboração retoma seu ritmo, muitas vezes as descrições são demasiado específicas e precisas para ser mudadas. Se toda a obra fosse forjada, esperaríamos que uma série muito diferente de resultados seguisse à publicação, o que não é o caso.

RESPOSTA À FALSIFICAÇÃO

A exatidão das últimas previsões prova que não se trata de uma simples questão de falsificação para fins políticos. Para isso o falsário teria de ser ele mesmo profeta ou precisaria contar com a vidência de outro profeta, o que seria extremamente improvável, visto sabermos que videntes não se concentram em algo tão específico. O ato de receber visões é como abrir-se à graça: ela não pode ser dirigida de forma tão controlada.

Uma opção a considerar é que as profecias não foram forjadas diretamente, mas constituíram uma reelaboração de um documento original. Se, em sua forma original, nem sempre as profecias podiam ser explicadas em termos do papa que pretendiam identificar, isso criaria um problema para quem quisesse usá-las. Se a lista era específica e precisa em alguns casos, mas vaga e aparentemente incoerente em outros, ela correria o risco de ser rejeitada como imprecisa e pouco digna de confiança. Com o objetivo de manipulá-las para promover um cardeal específico a papa, as profecias precisariam mostrar-se totalmente precisas até aquele momento no tempo, de modo que o falsário teria de corrigir todos os erros e confusões das profecias anteriores. Para isso ele usaria a história dos papas de Panvinius, importando com a obra todas as imprecisões nela contidas. Depois da publicação, nenhuma alteração poderia ser feita e isso explicaria por que há um grau menor de imprecisão pós-publicação, mas muitas profecias ainda soam verdadeiras.

CONCLUSÃO

Mesmo nas mãos de uma força coerciva, as profecias são estranhamente robustas. A promoção de Simoncelli de Orvieto ou da "velha cidade" não ocorreu, e ele perdeu para Gregório XIV que nasceu num lugar igualmente antigo.

Além das alegações e contra-alegações de falsificação, há outro nível de verdade. A questão não é apenas se elas são verdadeiras, mas também se acreditamos que são verdadeiras. Se fossem inteiramente forjadas, mas tivessem conquistado credibilidade no Vaticano, o fato de serem conhecidas desse ponto em diante significa que poderiam potencialmente influenciar o resultado de uma eleição. Mas considerando a dimensão política e as lutas pelo poder que haviam direcionado as eleições papais até então, e que continuaram a fazê-lo após a publicação, seria impossível as profecias exercerem um papel determinante na promoção de candidatos à Sé de Pedro.

Mesmo hoje o interesse pelas profecias no Vaticano aviva-se por ocasião da morte de um papa, embora os cardeais sustentem que elas não influenciam a eleição de modo nenhum. Entre os italianos, "Sancta Malachia", como São Malaquias é conhecido, é respeitado e bastante estudado por católicos, e suas profecias são muito consultadas e debatidas quando do falecimento de um papa.

São Malaquias pode ter sido o verdadeiro autor e fonte das profecias, mas a falta dos originais nos deixa na incerteza. As profecias continuam dignas ou não de crédito em virtude de sua exatidão, de modo que perde relevância a questão em torno da identificação do verdadeiro autor.

Na profecia, a credibilidade não é algo que decorra do *status*, mas da qualidade da comunicação.

CAPÍTULO 8

AS PROFECIAS — PARTE II

INTRODUÇÃO

Em 1590, antes da publicação de De Wyon, uma grande procura pelas presumidas profecias apanhou de surpresa os funcionários do Vaticano. Os exemplares eram poucos, mas os boatos em torno do conteúdo circularam rapidamente por toda a Roma, inclusive entre os membros mais respeitáveis da Igreja Católica. Os candidatos ao próximo pontificado seriam inexoravelmente atraídos pelas informações. Alguns se debruçariam durante horas sobre o texto para descobrir se de algum modo correspondiam à descrição da profecia seguinte: "De uma Cidade Antiga". No âmbito interno do conclave, as discussões seriam generalizadas em torno de quem melhor preencheria os requisitos e se o conclave devia ou não assumir uma posição clara contra a previsão. Os cardeais teriam de decidir se estavam dispostos a provar que a profecia estava errada, de modo a não correr o risco de ficar à mercê dos presságios do autor para os próximos 68 papas.

Sem dúvida, muitos católicos influentes levavam as profecias a sério e chegaram à conclusão de que elas deviam ter pelo menos certa credibilidade, mas tiveram o bom senso de não interferir. A partir do momento da publicação, todo papa eleito poderia ser resultado das profecias, mas não foi isso que aconteceu. Embora houvesse um grande interesse pelos indícios que elas apresentavam, não há indicação de que tivessem influenciado diretamente a eleição do escolhido.

Retomamos a lista de profecias, com os respectivos papas e interpretações após a publicação e circulação da lista, cientes de que a partir desse momento o Vaticano conhecia todas as descrições oferecidas.

Gregório XIV (1590-1591)

Profecia: Ex Antiquitate Urbis

Tradução: De uma cidade antiga

Interpretação: Ele nasceu na antiga cidade de Milão.

Gregório relutou em aceitar sua escolha, ocorrida após um conclave de três meses. Ele se opôs a Henrique de Navarra, um protestante que se tornaria o próximo rei francês. Depois de excomungar Henrique, ele passou a financiar os adversários políticos deste, mas morreu após apenas dez meses como papa.

Em seu curto pontificado, Gregório também se manifestou contra a escravatura e ordenou a libertação dos escravos nas Filipinas.

Inocêncio IX (1591)

Profecia: Pia Civitas in Bello

Tradução: Cidade piedosa em guerra

Interpretação: Ele nasceu em Bologna, abalada por guerras constantes até passar ao controle dos papas no século XV. Além disso, ele foi patriarca de Jerusalém.

Inocêncio também se opôs a Henrique de Navarra, planejava examinar as finanças papais e queria publicar suas muitas obras. Infelizmente, não conseguiu realizar suas intenções, pois morreu breves três meses após assumir a função.

Clemente VIII (1592-1605)

Profecia: Crux Romulea

Tradução: Cruz de Rômulo

Interpretação: Seu título cardinalício era "São Pancrácio", mártir romano. Rômulo é tradicionalmente considerado fundador de Roma, que dele derivou o nome. Clemente pertencia à família Aldobrandini, famosa graças ao beato Pietro Aldobrandini, que realizou um milagre em 1063, quando, com uma cruz às costas, atravessou ileso uma fogueira.

O povo de Roma acolheu Clemente muito bem, assim como o próprio conclave, que lhe atribuiu a missão de livrar o papado da influência de Filipe II da Espanha. De estatura moral elevada, ele dedicava grande parte do seu tempo a assuntos espirituais e financiou a criação de instituições de ensino em toda a Itália. Politicamente hábil, negociou com sucesso a libertação da prisão do arquiduque Maximiliano na Polônia. Perspicaz, influenciou o fim da Guerra dos Trinta Anos na Europa e deu apoio financeiro à guerra contra os turcos na Hungria. Com o seu sentido da compaixão amortecido por um intelectualismo excessivo, Clemente punia os que considerava inimigos da Igreja, como o frade dominicano Giordano Bruno, condenado à fogueira como herege em 1600.

Clemente é o último papa mencionado no *Lignum Vitae* de De Wyon antes de sua publicação em 1595. A partir dessa data as profecias estavam em domínio público para que todos pudessem lê-las, discuti-las e interpretá-las.

Tanto Clemente VIII como Leão XI, que o sucedeu em 1605, têm apenas uma vaga semelhança com a profecia correspondente aos seus mandatos como papas. Resta examinar se esse foi um sinal prematuro de que as profecias estavam se tornando imprecisas e permitindo uma variedade maior de interpretações.

Leão XI (1605)

Profecia: Undosus Vir

Tradução: Homem undoso

Interpretação: Ele foi nomeado bispo de Palestrina em 1602, cidade que teria sido fundada pelo marinheiro Ulisses. Leão XI foi eleito durante a fase da Lua cheia, conhecida por influenciar as marés, e exerceu o pontificado por apenas 29 dias, período que corresponde a um ciclo lunar completo.

Leão pertencia à família Médici, que teria investido 300 mil euros para promovê-lo como candidato viável a papa. O conclave o escolheu contra a vontade dos reis da França e da Espanha, mas ele morreu de causas naturais pouco depois da coroação.

A profecia seguinte oferece uma descrição surpreendentemente negativa que deve ter intrigado inúmeros cardeais no início do conclave. É difícil imaginar quem desejaria ser papa com uma predição que o tornaria lembrado como uma "nação perversa", mas Paulo V correspondia à descrição.

Paulo V (1605-1621)

Profecia: Gens Perversa

Tradução: Nação perversa ou raça perversa

Interpretação: O brasão familiar retrata um dragão e uma águia, simbolizando a união de duas famílias adversárias.

Paulo V é lembrado principalmente por promover seu sobrinho ao Colégio de Cardeais para torná-lo elegível como possível futuro papa. Acredita-se ser essa a origem da palavra "nepotismo", derivada do latim *nepos* ("sobrinho", "neto"), embora ele tenha sido apenas um entre os muitos papas da época que alçaram membros da família a posições na Igreja.

Paulo nasceu em Roma, da linhagem nobre da família Siena, com vínculos com Santa Catarina. Estudioso e versado em questões legais, mostrava-se intransigente, mas tinha uma visão holística da Igreja e se interessava pelos problemas de todos os países. Ele supervisionou a conclusão da Basílica de São Pedro, cujas obras se prolongavam havia 100 anos, e investiu na Biblioteca do Vaticano, nas artes e na educação.

Gregório XV (1621-1623)

Profecia: In Tribulatione Pacis

Tradução: Na tribulação da paz

Interpretação: A Guerra dos Trinta Anos alastrou-se pela Europa durante o seu pontificado. Ele se empenhou em intermediar a paz.

Formado em direito, Gregório fora um juiz eminente em Roma. A experiência lhe seria muito útil como papa, pois alcançou grande sucesso no campo político em toda a Europa e no Oriente Médio.

Eleito aos 67 anos e com saúde precária, Gregório publicou instruções claras para as eleições papais, estipulando o voto secreto e condenando a autopromoção e outros abusos, numa tentativa de impedir que influências políticas se insinuassem no conclave. No entanto, a restrição aos abusos não se estendeu ao nepotismo, pois ele promoveu imediatamente seu sobrinho a cardeal, principalmente para ser seu assistente pessoal, e atribuiu um cargo importante ao seu irmão. Mencione-se, porém, que os indicados eram aptos e competentes em suas posições.

Gregório favoreceu as ordens religiosas florescentes, chegando inclusive a canonizar Inácio de Loyola, fundador dos jesuítas. Ele também organizou e auxiliou as ações missionárias em todo o mundo e assumiu uma atitude mais tolerante com a prática da bruxaria, limitando a pena de morte somente àqueles que comprovadamente se associavam ao diabo.

Em 1621 irrompeu a Guerra dos Trinta Anos. Com Estados católicos e protestantes digladiando-se pelo controle, a carnificina começou a alastrar-se por toda a Europa Ocidental. A guerra terminou com o Tratado de Vestfália em 1648, com os Estados livrando-se da influência do Sacro Império Romano, mas a essa altura grande parte da Europa, principalmente a Alemanha, estava fragmentada em Estados menores.

Urbano VIII (1623-1644)

Profecia: Lilium et Rosa

Tradução: Lírio e rosa

Interpretação: Urbano nasceu em Florença, cidade que tem em seu brasão um lírio vermelho e três abelhas. Na época, acreditava-se que as abelhas preferiam o lírio ou a rosa a qualquer outra flor. Tanto o lírio como a rosa foram usados antes da publicação para descrever papas anteriores. Essa profecia também continua a tradição estabelecida de descrever brasões.

Urbano foi criado pela mãe em Roma depois da morte precoce do pai. Educado pelos jesuítas, tornou-se núncio apostólico na França. Como papa, mostrou-se sempre leal à Igreja e continuou financiando as ordens religiosas e suas missões, especialmente no Extremo Oriente.

Como seus predecessores, ele continuou a tradição do nepotismo, promovendo seus sobrinhos e um irmão a posições que enriqueceram suas famílias. Também favoreceu as leviandades políticas desses parentes e investiu pesadamente na defesa dos Estados Papais.

Na época, Urbano foi alvo de críticas pelos gastos excessivos no setor militar, inventando armas e construindo fortalezas e castelos, mas considerando-se a generalização da guerra, essa preocupação não surpreende.

Embora ele tivesse o bom senso de proibir a escravidão, permitiu a condenação de Galileu pela Inquisição e fracassou em suas tentativas de restabelecer o catolicismo na Inglaterra. Galileu foi obrigado a viver o restante dos seus dias em prisão domiciliar, medida tomada para reforçar a erradicação da ideia do heliocentrismo, proposta por Copérnico em 1543.

Inocêncio X (1644-1655)

Profecia: Jucunditas Crucis

Tradução: Alegria da cruz

Interpretação: Inocêncio foi eleito papa no dia da festa da Exaltação da Cruz. (Observação: Qualquer participante do conclave que fosse escolhido cumpriria essa profecia.)

Bacharel em direito, Inocêncio fora membro da Inquisição antes de se tornar papa. O conclave passou por dificuldades, pois os cardeais franceses se recusavam a apoiar qualquer candidato espanhol, e os espanhóis eram igualmente intolerantes com os franceses. A escolha de Inocêncio X resultou de um acordo. Durante seu pontificado, ele foi acusado de manter um relacionamento inconveniente com a viúva de seu irmão, Olimpia Maidalchini. Embora não se tratasse de relações propriamente físicas, sabe-se que Olimpia exerceu forte influência sobre suas decisões papais durante algum tempo.

Alexandre VII (1655-1667)

Profecia: Montium Custos

Tradução: Guardião dos montes

Interpretação: Considerado responsável pela criação dos "Montes de Piedade" em Roma, uma forma de banco semelhante às casas de penhores atuais, Alexandre também descendia da antiga e poderosa família Chigi, de Siena, cujo brasão representava seis colinas iluminadas por uma estrela.

Alexandre estava ligado ao papado por laços familiares: seu pai era sobrinho de Paulo V. Detentor de doutorados em filosofia, direito e teologia, ele foi inquisidor em Malta e mais tarde nomeado secretário de Estado por Inocêncio X.

O conclave que resultou na sua escolha durou 80 dias. No fim, para impedir influências internacionais e de grupos interessados, os cardeais concordaram em indicar Alexandre porque suas riquezas lhe permitiriam manter-se acima de influências e subornos.

Para precaver-se contra o nepotismo, Alexandre proibiu membros de sua família de se dirigirem a Roma em busca de promoção. Parecia um início promissor, mas passado apenas um ano, ele foi levado a entregar o controle administrativo ao seu pai e a um irmão. Embora procurasse manter-se a distância, recusando-se a obter lucros diretos, permitiu que os familiares se tornassem despudoradamente ricos com os cargos por eles ocupados.

Seu pontificado foi confuso, pois as desavenças constantes com Luís XIV da França levaram à perda temporária do controle de Avignon, situação que só foi resolvida cedendo às exigências do rei. Em favor do papa, em 1655 a rainha Cristina se converteu ao catolicismo e abdicou do trono da Suécia. Ela se exilou e foi para Roma, onde se tornou amiga de Alexandre. Seu legado também inclui a criação de uma biblioteca para a Universidade de Roma e o fornecimento de mobília para muitas igrejas.

Clemente IX (1667-1669)

Profecia: Sidus Olorum

Tradução: Constelação de Cisne

Interpretação: O conclave teria sido realizado no "Salão dos Cisnes" do Vaticano. A profecia identifica o local, mas não identifica um papa específico, de modo que quem quer que fosse eleito cumpriria a profecia.

Professor de filosofia e ex-secretário de Estado, Clemente era respeitado em Roma por sua atitude prática e ações de caridade. Homem do povo, ouvia a confissão de pessoas comuns que o procuravam e visitava os doentes nos hospitais.

Em Roma, Clemente evitou a fama e o nepotismo, equilibrou as contas e pôs a economia em ordem. No cenário mundial, reorganizou a Igreja no recém-independente Portugal e assumiu uma posição firme contra o belicoso Luís XIV. Além disso, patrocinou a defesa de Creta, que acabou sendo conquistada pelos turcos.

Coerente com a vida que vivia, Clemente pediu um enterro modesto, mas seu sucessor mandou erigir um monumento suntuoso em sua memória. Ele é considerado um dos maiores papas da história, um homem que carregou o fardo da Santa Sé de modo exemplar.

Clemente X (1670-1676)

Profecia: De Flumine Magno

Tradução: Do grande rio

Interpretação: Ele nasceu em Roma, às margens do Tibre, considerado um "grande rio". Esta não é a mais específica das profecias, pois muitos rios importantes receberam esse qualificativo em algum momento. Quase todo candidato proveniente de uma grande cidade provavelmente teria residido perto de um "grande rio". Um relato posterior diz que, no dia do seu nascimento, o Tibre transbordou e ele foi salvo da grande enchente por sua babá (Massey, 1718). Seu nome, Altieri, também pode significar "profundo".

Outro romano, Clemente foi escolhido depois de quatro meses de conclave, mais porque sua idade avançada garantiria um pontificado breve do que por qualquer mérito pessoal. Artifícios dessa natureza eram empregados quando havia possibilidade de acordo e a necessidade do momento pedia um papa temporário para postergar a situação até que o conclave pudesse concentrar-se num único candidato.

Como já era octogenário, Clemente precisava recorrer a pessoas de sua confiança, por isso promoveu imediatamente seus dois genros, que com o tempo assumiram o controle do Vaticano.

Durante seus seis anos de mandato, ele se dedicou a manter os turcos sob controle nas fronteiras europeias e internamente financiou obras em Roma.

Inocêncio XI (1676-1689)

Profecia: Bellua Insatiabilis

Tradução: Fera insaciável

Interpretação: Inocêncio tinha um leão e uma águia em seu brasão. Também corriam vozes de que ele "nunca ficava sem Cibo". Cibo era o nome de um cardeal que exerceu enorme influência sobre o papa. *Cibo* é palavra italiana para "alimento", de modo que a profecia é também um trocadilho com esses rumores, descrevendo o papa como alguém que "nunca ficava sem alimento".

Inocêncio foi educado pelos jesuítas e é lembrado por sua natureza caridosa, especialmente para com os pobres. Como papa, viveu uma vida frugal, servindo de exemplo aos cardeais, refreando-lhes os excessos e publicando normas que proibiam o nepotismo. Ele rapidamente recuperou as finanças papais e as usou para financiar a guerra contra os turcos.

Inocêncio também tentou conter os excessos do rei Luís XIV, que por conta própria decidira perseguir os protestantes. Eles travaram uma batalha de vontades até que finalmente o papa excomungou o rei.

Em 1687 Isaac Newton publicou o seu *Princípios Matemáticos da Filosofia Natural*, propondo que o universo é governado não por Deus, mas por princípios científicos. A obra assinalou o início da Idade da Razão na Europa, quando ciência e filosofia procuravam ver o mundo racionalmente, livre da fé e da superstição.

Alexandre VIII (1689-1691)

Profecia: Poenitentia Gloriosa

Tradução: Penitência gloriosa

Interpretação: O primeiro nome de Alexandre era Pedro, em homenagem a São Pedro, que se arrependeu por ter negado a Cristo.

Ele foi eleito papa em 6 de outubro de 1689, dia festivo de São Bruno, penitente de grande fama e fundador da Ordem Cartuxa, caracterizada por grande austeridade.

Como vimos com papas anteriores, o dia da eleição pode às vezes parecer mais importante do que a identidade do papa. Segundo os comentários de Cucherat, ele também exerceu o papado no tempo em que os padres franceses retornaram ao aprisco, podendo assim ser considerados penitentes.

Descendente da nobre família Ottoboni, o pai de Alexandre era chanceler de Veneza. A riqueza lhe garantiu uma educação primorosa e ele se formou em direito na Universidade de Pádua, mas seu pontificado foi breve, durando apenas 16 meses, devido à sua avançada idade quando foi eleito. Pouco poderia ser feito em período tão curto de tempo, mas ele recuperou de Luís XIV da França o controle de Avignon, cortou os impostos dos pobres, apoiou a guerra contra os turcos e patrocinou a Biblioteca do Vaticano. Atrapalhado por sua natureza tradicionalista, condenou o movimento filosófico em expansão na Europa e voltou a nomear parentes para posições rentáveis e de poder dentro da Igreja.

Inocêncio XII (1691-1700)

Profecia: Rastrum in Porta

Tradução: Ancinho na porta

Interpretação: A família Pignatelli era originária de Rastrello, perto de Nápoles, palavra que em italiano significa "ancinho", "rastelo", e originalmente o brasão da família representava um ancinho. Não se pode negar que "ancinho" é um termo específico e que corresponde perfeitamente ao local de nascimento do papa Inocêncio XII. Esta profecia e outras semelhantes podem ser consideradas como contraprova à crítica de que as profecias são muito vagas e podem ser interpretadas de modos os mais variados. "Ancinho" é inquestionavelmente uma referência clara e direta a um lugar e não pode ter sido casual por parte do autor. Um século depois da publicação das profecias, e nos vemos diante de um correspondente exato.

Depois de um longo e tortuosamente acirrado conclave de cinco meses de duração, o arcebispo de Nápoles foi eleito e assumiu o nome Inocêncio XII. Absolutamente avesso ao nepotismo e à venda de cargos, ele publicou uma bula papal com orientações estritas impedindo a promoção de membros da família por critérios outros que não apenas o mérito. Ele não conseguiu erradicar o nepotismo do papado, mas certamente reforçou o estigma contra ele. Inocêncio XII também celebrou a paz com Luís XIV da França, mas não conseguiu retomar o controle sobre a Igreja da França.

Clemente XI (1700-1721)

Profecia: Flores Circumdati

Tradução: Cercado de flores

Interpretação: Da família Albani, cujo brasão é rodeado de flores, Clemente também defendeu fortemente o uso do rosário para reverenciar Maria, mãe de Jesus. Independentemente desses aspectos, alguns dos seus simpatizantes consideravam importante que ele correspondesse à profecia de modo conclusivo, por isso cunharam uma medalha em seu nome com o mote "Flores Circumdati" sobre ela para validar a predição.

Com apenas 51 anos de idade, Clemente foi eleito papa mais por suas virtudes do que por sua experiência. Considerado um intelectual, ele fora senador de Roma, ajudando Inocêncio XII em questões legais e sendo um ardoroso seguidor de sua política contra o nepotismo. Clemente era piedoso e profundamente humilde, abstendo-se de comer ao mesmo tempo que distribuía comida aos pobres.

Na época da sua coroação, a Europa estava à beira de uma convulsão depois da morte do rei Habsburgo Carlos II da Espanha. O rei morreu sem um herdeiro natural e uma hostilidade implacável começou quando as casas dos Habsburgo da Áustria e da França passaram a reivindicar o reino da Espanha. Quando os dois países entraram em guerra, Clemente apoiou equivocadamente os franceses, que não conseguiram conquistar Viena e foram repelidos. Em retaliação ao papa, os exércitos austríacos marcharam contra o norte da Itália e por fim se apoderaram dos Estados Papais.

Inocêncio XIII (1721-1724)

Profecia: De Bona Religione

Tradução: Da boa religião

Interpretação: Inocêncio era da família Conti, origem de vários papas, entre eles Inocêncio III, que lhe inspirou o nome.

Inocêncio havia frequentado o Colégio de Roma e fora nomeado arcebispo de Tarso antes de se tornar papa. Sua eleição resultou de um conclave difícil, mas ele se revelou uma boa escolha, pois trabalhou para manter a Igreja além dos limites de Roma. Ele financiou a campanha do católico Jaime III para recuperar o trono da Inglaterra e apoiou os venezianos que combatiam os turcos pela posse de Malta.

Inocêncio foi forçado a nomear cardeal o singularmente inapto primeiro-ministro francês. Ele também promoveu seu próprio irmão ao cardinalato, mas limitou as receitas dele para impedir qualquer abuso da posição.

Bento XIII (1724-1730)

Profecia: Miles in Bello

Tradução: Soldado em batalha

Interpretação: Para alguns, seu zelo e sua disciplina rígida representavam a batalha por ele travada durante todo seu pontificado.

Na infância, Bento quis ingressar na Ordem Dominicana, contra a vontade da família. Ele se tornou arcebispo de Benevento e conservou esse título durante o papado.

Ao ser eleito, relutou inicialmente em aceitar a escolha, mas finalmente cedeu e assumiu o título de Bento XIII em substituição ao antipapa do mesmo nome. Seu objetivo na função foi reintroduzir a disciplina na Igreja, publicando normas sobre o uso de um vestuário austero e a abolição de luxos. Zeloso em sua fé, procurava soluções pacíficas para problemas políticos.

Clemente XII (1730-1740)

Profecia: Columna Excelsa

Tradução: Coluna excelsa

Interpretação: Ele comprou duas colunas dóricas do Partenon para a capela da sua família em Mântua.

Pertencente à nobre família Corsini, Clemente já era idoso e doente quando iniciou seu pontificado, mas sobreviveu dez anos. No segundo ano na função, ficou totalmente cego, e nos últimos anos foi obrigado a ficar na cama.

Clemente chegou ao poder com boa reputação, depois de ocupar diversos cargos em Roma. Ele herdou uma situação financeira ruim, mas se propôs a equilibrar as contas. Levou à justiça os que na Igreja haviam abusado de suas funções para obter vantagens financeiras e reintroduziu a loteria pública para arrecadar fundos. Esse foi um ato afrontoso à postura moral de Bento XIII contra os jogos de azar, por ele proibidos. Clemente aplicou a riqueza acumulada em grandes projetos de construção, incluindo a restauração da Basílica de São João de Latrão e do Arco de Constantino. Ele também pavimentou Roma e incentivou a construção da "Fontana di Trevi".

Bento XIV (1740-1758)

Profecia: Animal Rurale

Tradução: Animal rural

Interpretação: Ele é lembrado pelo grande número de bulas papais que produziu. A profecia estaria relacionada à sua singular resistência ao cansaço.

Bento era culto e apoiava as artes, a ciência e a medicina, mas era também tradicionalista e conservador em assuntos de fé, por isso se posicionou contra reformas e mudanças. Ele estava em descompasso com a sociedade, pois esse foi o tempo das críticas diretas à Igreja lançadas por Rousseau e das provocações indiretas de Diderot. Diderot havia publicado a *Enciclopédia*, uma visão abrangente das artes e das ciências da época.

Na Igreja, Bento procurou limitar os abusos de poder, especialmente entre cardeais desregrados, e recuperar as finanças do Vaticano. Politicamente, ele era de natureza inspiradora, mas rápido demais a transigir com os chefes de Estado europeus. Em última análise, seu legado resume-se ao seu esforço de levar a paz à função do pontificado e de encontrar uma forma de unir as Igrejas Orientais da Grécia, de Israel e do Egito.

Clemente XIII (1758-1769)

Profecia: Rosa Umbriae

Tradução: Rosa da Úmbria

Interpretação: Ele foi ex-governador de Rieti, na Úmbria; o emblema do Estado da Úmbria é uma rosa. Clemente também havia sido cardeal da igreja de Santa Maria em Aracoeli, famosa por sua rosácea azul.

Veneziano de educação jesuítica e formado em direito, Clemente é lembrado como um indivíduo exemplar que distribuiu sua riqueza aos pobres e viveu como santo. Sua eleição marcou a chegada de outro papa relutante. O papado estava atolado na política e assediado por críticos, com Voltaire liderando a investida filosófica contra a Igreja. Os críticos tinham por alvo os jesuítas, cujos missionários e reformas educacionais eram uma força motriz na propagação da doutrina católica, dentro e fora da Europa. Esses filósofos procuravam e encontravam aliados entre os poderosos da Europa e arquitetavam formas de perseguir insidiosamente os jesuítas.

Os jesuítas foram banidos de Portugal e deportados para a Itália, sua riqueza foi espoliada. A França e a Espanha adotaram a mesma medida, exigindo por fim que os jesuítas fossem proscritos em todo o mundo. Clemente morreu no período de um mês após receber as exigências, provando que estivera certo ao resistir à sua escolha: muito rapidamente o fardo se comprovara demasiado penoso para ele.

Clemente XIV (1769-1774)

Profecia: Ursus Velox

Tradução: Urso veloz

Interpretação: O brasão familiar representa um urso correndo.

Cedendo às pressões políticas, Clemente XIV publicou uma bula papal dissolvendo a Ordem dos Jesuítas. O efeito geral foi altamente danoso para o catolicismo, pois suprimiu todos os centros de ensino da Igreja em todo o mundo. A Igreja jamais voltaria a recuperar toda essa sua capacidade para educar. No entanto, o ato também trouxe à tona as rivalidades internas e a política nociva que contaminavam a Igreja em seu âmago e mostrou como os papas já não detinham mais tanto poder no cenário mundial.

Pio VI (1775-1799)

Profecia: Peregrine Apostolic

Tradução: Peregrino apostólico

Interpretação: Exilado pela Revolução Francesa, escritores contemporâneos o descreveram como "peregrino apostólico na terra".

Quando viajou para Viena, Pio VI se tornou o primeiro papa a visitar um país estrangeiro depois de séculos. Ele realizou outras viagens durante o seu papado, mas acabou sendo preso e morrendo no exílio.

Pio VI era um instrumento muito embotado para lidar com a política sutil que enredava o Vaticano e suas ações nas malhas dos poderes estrangeiros. Em sua ignorância, ele publicou trabalhos condenando as ideias do Iluminismo como obra do diabo. Seu ataque cáustico aos cientistas retratava-os como ateus quando muitos não o eram. Atitudes assim alienaram a Igreja e mostraram como ela, em comparação com a liderança que exercera no Renascimento mais de um século antes, não estava em sintonia com a cultura. A exemplo de antecessores seus, também Pio, mais uma vez, conseguiu dilapidar as finanças do Vaticano e aderiu ao nepotismo promovendo seus dois sobrinhos.

Em 1789, os efeitos da Revolução Francesa se fizeram sentir em toda a Europa. Não só a monarquia francesa foi deposta, mas todas as estruturas de poder, inclusive o clero, passaram a ser atacadas. Sem forças para reagir, Pio apenas suspendeu os membros do clero que aderiram ao novo regime. Essa resposta reacionária foi contraproducente, pois o fato de não apoiar o regime era considerado como traição passível de morte, dando aos padres a opção da morte ou da excomunhão. Como resultado, milhares de padres se viram forçados a exilar-se. Igualmente destrutivo foi o sequestro e a venda de bens e propriedades da Igreja, livrando a França de sua longa tradição de mosteiros e respectivas ordens religiosas.

A estabilidade voltou à França quinze anos depois, quando Napoleão assumiu o controle, proclamou-se imperador e em 1804 convocou o sucessor de Pio para sua coroação. Após centenas de anos de controle do papado sobre os reis franceses, a nova realidade representou uma reviravolta nas relações entre a Igreja e a França, com o novo imperador exigindo que todos os cristãos sob seu cetro respondessem única e exclusivamente a ele.

Enquanto isso, Napoleão marchou contra Roma e forçou Pio a oferecer um tratado de elevado custo estratégico, político e financeiro. Pio vendeu, literalmente, toda a prataria da família para pagar as dívidas e permitiu que Napoleão escolhesse as obras de arte e os documentos da Biblioteca do Vaticano que bem entendesse para que a paz voltasse a reinar.

A solução foi temporária, uma vez que no ano seguinte o exército francês invadiu Roma, depôs Pio e o exilou em Florença, e em seguida o levou prisioneiro para a França. Esse foi um fim humilhante para um início tão bombástico, pois Pio morreria impotente no exílio.

Pio VII (1800-1823)

Profecia: Aquila Rapax

Tradução: Águia rapace

Interpretação: Essa expressão descreve a relação entre o papa e Napoleão, cujo estandarte representava uma águia, e que pressionou o papa a coroá-lo imperador. Pio VII resistiu, mas a batalha de vontades definiu seu tempo como pontífice.

Com a morte de Pio VI, o conclave elegeu Pio VII, pensando unicamente em como lidar com Napoleão. Pio VII era culto e lia muito, tanto teologia quanto matérias de outras áreas, mas era também acessível e amistoso. Ele estava a par das novas ideias e filosofias, parecendo assim uma escolha capaz de reintegrar a Igreja. Na primeira metade do seu longo pontificado de 23 anos, ele esteve à sombra de Napoleão, com quem assinou uma concordata para proteger os católicos e o clero francês de perseguições. Ele conseguiu reincorporar a Igreja francesa à Igreja de Roma, preenchendo o vazio para aqueles que a Revolução deixara sem estrutura e ordem. Pio também abençoou Napoleão em sua coroação, sua atitude humilde representando um flagrante contraste com a autoexaltação do homem que havia proclamado a si mesmo imperador.

Leão XII (1823-1829)

Profecia: Canis et Coluber

Tradução: Cão e serpente

Interpretação: Seu nome de família era Sermattei, variação italiana para "serpente". Também em termos de difamação, ele era muito malquisto.

Em contraste com Pio VII, o pontificado de Leão XII foi tanto de curta duração quanto de curta visão. Ele isolou os judeus de Roma em guetos e criou nada menos do que uma polícia de Estado para impor suas leis. Ele durou apenas seis anos, mas conseguiu afastar o povo de Roma do seu papa.

Pio VIII (1829-1830)

Profecia: Vir Religiosus

Tradução: Homem religioso

Interpretação: Não há um nexo claro entre essa frase e o papa, a não ser o fato de que ele escolheu o título Pio como seu nome papal.

Pio VIII foi eleito num conclave em Veneza, sendo o último papa escolhido fora do Vaticano. Como sucessor de Leão VIII, seu pontificado foi breve, com duração de apenas um ano, por isso não exerceu nenhum impacto sobre o papado nem conseguiu abrandar a agitação crescente causada por Leão.

Gregório XVI (1831-1846)

Profecia: De Balneis Etruriae

Tradução: Dos banhos da Etrúria

Interpretação: Ele era originário da Ordem dos Camaldulenses, fundada por São Romualdo em Camaldoli, na Etrúria (atual Toscana).

Gregório XVI foi eleito com o apoio dos membros mais conservadores do conclave. Ele representou uma volta às posições dos papas imediatamente anteriores ao Iluminismo que combateram a modernidade; como consequência ele proibiu as ferrovias em Roma. Conta a seu favor o fato de ter condenado o comércio de seres humanos como escravos e de ter fortalecido o movimento missionário, mas o mal-estar provocado por Leão XII se transformara em revolta, com os Estados Papais acossados pela agitação civil. Ele pediu à Áustria que enviasse tropas para restabelecer a ordem, mas os distúrbios civis continuaram pressionando Gregório até o fim da vida.

Pio IX (1846-1878)

Profecia: Crux de Cruce

Tradução: Cruz da cruz

Interpretação: O brasão familiar reproduzia uma cruz branca sobre fundo vermelho. A profecia também foi interpretada como o peso que Pio carregou durante o seu pontificado.

Pio IX sucedeu Gregório como um papa mais acessível. Seu pontificado começou bem, pois ele se pôs imediatamente a reparar alguns dos danos causados por Gregório, a aliviar algumas tensões que haviam se formado, perdoando inúmeros prisioneiros políticos, e a investir em melhorias civis nos Estados Papais. Depois de ocupar a região norte da Itália, o exército austríaco continuou no território, o que provavelmente deixou Pio mais tranquilo, pois os austríacos representavam a garantia de que a lei e a ordem seriam rapidamente restabelecidas. Essa conivência com as forças austríacas suscitou-lhe muitos inimigos políticos em Roma, mas o apoio da Áustria e da França o manteria seguro durante todo o seu pontificado.

Embora erudito, Pio era também tradicionalista e assumiu a batalha contra a Idade da Razão. Ele publicou uma crítica a várias formas de governo, instituições e filosofias que haviam se introduzido na Europa moderna, condenando de modo especial o comunismo, o socialismo e o racionalismo. Governos e indivíduos repudiaram o documento e alguns países proibiram sua publicação. Para consolidar seus ideais, ele convocou o Concílio Vaticano I em 1869, quando sancionou o dogma da infalibilidade papal. Com essa reafirmação, o número dos seus inimigos entre os líderes europeus aumentou e ele chegou mesmo a provocar críticas dos círculos eclesiásticos.

Em 1870, os Estados Papais em torno do Vaticano, abrangendo até um terço da Itália, foram tomados pelo exército italiano. Na ocasião, o rei Vítor Emanuel II proclamou Roma a nova capital da Itália. Recolhido no Vaticano, Pio IX nunca mais saiu da cidade e lá morreu oito anos depois.

Leão XIII (1878-1903)

Profecia: Lumen in Coelo

Tradução: Luz no céu

Interpretação: Seu brasão contém uma estrela cadente, mas ele também escreveu uma série de encíclicas exemplares que fazem dele um farol orientador na Igreja.

O pontificado seguinte também foi longo: o papa Leão XIII conduziu a Igreja durante 25 anos, com mais diplomacia do que seu predecessor. Leão se empenhou em recuperar os Estados Papais, sem todavia receber apoio de outros governos europeus. Seu sucesso foi maior no exterior, com a expansão da Igreja Católica na África, na Índia e na Ásia. Com uma visão mais inclusiva, não considerava outras formas de cristianismo como heresia, mas como oportunidades para reintegração. Ele foi o primeiro papa a perceber que cristianismo e democracia não são incompatíveis. Leão XIII continuou deixando os arquivos e a Biblioteca do Vaticano à disposição de estudiosos de todas as religiões. Sua única preocupação permanente foi o comunismo, que continuava recebendo apoio e ameaçava mergulhar as massas no ateísmo. Em reação, ele escreveu que a salvação e o bem-estar dos indivíduos não eram realidades diferentes e que os trabalhadores deviam se unir para conquistar um salário justo. Também a educação escapava ao controle da Igreja, por isso Leão ampliou a lista de livros proibidos, mas esta não obteve a repercussão da primeira edição publicada.

Pio X (1903-1914)

Profecia: Ignis Ardens
Tradução: Fogo ardente
Interpretação: Em certo sentido, a expressão denota o fogo da fé que ardia em seu coração. Ele foi o primeiro papa a ser canonizado depois de mais de 400 anos. É mais provável, porém, que a descrição se refira à coincidência entre o fim do seu pontificado e o início da Primeira Guerra Mundial.

Pio X representa outro contraste – a volta de um homem de Deus simples à liderança da Igreja. Muito tradicionalista, ele combateu o modernismo, mas como papa atendia às necessidades da Igreja da época. Polêmicas em torno da política e da filosofia moderna ameaçavam obscurecer os objetivos da Igreja, de modo que a escolha de Pio teria sido do agrado dos que desejavam que a Igreja se posicionasse acima dessas questões. Infelizmente, era inevitável envolver-se politicamente e Pio não estava preparado para lidar com as complexas artimanhas dos líderes mundiais do século XX. Sua perspectiva era simples: a missão do papa era orientar as pessoas, que deviam ouvir e obedecer; essa atitude, porém, não sensibilizava os líderes modernos.

Com profunda experiência pastoral, ele percebeu como os paroquianos haviam se afastado das práticas religiosas. A solução que encontrou foi aumentar o grau de interação dos fiéis autorizando-os a assumir funções dentro da Igreja e ampliando a regularidade da comunhão.

A expansão do enfoque metodológico na esteira dos avanços filosóficos e científicos imiscuía-se no campo da teologia, com uma visão mecanicista desprovida dos elementos místicos dos estudos religiosos. Pio enfrentou essa realidade apoiando estudiosos da Bíblia com a construção de mosteiros em toda a Europa. Uma vez mais, porém, dada sua perspectiva demasiado simplista, ele atacou os modernistas por defenderem a separação entre política e religião. Como consequência, mais livros foram proibidos e pessoas que difundiam ideias incongruentes com o dogma aceito foram excluídas dos processos educacionais da Igreja.

Bento XV (1914-1922)

Profecia: Religio Depopulata
Tradução: Religião despovoada
Interpretação: O pontificado de Bento coincidiu com todo o período da Primera Guerra Mundial, cuja estimativa de mortos chega a 20 milhões, com a irrupção pandêmica da gripe espanhola em 1918 que devastou a Europa e com a revolução bolchevista que instalou na Rússia um Estado oficialmente ateu. Esta deve ser considerada uma das profecias pós-publicação mais precisas, e também das mais exatas da história – uma síntese desse período da Igreja Católica em duas palavras faz de "religião despovoada" uma descrição perfeita.

A irrupção da Primeira Guerra Mundial coincidiu com a eleição de um novo papa. Bento XV era um diplomata inteligente. Ele reduziu a rigidez do seu antecessor e assumiu uma atitude mais inclusiva com relação às diferentes formas de cristianismo. À medida que a guerra assolava a Europa, ele condenou abertamente os responsáveis por ela, trabalhando ao mesmo tempo para devolver prisioneiros de guerra às suas famílias. Bento serviu de inspiração para os papas que o sucederam, pois finalmente o papado encontrou com ele sua verdadeira vocação: promover a paz entre todos os povos do mundo.

Bento XV continuou seus projetos assistenciais depois da guerra, auxiliando os feridos e os órfãos. Quando morreu, ele era um dos homens mais respeitados da época.

Pio XI (1922-1939)

Profecia: Fides Intrepida

Tradução: Fé intrépida (ou seja, fé sem medo)

Interpretação: Quando a Itália sucumbiu ao fascismo e Mussolini apoiou a ascensão de Hitler, Pio XI opôs-se ao regime nazista e criticou o antissemitismo.

O conclave que se reuniu em 1922 elegeu Pio XI. De família abastada, ele recebeu uma boa educação e depois trabalhou na Biblioteca do Vaticano, que continuou a promover durante todo o seu pontificado. Ele também favoreceu pesquisas arqueológicas. Embora conservador e tradicionalista em alguns aspectos, ele compreendia o panorama mundial e foi o primeiro papa a falar publicamente através do rádio. Também se empenhou em nomear bispos chineses e japoneses e canonizou muitos santos.

Sob seu governo, através de um acordo assinado com Mussolini, a Cidade do Vaticano tornou-se independente da Itália. Mussolini chegara ao poder em 1922, levado por uma onda de propaganda fascista. Ele não era mais católico, mas prezava o apoio do Vaticano e concedeu-lhe a soberania, com o papa como chefe de Estado. Mussolini reintroduziu o ensino religioso obrigatório nas escolas, reconheceu o catolicismo como religião oficial e permitiu que a Igreja voltasse a se manifestar sobre assuntos políticos.

Pio XI ignorou o fato de Mussolini ser fascista e o apoiou abertamente. Para ele, Mussolini era um aliado na luta contra o comunismo, mas mais tarde, quando Mussolini se aliou com os nazistas de Hitler, Pio assumiu uma atitude reservada com relação a ele e condenou publicamente o antissemitismo.

Em 1933, Pio assinou uma concordata com Hitler, criticada desde então como um ato de apoio ao ditador nazista. Na verdade, a intenção do papa era proteger os católicos da Alemanha. Por volta de 1937, Pio orientou todos os padres da Alemanha a dedicar o sermão de um domingo à reiteração das críticas dele ao regime nazista e à obsessão dos nazistas com a pureza racial.

O apoio de Pio a Mussolini e a Hitler pode bem ter sido uma reação ao avanço do comunismo nos países do Leste Europeu que forçava o catolicismo a retrair-se e recuar naquela área. Testemunha ocular do ataque do Exército Vermelho a Varsóvia durante a Primeira Guerra Mundial, ele assumiu uma postura anticomunista inabalável. O que aconteceu foi praticamente uma reação polarizada – evitar um dos extremos adotando o outro –, mas esse apoio criou uma situação muito delicada para o Vaticano e a falta de uma posição clara contra o fascismo repercutiria por toda a Europa nas décadas seguintes à Segunda Guerra Mundial.

Pio XII (1939-1958)

Profecia: Pastor Angelicus

Tradução: Pastor angélico

Interpretação: Este é um ponto interessante na história em que a percepção pública com relação ao papa acompanhou as profecias. Inicialmente, a explicação para a profecia referente a Pio não era clara, e assim o público e a imprensa da época atribuíram-lhe esse título. É verdade que sua própria natureza levava as pessoas a vê-lo como "angélico", mas poder-se-ia fazer uma interpretação mais coerente a partir de sua paixão pelas obras de Santo Tomás de Aquino, conhecido como o "doutor angélico". Aquino exerceu uma grande influência sobre Eugênio Pacelli, o papa Pio XII.

Pio XI faleceu em 1939 e foi sucedido por seu secretário de Estado, Pio XII, um diplomata e político habilidoso que havia passado dez anos na Alemanha e por isso era um candidato natural num período tão turbulento da história. Os alemães começaram a ocupar Roma em 1943, e embora o Vaticano se declarasse publicamente neutro, às ocultas o papa abrigava refugiados, o que punha a frágil relação em risco. Para muitos, isso não bastava, e os críticos insistem há longo tempo que o papa deveria ter assumido uma postura pública e clara contra as atrocidades que estavam sendo perpetradas.

A própria hesitação do papa significou um malogro na luta pelo que era obviamente correto. O fato de aproximadamente 5 mil judeus se esconderem nas propriedades do Vaticano ao redor de Roma durante a ocupação mostra que esse homem não era simpatizante do nazismo. Em sua última mensagem radiofônica antes do fim da guerra, ele propôs abertamente a democracia como forma de governo do futuro. Mas no ano 2000, o papa João Paulo II procurou recuperar a imagem pública de Pio XII quando em visita a Jerusalém se desculpou diante das nações judias pela inércia do Vaticano durante a guerra. Depois de 1945, ficou claro para muitos que o papa não era infalível e que João Paulo II, embora tentasse corretamente reparar a situação, evidenciara essa realidade através do seu pedido de desculpas. A morte e a destruição provocadas por duas guerras mundiais vivamente lembradas desafiavam a fé de muitos católicos e puseram em movimento um declínio na Igreja europeia que continua hoje.

Em 1950, Pio XII escreveu uma encíclica bombástica condenando as novas ideias no campo da teologia. Verdadeiro retrocesso à Inquisição, ele resolveu impor as orientações enunciadas dispensando de suas funções os que defendiam ideias pouco ortodoxas. Em retrospecto, parece tratar-se de uma reação extrema para a época, mas a fé fora seriamente abalada pela devastação causada pela Segunda Guerra Mundial. Inúmeras novas religiões e ideologias começavam a surgir, e a descoberta de Escrituras alternativas, como os Manuscritos do Mar Morto e a Biblioteca de Nag Hammadi, havia despertado o interesse por pesquisas em torno das origens das Escrituras. A Igreja Católica manteve controle cerrado sobre os Manuscritos do Mar Morto, postergando sua publicação até a década de 1970. Os partidos comunistas também estavam ganhando terreno no continente europeu e Pio reagiu com a ameaça da excomunhão para todo católico que se filiasse ao partido. A sombra que sempre há de pairar sobre

Pio XII resume-se numa dúvida: Ele poderia ter enfrentado o nazismo de forma mais enérgica? Na intimidade, ele deixou muito claro que reprovava o nazismo, mas em público, temendo represálias, preferiu preservar a paz.

Em 1958, estando Pio XII gravemente enfermo, o agente funerário que o embalsamaria, aproveitando-se da situação, fotografou o papa agonizante e vendeu as fotos à imprensa. Pio XII sofreu a derradeira ignomínia da sua carreira depois de morto: seu corpo foi embalsamado de forma tão inepta que começou a decompor-se ainda durante as exéquias públicas.

João XXIII (1958-1963)

Profecia: Pastor et Nauta
Tradução: Pastor e nauta
Interpretação: Ele foi patriarca de Veneza

João XXIII, um homem robusto e jovial, veio de uma família de agricultores italianos. Ele compreendia a luta dos pobres e das classes trabalhadoras, sendo ao mesmo tempo surpreendentemente culto. Ao longo de sua carreira na Igreja, viveu vários anos em Istambul, e assim se movimentava bem no círculo das relações internacionais. Durante a guerra, empenhou-se em salvar judeus e outras minorias dos nazistas. De grande interesse dos pesquisadores é o relato minucioso da sua vida feito em forma de diário, publicado em italiano.

Todos os anos, João fazia questão de visitar prisões e hospitais locais na época do Natal, sendo informal e acessível a todos. Evidenciando sempre uma atitude simpática para com as classes trabalhadoras, por outro lado relutava em envolver-se na política. Com a adesão crescente dos italianos ao partido comunista, esperava-se que João assumisse uma atitude ativa no apoio aos democratas cristãos. Seu silêncio nesses assuntos lhe atraiu críticas no início, provavelmente exacerbadas pela lembrança recente do malogro do seu antecessor em assumir uma posição pública contra os nazistas. Como todos os bons papas, porém, João preferiu a reconciliação à rejeição. Ele optou por ser inclusivo e por comunicar essa opção a todos, de modo especial aos que viviam o impasse da corrida armamentista da Guerra Fria.

Ele também se empenhou em conciliar os diferentes grupos cristãos, acolhendo todos à sua mesa no espírito de aceitação. Em 1962, ele convocou o Concílio Vaticano II que, entre outras intenções, seria uma oportunidade para modernizar a Igreja, mas viveu para ver apenas pequena parte dos avanços nesse sentido.

Entre outras conquistas, o Concílio Vaticano II foi um sinal de abertura e uma resposta radical às atitudes em transformação dentro e fora da Igreja. Ele introduziu a missa rezada nas línguas locais e estimulou os padres a descer do púlpito e a se dirigir aos fiéis num nível mais próximo deles. A Igreja se afastara demais dos paroquianos, mas agora escancarava as portas e voltava a acolher a todos novamente.

Paulo VI (1963-1978)

Profecia: Flos Florum
Tradução: Flor das flores
Interpretação: Seu brasão cardinalício representava três lírios.

Paulo VI tinha pouco em comum com as origens humildes do seu antecessor. Ele era proveniente de uma família italiana abastada e havia galgado vários escalões da hierarquia da Igreja até tornar-se arcebispo de Milão. Uma característica que o aproximava de João era sua mente aberta e sua natureza inclusiva, de modo que, logo após a eleição, tomou a decisão de fazer uma peregrinação à Terra Santa. Seu pontificado se caracterizou por suas viagens pelo mundo, granjeando-lhe muito apoio no seio da Igreja.

Suas visitas eram televisionadas e multidões o recepcionavam aonde quer que ele fosse. Não sendo possível evitar a presença de extremistas, ele sobreviveu a uma tentativa de assassinato numa viagem ao Extremo Oriente. Paulo VI visitou as Nações Unidas, onde fez um discurso condenando a guerra e enfatizando a importância da família. Ele passou a todos a impressão de um diplomata culto e experiente e levou esperança a muitos católicos que sentiam sua fé arrefecer-se desde a Segunda Guerra Mundial. No Concílio Vaticano II, ele não esclareceu a posição da Igreja com relação ao controle da natalidade, mas acabou condenando-o, uma decisão tomada no contrafluxo dos movimentos culturais dos anos 1960. Ele morreu de ataque cardíaco no verão de 1978.

João Paulo I (1978)

Profecia: De Medietate Lunae

Tradução: Da metade da Lua

Interpretação: Nascido na diocese de Belluno ("Lua bela"), seu breve pontificado durou um ciclo lunar, de uma meia-lua a outra.

Ao papa Paulo VI sucedeu o infausto papa João Paulo I. De natureza e origem humildes, João Paulo evitou a ostentação e as pompas da coroação e se recusou a usar a tiara papal. Ele era um homem do povo e teria sido um papa interessante, mas depois de apenas um mês no cargo, foi encontrado morto em seu quarto, muito provavelmente em decorrência de um ataque cardíaco.

Inúmeras teorias da conspiração surgiram em torno de um iminente escândalo no Banco do Vaticano, mas como a idade mediana dos papas normalmente é avançada, era inevitável a probabilidade de ocorrência de um pontificado curto.

Santa Hildegarda havia predito o assassinato de um papa perpetrado por um cardeal que assumiria a função de antipapa, mas é difícil imaginar que conservadores radicais o tenham eliminado ou que sua substituição tenha motivado sua morte, pois ele foi sucedido por alguém aparentemente mais progressista.

João Paulo II (1978-2005)

Profecia: De Labore Solis

Tradução: Do trabalho do Sol

Interpretação: João Paulo aceitava a concepção heliocêntrica do Sistema Solar. Ou seja, os católicos não precisam mais pensar que o Sol gira ao redor da Terra. A aceitação de um fato tão evidente como a mecânica do Sistema Solar poderia parecer um bom símbolo da sua obra. Embora essa não seja a mais clara das associações, em retrospecto ele poderia bem ser lembrado por esse epíteto como símbolo da sua perspectiva moderna. João Paulo II representa um momento decisivo em que a Igreja Católica pôde retificar aspectos do passado e começar a enfrentar o futuro.

O papa João Paulo II entendia o teatro da mídia moderna. Tendo estudado arte dramática na sua Polônia nativa, servia-se da publicidade como veículo para transmitir sua mensagem. Ele era um homem de muita energia e carisma, que viajou extensamente por todo o mundo com sua marca registrada de beijar o solo logo que aterrissava. Esse gesto simples traduzia-se em todas as línguas como símbolo de bênção e humildade. João Paulo era um jovial senhor de 58 anos quando foi eleito e durante seu pontificado realizou centenas de encontros com chefes de Estado.

Com milhares de outros que acompanhavam suas viagens, eu o vi em Varsóvia em 1991 no momento em que ele passava em seu papamóvel de teto aberto. João Paulo visitou Auschwitz e procurou reparar comportamentos historicamente ambíguos do Vaticano. As experiências vividas durante a revolta de Varsóvia contra os nazistas e sob o regime comunista após a guerra o impeliam a promover a paz, sempre movido pelo desejo de sanar o passado e resguardar o presente. Ele condenou a guerra no Iraque e as injustiças do capitalismo, e opôs-se ao que considerava a verdadeira tirania da cultura consumista.

O pontificado de João Paulo II poderia parecer irrepreensível, mas sua popularidade encobre uma personalidade rígida na tomada de decisões, animada por uma sensibilidade tradicionalista e que esperava lealdade absoluta dos seus subordinados. Sua oposição aos métodos contraceptivos numa época em que a Aids começava a surgir, a condenação da homossexualidade e a recusa em atribuir à mulher funções de maior relevância na Igreja mostraram seu traço mais ultraconservador. Possivelmente, esses aspectos levarão os historiadores do futuro a moderar suas avaliações a respeito dele.

Uma tentativa de assassinato contra ele em 1981 quase terminou em tragédia. João Paulo atribuiu sua sobrevivência à aparição da Virgem Maria em Fátima no mesmo dia em 1917, reafirmando assim a importância das visões e da profecia para a Igreja.

Com o mesmo fulgor com que brilhou em vida, seu declínio foi lento e penoso, reduzindo-o a uma pálida chama. Ele morreu em abril de 2005. Mais de quatro milhões de pessoas prestaram-lhe homenagens na câmara mortuária na Basílica de São Pedro. João Paulo II canonizou mais santos do que todos os seus predecessores somados, sendo muito provável que no devido tempo ele também seja canonizado.

Bento XVI (2005-2013)

Profecia: Gloria Olivae

Tradução: Glória da oliveira

Interpretação: Antes de Bento XVI ser eleito, muitos estudiosos comentaram como a profecia poderia referir-se a um futuro papa. A especulação mais comum era que ele seria um beneditino, pois o símbolo dessa ordem é o ramo da oliveira. Mas a profecia possivelmente se cumpriu quando Joseph Ratzinger adotou o nome papal de Bento. Ele não pode ter adotado esse título sem conhecimento de causa. Outra interpretação é que Bento foi anteriormente cardeal-bispo de Velletri e o brasão de Velletri tem três oliveiras. O ramo da oliveira é também um símbolo de paz — alguns acreditavam que haveria paz no Oriente Médio durante seu pontificado. Certamente, a "primavera árabe" seguia nessa direção, mas não se podia atribuir a ele participação nesse processo de mudança. Como não há interpretação clara, talvez tenhamos de esperar até que uma visão retrospectiva do pontificado de Bento nos dê alguma perspectiva para chegarmos a uma compreensão plena dessa correlação.

Depois de João Paulo II o poder pendeu novamente para os conservadores, uma vez que os cardeais escolheram Joseph Ratzinger, que fora presidente da Congregação para a Doutrina da Fé. Ele adotou o nome Bento XVI.

Bento se mostrou um tradicionalista, conforme esperado. Esperanças de reforma positiva ou de modernização arrefeceram e sua posição sobre questões como a da ordenação sacerdotal de mulheres foi um sinal claro de que ele não estava disposto a mudar de ideia. Embora Bento tenha se reunido com outros líderes religiosos e demonstrado respeito pelas crenças deles, está claro que não as considerava iguais às do catolicismo. Os membros mais progressistas da Igreja e os de fora que observara, preocupados com um tradicionalista tão extremo, precisaram esperar a eleição do papa Francisco com a esperança de que ele introduzirá a Igreja no século XXI.

Pedro Romano

Profecia: In persecutione, extrema S.R.E. sedebit Petrus Romanus, qui pascet oves in multis tribulationibus: quibus transactis civitas septicollis diruetur, et Judex tremendus judicabit populum suum. Finis.
Tradução: Na última perseguição, a sede da Santa Igreja Romana será ocupada por Pedro Romano, que apascentará as ovelhas em meio a muitas tribulações, e quando essas coisas tiverem terminado, a cidade das sete colinas será destruída e o Juiz terrível julgará seu povo. Fim.
Interpretação: Ver a interpretação completa desta profecia no Capítulo 12.

Ao receber a última profecia, o profeta teria ficado impressionado com a visão de um futuro distante em que um céu sombrio sobre Roma é sacudido pelos vagalhões de fumaça e cinzas impelidos por um vento gélido. Imagine-o vendo o homem em vestes brancas levantar do trono de Pedro pela última vez. Os afrescos despencam das paredes, reduzidos a pó e entulho, e em algum lugar alguém grita, "La cupola è in calo, la cupola sta scendendo!" [A cúpula está caindo, a cúpula está vindo abaixo!. A voz está abafada e esmorece. O último papa deixa as ruínas do Vaticano e vai para onde seu julgamento o aguarda.

Se o fim do papado está se aproximando, nós, como o "Juiz terrível" da última profecia, podemos olhar para trás, para o tempo de São Pedro, e para o atual "Pedro Romano", e ver o contexto dos papas que expressaram todos os aspectos da humanidade em sua época. Os que foram elevados acima das massas eram propensos aos mesmos desejos e apreensões que todos enfrentamos, mas com a pressão acrescida do poder. Eles seriam julgados pelo modo como enfrentaram a heresia, o comunismo, o fascismo, o protestantismo, o exílio e os antipapas do Grande Cisma do Ocidente.

Alguns papas que caíram no abismo, manchados por crimes, indiscrições, nepotismo, intriga política, guerras e perseguições, serão julgados em confronto com a obra dos papas que procuraram a paz, que ajudaram os pobres e que trouxeram a luz para o mundo. Através da turbulenta história, alguns papas se mantiveram leais, faróis para os que procuraram orientação no caminho espiritual.

Os papas serão lembrados também pelos monumentos e obras de arte que prodigalizaram para a Roma, financiando os artistas da Renascença com sua celebração apaixonada da fé na vanguarda daquela revolução cultural. Eles deixaram um legado de belas-artes e esculturas que se projetam das telas e dos pedestais de igrejas em toda Roma. Mas essas eram grandes demonstrações muitas vezes pagas com a venda de cargos e favores.

Por fim, eles procuraram corrigir os erros do passado e sobreviver ao longo do século XXI. Talvez o destino dos papas esteja nas menores ações — como o gesto de humildade praticado a partir do Concílio Vaticano II, quando os padres desceram dos púlpitos e começaram a falar pondo-se em pé de igualdade com seus paroquianos.

CONCLUSÃO

Nesse ponto no tempo chegamos ao que as profecias anteveem como o último pontífice. Resta examinar se essa última revelação é precisa, mas vemos agora como as profecias mudam pouco de tom, estilo e conteúdo antes e depois de ser publicadas. Uma vez reveladas, a expectativa de uma redução súbita na clareza não se confirmou, e aqueles que as julgam falsificações só podem fazê-lo ignorando centenas de predições precisas. Nos próximos capítulos refletiremos sobre as profecias e examinaremos o que a última, sobre Pedro Romano, pode significar e, mais importante, de que modo ela pode descrever o papa atual.

CAPÍTULO 9

CONSIDERAÇÕES SOBRE AS PROFECIAS

INTRODUÇÃO

Se tudo fosse absolutamente obscuro, não teríamos ideia da verdade divina.
Se tudo fosse absolutamente claro, não teríamos mérito em decifrá-la.

– Pascal

Desde a publicação das profecias, a cada eleição papal as pessoas procuraram interpretar os sinais associados ao papa do Fim dos Tempos, ao último papa. Muitos haviam antecipado que o conclave de 2005 elegeria um papa beneditino porque a profecia continha o termo "oliveira", cujo ramo é o símbolo da Ordem Beneditina. Os que acreditavam na profecia ficaram desapontados quando isso não aconteceu. Então, para surpresa de todos, o cardeal Ratzinger adotou o nome Bento. Essa escolha foi feita em homenagem a um antecessor, não ao fundador dos beneditinos, mas é difícil não ver nesse caso uma comprovação da profecia. Sabemos que Ratzinger acredita nas profecias, como constatamos em seu extenso comentário sobre o segredo de Fátima. Ele celebrou missa no local das aparições e inclusive endossou um livro sobre o assunto intitulado O *Último Segredo de Fátima*, escrito pelo secretário de Estado do Vaticano.

Vivamente interessado pelas profecias, o cardeal Ratzinger sem dúvida teria pleno conhecimento da *Profecia dos Papas*, por isso devemos nos perguntar se foi uma decisão consciente de sua parte efetivamente corroborar a profecia. Ele certamente consolidou a ideia de que as profecias continuam sendo relevantes depois de passados tantos séculos. Se Ratzinger forjou um nexo com as profecias, esse ato ameaça desmentir os que seguiram a publicação de De Wyon, pois poderia indicar que haveria alguma diretriz interna no Vaticano no sentido de respeitar as profecias e tentar cumpri-las no devido momento do tempo. Como a Igreja nos leva a acreditar, a escolha se faz por inspiração divina, pela ação do Espírito Santo operando por meio dos integrantes do conclave, e por isso não há possibilidade de Malaquias exercer uma influência mundana sobre os envolvidos. No entanto, como os membros raramente decidem a escolha de um papa numa primeira votação, tudo indica que outros fatores entram em jogo. Os que tendem a não acreditar numa interferência do Espírito Santo poderiam dizer que as profecias às vezes se cumpriram em consequência de algum arranjo. Esse cenário é muito improvável, mas poderia ocorrer uma acomodação em que os participantes do conclave são influenciados por seu conhecimento das profecias e assim fariam sua escolha de acordo com esse conhecimento.

Com isso a reflexão amplia-se. Como as profecias terminam com a ruína do Vaticano e a destruição de Roma, seria necessária uma forte afinidade apocalíptica entre os envolvidos. Se a intenção é realizar as profecias, então é necessário que a Igreja Católica admita que elas estão em conchavo com o Fim dos Tempos. A falta imediata de um nexo óbvio entre o papa Francisco e a descrição "Pedro Romano" parece indicar que houve uma tomada de decisão consciente no sentido de tentar contrariar a profecia ou então ela não exerceu nenhuma influência sobre o conclave de 2013.

Duvido que as coisas fossem tão bem definidas – nos conclaves ao longo dos últimos 400 anos ou mais, alguns cardeais podem ter votado num candidato que correspondia às profecias, enquanto outros teriam votado sem nenhuma influência mundana. Certamente as predições em torno da ascensão de Napoleão e da irrupção da Primera Guerra Mundial não podiam ser premeditadas, pois estavam além do controle dos cardeais. De qualquer modo, podemos interpretar as profecias em retrospecto e determinar sua precisão pós-publicação, sejam elas resultado de um artifício ou de inspiração divina.

A LINGUAGEM DAS PROFECIAS

À primeira vista parece ser apócrifa a história de Cucherat segundo a qual Malaquias teria recebido as informações numa visão. Se as informações foram comunicadas através de visão, as indicações deveriam ser visuais, a menos que o profeta também ouvisse vozes ou visse uma descrição escrita. A linguagem das descrições contém muitos termos específicos abstratos, não podendo, portanto, ser comunicados visualmente – qualidades como "bom", que aparecem inúmeras vezes, ou nomes de lugares, também em grande número. Podemos concluir que o aspecto visual dessas percepções precisaria ser acompanhado por uma voz: alguma qualificação que ampliasse a informação de modo a descrever o que estava sendo visto.

É possível profecias visuais incluírem palavras. Não há precedente bíblico disso, mas nos séculos seguintes, às vezes uma visão foi complementada com palavras. Um exemplo já mencionado foi o sonho profético do imperador Constantino, em que ele viu a expressão "Por esse sinal vencerás" escrita no céu. Existem também entidades visuais que falam, como as aparições da Virgem Maria ou a aparição de algum outro mensageiro divino. No entanto, parece não ser essa a experiência de Malaquias.

Cucherat, que oferece a narrativa mais antiga de Malaquias recebendo a visão, não descreve nenhuma comunicação dessa natureza. Ele simplesmente diz que Malaquias teve as visões e as ditou a um monge, que por sua vez as registrou em forma escrita. Se iniciamos com o relato de Cucherat (apesar de ser pouco confiável), segundo o qual Malaquias recebeu as profecias de forma puramente visual, podemos pôr essa hipótese à prova para ver se ela subsiste a um exame em maior profundidade.

Uma indicação a favor dessa teoria encontra-se no exame da linguagem utilizada. Nas visões, como nos sonhos, existe em geral uma memória residual que preserva uma imagem razoavelmente clara, cabendo ao vidente transformá-la em linguagem. O motivo por que o profeta resolveu identificar cada papa com descrições de apenas duas ou três palavras nunca foi explicado, mas existe relação entre a brevidade do texto e o estado de consciência alcançado para receber visões. Como acontece na poesia, a linguagem dos estados de consciência elevados se torna muito econômica, reduzindo ideias complexas a simples simbolismo. Os símbolos religiosos, por exemplo, contêm uma profusão de informações que podem ser acessadas através da contemplação. A linguagem das profecias é um exemplo de preservação do significado com o recurso de uma mensagem simplificada. À medida que o profeta se eleva pelos níveis de consciência para chegar às imagens visuais, ele se mantém no ápice da linguagem e do simbolismo. É um lugar onde as imagens podem inspirar algumas palavras específicas na mente do autor, do mesmo modo que Jacó viu a escada com anjos subindo e descendo e soube interpretá-la como a passagem para o céu (Gênesis 28,17).

MÉTODOS PARA INTERPRETAR AS PROFECIAS

Conhecidas todas as profecias e percorridos quase 800 anos de papado, podemos ver como muitas profecias são precisas e até que ponto são precisas. Podemos também perceber um padrão de pontos de referência.

Os métodos de decodificação das profecias não mudam muito com o tempo, pois elas são bastante simples em sua natureza e coerentes tanto antes como depois da publicação. Elas também têm a vantagem de ser escritas de forma direta, o que as protege de projeções psicológicas vagas ou de saltos da imaginação. Não estamos à procura de padrões, como ouvir uma voz no vento ou ver um rosto nas dobras de um tecido amarrotado. Pelo contrário, muitas descrições se referem a alguma coisa absolutamente específica e imediatamente identificável a respeito do papa eleito. Onde a correlação é inteiramente clara, depois do evento podemos olhar para trás e perguntar-nos como o candidato evitou ser identificado antes de entrar para o conclave.

Antes da publicação os papas podiam ser identificados principalmente pelo nome de família, brasão de armas ou lugar de nascimento. Depois da publicação, as profecias continuam a usar essas indicações, mas também se tornam mais amplas para incluir uma variedade maior de fatores. Os sinais relacionados ao nascimento, à morte e aos eventos da vida se expandem. Alguns parecem totalmente separados do papa em si, como a predição identificando Napoleão, que na época era muito mais famoso e poderoso do que o pontífice correspondente. Outros apontam para eventos mundiais, como "religião despovoada", que descreve os fatos em torno da Primeira Guerra Mundial, os quais não estão vinculados a um indivíduo específico que se torna papa, mas a fatores em torno do papado. Algumas descrições abrangem o local do conclave ou o dia festivo que coincide com a eleição. Essas descrições não se referem tanto ao indivíduo, mas aos acontecimentos que envolvem o papado, uma vez que qualquer papa corresponderia à descrição.

Outro elemento de identificação, sempre recorrente, são os brasões de armas. Os papas de origem modesta recebiam um brasão quando assumiam a função; os de origem nobre adotavam o brasão da família. Insígnias armoriais pontificais foram introduzidas no século XIII, com Inocêncio III (1198-1216). O problema com os brasões pontifícios é que eles têm menos credibilidade, pois é fácil forjá-los depois do fato, embora em muitos casos existam também outros detalhes comprobatórios. Por exemplo, a profecia para Clemente V (1305-1314) era "Listras da Aquitânia" e o escudo papal que ele adotou tem três "fasces", ou listas, mas ele foi também arcebispo de Bordeaux, na Aquitânia (França).

Diversos casos são passíveis de mais de uma interpretação. Para Inocêncio XI (1676-1689), cuja descrição desfavorável era "Fera Insaciável", a profecia poderia referir-se ao leão em seu escudo de armas ou então ser um trocadilho com seu conselheiro Cibo, palavra que também significa "alimento", de quem nunca se separava. Alguns sustentam que essa ambiguidade contradiz a precisão das profecias, mas podemos também considerá-la como um elemento comprobatório a mais da profecia, uma vez que a breve expressão pode ser aplicada em mais de uma forma a um único papa.

PRECISÃO

Das visões iniciais como ponto de origem até a transformação dessas imagens em palavras a ser comunicadas a um escrevente, a possibilidade de imprecisões aumenta. A margem de erro aumenta com cada comunicação subsequente. O primeiro escrevente a registrar as profecias deve ter produzido um relato preciso com pequena margem de erros. Copistas posteriores – como Alfonso Chacón, a quem foi atribuída a publicação de 1590 que acabou resultando na edição de De Wyon – podem ter introduzido inadequações por sua conta e risco. Acresce a isso o fato de que o latim que aparece na publicação de De Wyon não é perfeito, o que implica um risco maior de erro, embora em sua grande maioria os termos usados sejam específicos e inequívocos.

Levando em consideração erros menores na transcrição e tradução, vejamos agora o conjunto das profecias no seu todo. Vimos anteriormente como as primeiras profecias provavelmente sofreram alterações para parecerem mais plausíveis e precisas. Com essa finalidade, elas foram corrigidas até o século XVI, ao passo que os registros posteriores, após a publicação, não tiveram essa "interferência" e deveriam ser menos precisos e menos específicos. Na verdade, é difícil encontrar explicações para algumas profecias mais recentes, mas muitas ainda são surpreendentemente precisas.

Como termo de comparação, podemos examinar rapidamente alguns exemplos de precisão pré-publicação. O primeiro papa na lista, Celestino II, reinou durante o século XII e foi previsto como "Ex Castro Tiberis", de um castelo às margens do Tibre. Celestino nasceu num castelo às margens do Tibre, de modo que a profecia se confirma. Urbano III, cuja maravilhosa descrição se traduz como "porco numa peneira", tinha o sobrenome "Crivelli", que significa "peneira", e um porco enfeitava seu escudo de armas, que é igualmente específico e exato.

As profecias prosseguem nessa mesma linha, embora algumas interpretações não sejam imediatamente óbvias, apesar de anteriores à publicação. Por exemplo, a profecia para Júlio II (1503-1513) é desnecessariamente emaranhada. A descrição "Fructus Jovis Juvabit" se traduz como "O fruto de Júpiter agradará". A explicação para isso é que o nome de família do papa era Della Rovere, que significa "carvalho", e que o carvalho e seu fruto eram consagrados a Júpiter. É difícil conciliar essa descrição pagã com autoria católica quando teria sido bem mais simples usar "carvalho" para descrever a profecia.

Depois da publicação das profecias em 1595, elas continuam referindo o nome, o lugar de nascimento ou o brasão do papa correspondente. As poucas que parecem não ter explicação são em número tão pequeno que poderia bem acontecer que a história deixou de registrar sua relação com a profecia ou então que alguma coisa se perdeu na transcrição, seja das palavras do profeta diretamente ou por autores posteriores. Para algumas profecias teria sido possível estabelecer a correspondência do papa com a profecia depois do evento de sua coroação por conluio – exemplos disso são aqueles que descrevem o brasão papal, que era adotado depois da eleição do papa.

As profecias importantes são aquelas que se cumpriram sem nenhuma possibilidade de intervenção por parte do Vaticano. A profecia para o papa Pio VII não pode ter sido forjada. Seu reinado coincidiu com a ascensão de Napoleão, cuja fama e poder obscureceram o papa consideravelmente. A profecia para o tempo de Pio foi "Águia rapace", e a águia era o símbolo que identificava Napoleão. Há outras profecias que também se basearam em fatores externos, como o local do conclave, acontecimentos históricos ou dias festivos que coincidem com a eleição. Clemente IX (1667-1669) foi profetizado como "Constelação de Cisne". Ele foi eleito no "Salão dos Cisnes", dentro do Vaticano, embora qualquer cardeal poderia ter sido eleito naquele lugar e portanto corresponderia à profecia. Isso não invalida a predição, mas desloca o foco da identidade do indivíduo para o ambiente.

Mais evidências comprobatórias da precisão das profecias podem ser vistas no caso do papa Clemente XIII (1758-1769), cuja profecia era "Rosa da Úmbria". Clemente era ex-governador na Úmbria, que tem uma rosa como emblema estadual. O papa João XXIII (1958-1963), cuja profecia o descreveu como "Pastor e nauta", fora anteriormente cardeal de Veneza, e o papa Leão XIII (1878-1903) é descrito como "Luz no Céu": seu escudo de armas mostra uma estrela cadente. Esses e numerosos outros exemplos são precisos 700 anos depois de terem sido escritos e 400 anos após a publicação.

Inocêncio XII (1691-1700), cuja profecia se traduz como "Ancinho na Porta", era natural de Rastrello, palavra italiana que significa "ancinho", e o brasão da família incluía originalmente um ancinho. Essa é uma predição das mais exatas e das mais difíceis de forjar. A eleição de Inocêncio se deu no fim de um conclave muito difícil de cinco meses, de modo que é improvável que sua eleição tenha sido uma simples tentativa de fazer a profecia realizar-se.

Outro exemplo importante de precisão das profecias é o pontificado de Bento XV (1914-1922), em que ele viu a Revolução Bolchevista proscrever o catolicismo na Rússia, a gripe espanhola pandêmica de 1918 que assolou a Europa e a irrupção da Primeira Guerra Mundial, que matou mais de 20 milhões de pessoas. Sua profecia era "Religião despovoada". Deve-se observar que esses eventos mundiais não poderiam ter sido evitados, de modo que não teria importado qual papa reinasse nessa época. A profecia está vinculada ao tempo dos eventos históricos e não ao homem, mas é claro que o vínculo com o papa não poderia ter sido forjado, absolutamente.

CREDIBILIDADE

A principal ameaça à precisão das profecias mais tardias é representada não pelo processo de interpretação, mas por sua credibilidade, devido aos vários modos em que um papa em potencial poderia tentar ajustar-se à predição. A existência dessas descrições é um risco quando consideradas da perspectiva da possível influência sobre a escolha dos papas. Qualquer relação entre um candidato e a frase para aquele papa poderia ser usada como propaganda para apoiar sua campanha eleitoral e é provável que as profecias tenham sido originalmente liberadas com essa intenção.

Mesmo depois de se tornar papa, ainda era possível tentar realizar a predição. O papa Clemente XI (1700-1721) foi eleito sob a profecia "Cercado de flores", mas seus seguidores não conseguiram encontrar esse vínculo, por isso cunharam uma medalha em seu nome com o mote sobre ela para validar a predição. O papa Pio VI (1775-1799) foi descrito pelos escritores contemporâneos como "Peregrino apostólico na Terra". Malaquias o descreveu precisamente como "Papa apostólico", mas ele só recebeu esse título depois da morte, por isso é difícil concluir se ele correspondeu à profecia ou não. Existe um curta-metragem em preto e branco da vida desse papa, com o título *O Papa Peregrino*, que é exato e potencialmente forjado. Houve outras possíveis interpretações, mas as citadas ilustram que as profecias eram consideradas bastante importantes para justificar a invenção de vínculos entre um papa e sua respectiva descrição.

Trata-se de uma ação que se autorrealiza, em que a profecia é lida e usada para forjar uma relação com um indivíduo. A mesma coisa se pode dizer daqueles que se tornaram papas e escolheram brasões pontifícios que mais tarde são considerados descrições da profecia. Não podemos saber com certeza se eles escolheram a figura para se adaptar à profecia ou se chegaram realmente a um modelo heráldico livres da influência do texto. É uma possibilidade muito real que as profecias possam influenciar tanto as ações dos cardeais que queriam ser eleitos quanto a mente dos cardeais que votavam para escolher.

PONDERAÇÕES FINAIS SOBRE AS ACUSAÇÕES DE FALSIFICAÇÃO

Se as profecias foram uma fabricação do século XVI, seria de se esperar que sua precisão se dissipasse depois da sua publicação. Elas deveriam se tornar vagas e facilmente aplicáveis a diversos candidatos. Não é isso que acontece, porém. As profecias se mantêm limpidamente precisas e escritas na mesma forma clara característica do período anterior à publicação. Algumas correspondem perfeitamente ao papa a que se referem.

Os exemplos de precisão expostos antes, especialmente os relacionados com acontecimentos mundiais alheios ao controle do papa, não podem ter sido um palpite feliz do falsificador. Do mesmo modo, se tomarmos a ideia de que as profecias anteriores foram retocadas para parecer perfeitamente precisas, seria lógico que pelo menos algumas das posteriores fossem obscuras. Segundo a acusação, elas foram publicadas para fins políticos durante um conclave particularmente longo e difícil, mas o texto deixa claro que elas eram precisas antes e depois desse momento. Da minha parte, não tenho dúvida de que quem quer que as tenha transcrito do original pode ter feito algumas alterações para tornar as anteriores mais precisas e então aprimorou a profecia referente à ocasião para ajustá-la aos próprios fins políticos.

De certo modo, é inteiramente aceitável que quem quer que tenha copiado do original quisesse corrigir pequenos erros, do mesmo modo que um editor aprimora a obra de um escritor antes de encaminhá-la para a impressão. Se aceitarmos a hipótese de que o autor da transcrição das profecias procurou "polir" as profecias anteriores revisando aspectos obscuros do texto, precisamos concluir que ele não agiu como escrevente, mas como editor. Com essa distinção, podemos atribuir as partes fabricadas ao editor e o texto original ao autor, seja ele Malaquias ou outras pessoas desconhecidas. As imprecisões e erros nas alterações provam que o editor e o autor são duas pessoas diferentes: as profecias são de natureza visionária, mas o ato de editá-las não o é. O escrevente teria usado uma versão corrente da história papal, como o *Epitome Romanorum Pontificum usque ad Paulum IV*, publicado em 1557 por Onuphrius Panvinius, para comparar e reelaborar possíveis profecias de sentido obscuro.

Isso não desmerece o texto original, que deve ter sido produzido por um profeta habilidoso. Minha conclusão atinente à questão da falsificação é que as profecias, em sua quase totalidade, são um registro verdadeiro de um autêntico ato profético.

Se observarmos mais além, perceberemos que estamos diante de algo novo aqui, algo desafiador que precisamos levar em consideração. Depois da publicação, as profecias assumem um tom diferente, no sentido de que a correlação entre o papa e a descrição que o identifica muitas vezes só é percebida depois da eleição. São muitos os exemplos em que algum ato ou evento após a coroação os identifica perfeitamente com a profecia ou em que o nexo com ela só é reconhecido depois que assumem a função. Isso significa que os candidatos não podem ter tentado cumprir a profecia incorporando os traços descritos e que a visão protegeu a si mesma – como se, ao ser inicialmente revelada, ela sabia que circularia durante o século XVI. Dessa perspectiva, poder-se-ia dizer que as profecias foram tanto um ato de transcendência do tempo quanto enunciadas de uma forma que gira em torno do tempo exato da publicação. A diferença é sutil e difícil de provar, mas o conceito é bem interessante.

A ÚLTIMA PROFECIA

A última profecia relacionada a Pedro Romano e ao Fim dos Tempos é diferente de todas as que a precedem e tem um parágrafo inteiro de texto descritivo. O breve epíteto que dá uma pista para a identidade do papa é do mesmo formato, mas o texto que o circunscreve oferece o contexto para os eventos que, segundo a predição, esse papa testemunhará.

Os detratores basearam sua suspeita na posição desse texto para questionar se ele fazia parte da profecia original ou se a mudança de estilo indica uma lacuna textual em que outros papas não descritos podem intervir. A opinião de que a última profecia no *Lignum Vitae* de De Wyon é um parágrafo independente que segue a profecia "Glória da oliveira" sugere que os dois últimos papas, por não serem adjacentes, não podem ser consecutivos.

Há dois contra-argumentos a isso. O primeiro diz que é difícil imaginar que o profeta teria recebido uma visão incompleta. Dar-se ao trabalho de profetizar sobre 111 papas, abrangendo mais de 700 anos, e daí saltar inesperadamente para o fim, é algo difícil de acreditar. A segunda razão é que o texto não oferece nenhuma indicação de que devemos esperar uma lacuna na narrativa nesse contexto. Como as profecias foram originalmente ditadas como um fluxo desestruturado de expressões latinas, é possível que o texto original não tivesse nenhuma quebra de linhas.

Outra acusação levantada contra esse texto é que ele teria sido um acréscimo tardio aos escritos de outra pessoa. O símbolo dos beneditinos é o ramo de oliveira e assim, com a descrição do penúltimo papa como "Glória da oliveira", imaginou-se que esse papa seria um beneditino. Segundo algumas fontes, inclusive um verbete na *Enciclopédia Católica* de 1913, monges beneditinos acrescentaram Pedro Romano para evitar que a descrição da última perseguição a Roma fosse associada aos beneditinos. Estes seriam perseguidos por setores internos da própria Igreja se a ordem fosse vista como mensageira do Fim dos Tempos. O próprio De Wyon, que publicou o texto, era um historiador beneditino.

Se os beneditinos resolveram retificar o texto, eles podem ter feito isso acrescentando "Pedro Romano" à lista dos papas depois de "Glória da oliveira" e prescindindo da descrição do Fim dos Tempos. A inserção desse texto extra no último parágrafo seria menos digna de crédito, pois vimos o contexto do último papa questionado por ser uma alteração de estilo. Acrescente a isso o fato de que a quantidade de revisões exigida não é prática. Se o último parágrafo não tinha nome antes de De Wyon, teria sido necessária uma reelaboração de todo o parágrafo para poder incluí-lo.

A questão da autoria também é novamente levantada, citando especificamente o último parágrafo como uma entidade separada com relação às demais profecias. A alegação de que a lista original de nomes não contém uma referência a "Pedro Romano" e que as últimas linhas foram acrescentadas ao texto impresso no *Lignum Vitae* de De Wyon não pode ser provada sem que o manuscrito original seja liberado. Pelo conteúdo do último parágrafo está claro que ele está descrevendo um evento que coincide com o último papa e que "Pedro Romano" é mencionado nesse parágrafo. As circunstâncias especiais dessa última profecia asseguram a inclusão de texto adicional, enquanto a descrição real do papa como "Pedro Romano" está inteiramente conforme com as outras profecias.

Se o profeta original testemunhou esse evento, ele seria impelido a acrescentá-lo à sua descrição dos papas. Mas se o evento foi forjado pareceria improvável servir a qualquer propósito que não o de perturbar os que o lessem. Seu único propósito seria dar continuidade à tradição da literatura apocalíptica no cristianismo.

UM LUGAR NO CÂNONE DA ESCATOLOGIA

Escatologia é uma palavra derivada do grego, significando "doutrina das últimas coisas". O cristianismo a emprega para designar os quatro acontecimentos finais que assinalam o fim do mundo: a segunda vinda de Cristo, a ressurreição dos mortos, o Juízo Final dos vivos e dos mortos e a separação dos que serão salvos e dos que serão condenados.

Essas profecias constam do Apocalipse de São João e do Evangelho de Mateus (24,5-30) e descrevem as convulsões que acompanharão o Fim dos Tempos. Em anos recentes, muitos cristãos adeptos da escatologia enfatizaram a virada do milênio como o provável momento para a manifestação desses eventos. Isso não aconteceu, mas não diminuiu a crença nas predições do Fim dos Tempos.

A *Profecia dos Papas* não é a única a fazer predições específicas para papas e para o Fim dos Tempos. Um grupo de profecias publicadas sob o título *Genus Nequam* entrou em circulação no final do século XIII. A publicação original em 1292 foi associada aos cardeais daquela época, mas edições posteriores foram ampliadas para incluir papas, começando com Nicolau III (1277-1280). Essas profecias são visuais no sentido de que contêm imagens dos papas acompanhadas por descrições breves. O simbolismo das imagens é constituído de muitos elementos animais heráldicos que acompanham as figuras, como leões, ursos, unicórnios e corvos, além do símbolo da flor-de-lis. Conhecem-se atualmente trinta profecias desse grupo. A autoria e o objetivo desses textos são desconhecidos, mas podem ter servido de propaganda para influenciar a eleição papal de 1304, ecoando o uso das profecias publicadas em 1595.

Por volta de 1328 apareceu um segundo conjunto de imagens para o *Genus Nequam*, incluindo o *Ascende Calve*, uma continuação dos papas que foram influenciados pela política da época. Esse conjunto também começa com Nicolau III, mas termina com um apocalipse e o último papa é associado à imagem do grande dragão do Apocalipse bíblico. Vários conjuntos terminam com o último papa representado como o Anticristo. O texto da última profecia, quando presente, é em geral tirado da destruição de Nínive, descrita no Livro do profeta Naum, ou então do reconhecimento da soberania de Deus, exposto no Livro do profeta Daniel.

A primeira edição do *Genus Nequam* apresentava doze gravuras com imagens e descrições, predizendo um "papa angélico". A expressão "pastor angélico" aparece em várias profecias relacionadas ao Fim dos Tempos, como um dos eventos que antecedem ou coincidem com a vinda do Anticristo. Em *A Profecia dos Papas*, Pio XII (1939-1958) é descrito como "pastor angelicus". O pontificado desse papa coincidiu com a Segunda Guerra Mundial e com o apogeu do poder de Hitler. Quando os crimes nazistas contra o povo judeu e outros são considerados, não se faz necessário um grande passo para ver Hitler como uma figura que atende aos critérios do Anticristo: uma criatura de ódio e intolerância que fracassou em seus planos de livrar o mundo da raça à qual Jesus pertenceu.

Existem muitos outros exemplos da tradição apocalíptica da escatologia, alguns específicos da queda de Roma.

A GRANDE TRIBULAÇÃO

Alguns temas básicos são recorrentes na profecia católica para o que se denomina "grande tribulação". Os aspectos subjacentes com que muitos profetas concordam são de que haverá uma guerra mundial, catástrofes naturais e um ato de Deus. Existem também semelhanças nas descrições de membros da Igreja que sofrem muitas perseguições, a consequência última sendo a deposição do papa de Roma. O consenso conclui que finalmente uma figura de boa vontade reunirá um exército e expulsará da Europa os inimigos da Igreja. Então haverá paz até o tempo do Anticristo.

Profetas e videntes através da história repetem os elementos dessa narrativa. Essas ideias estão nos escritos de São Cataldo (século V), para quem o "Grande Rei" promoverá a guerra; São Columba (século VI) escreveu sobre grandes guerras e a pilhagem da Igreja; o monge Adso (século X) escreveu que um rei dos francos irá a Jerusalém para depositar sua espada no Monte das Oliveiras e imediatamente depois o Anticristo aparecerá. São Tomás Becket (século XII) disse que "guerras e prodígios acontecerão perto do fim do mundo"; São João de Cleft Rock (século XIV) escreveu que o Anticristo se revelaria no ano 2000 e que o papa teria de fugir de Roma; e o padre Balthassar Mas (século XVII) viu a terra sendo tragada pelo mar.

Santa Hildegarda de Bingen (século XII) previu que um cometa provocaria grandes inundações em muitos países, seguido de tempestades, terremotos e ondas gigantes. Ela identifica "uma grande nação no oceano habitada por pessoas de diferentes tribos" que será devastada por terremotos e que ficará parcialmente submersa. Muitos interpretaram essa nação como a Grã-Bretanha, mas esta não se localiza sobre nenhuma grande falha geológica. É mais provável ser uma descrição dos Estados Unidos, onde a Costa Oeste já apresenta sinais de ser levada pelo mar.

Outros profetas que não são reconhecidos pela Igreja Católica, como Nostradamus, também fizeram predições relacionadas aos papas e ao Fim dos Tempos. A profetiza inglesa Old Mother Shipton foi precisa em muitos aspectos das suas profecias e publicou o seguinte no século XVI: "Carruagens se movimentarão sem cavalos e acidentes encherão o mundo de tristeza. Pensamentos percorrerão o mundo num piscar de olhos. O homem cavalgará pelas colinas e não se verá cavalo ao seu lado. O ferro flutuará na água tão facilmente como um bote de madeira". No entanto, sua predição para o fim do mundo foi um tanto prematura, pois escreveu que "o mundo chegará ao fim em 1881".

A Irlanda já conhecia essa profecia muito antes do nascimento de Malaquias. Parte do apelo de Malaquias como autor das profecias papais seria a longa tradição da profecia apocalíptica na Irlanda, que remontava a São Patrício. São Patrício, o santo padroeiro da Irlanda, descreveu como o mar submergiria a Irlanda sete anos antes do Juízo Final, de modo que o Anticristo não teria condições de assumir o controle sobre a população. De acordo com o autor Bander, essa inundação é considerada uma "bênção". Esse é um episódio repetido em muitas histórias do povo irlandês desde aquele tempo, embora pareça estranho que Deus tenha de matar as pessoas para salvá-las, mas essa é frequentemente a forma assumida pelo pensamento apocalíptico. O mundo será destruído, mas as pessoas serão salvas.

A última profecia dos papas enraíza-se nessa tradição escatológica, mas também oferece informações específicas com relação ao último papa. Examinando o texto, podemos chegar a um entendimento do destino que espera a Igreja de acordo com o profeta e o último papa, Pedro Romano.

CAPÍTULO 10

A ÚLTIMA PROFECIA

INTRODUÇÃO

Chegamos a um momento na história da Igreja Católica em que podemos olhar para o passado, observar os períodos de provações e turbulências e apreciar estes nossos tempos de relativa tranquilidade. A última profecia, que descreve a destruição de Roma e do último papa, pode parecer muito distante da organização tradicional e estável que move atualmente o Vaticano. Entretanto, quanto mais profundamente esquadrinhamos o halo atual de respeitabilidade, mais fissuras detectamos, e o edifício todo quase verga sob a pressão dos seus detratores, tanto dentro como fora da Igreja. Sob a aparência plácida, a Igreja Católica e o novo papa Francisco se deparam com muitos desafios.

Um curto parágrafo conclusivo de A *Profecia dos Papas* prediz o que irá ocorrer durante e após o pontificado do último papa. A afirmação original, feita em latim, é a seguinte:

> *In persecutione, extrema S.R.E. sedebit Petrus Romanus, qui pascet oves in multis tribulationibus: quibus transactis civitas septicollis diruetur, et Judex tremendus judicabit populum suum. Finis.*

A tradução é esta:

Na última perseguição, a sede da Santa Igreja Romana será ocupada por Pedro Romano, que apascentará as ovelhas em meio a muitas tribulações, e quando essas coisas tiverem terminado, a cidade das sete colinas será destruída e o Juiz terrível julgará seu povo. Fim.

Uma análise preliminar do texto revela que ele segue a tradição da profecia apocalíptica e inclui muitos elementos importantes da escatologia, como o Juízo Final. A visão descrita sugere o fim da Igreja Católica, causado tanto por forças externas quanto por perseguições, seguidas pelo Juízo Final. Outros profetas previram que eventos cataclísmicos ocorrerão antes do Fim dos Tempos, mas muitos não os considerarão fenômenos de origem divina. Para que o evento seja de natureza apocalíptica, é preciso que ocorra tanto a destruição física como espiritual da Igreja.

Com o tempo do último papa já em curso, deve ser possível identificar as forças que inflamam essa situação hoje, pois elas encaminham para os últimos dias. Precisamos dissecar a profecia linha a linha para compreender a possível causa desses acontecimentos.

PERSEGUIÇÕES E TRIBULAÇÕES

Na última perseguição...

A primeira linha se refere à "última perseguição [...] da Igreja" e uma segunda referência a "muitas tribulações" dá uma rápida ideia do que deve acontecer ao último papa. O uso da palavra "última" implica que houve, ou haverá, inúmeras perseguições que a precederão. Certamente, a história da Igreja registra muitas perseguições, críticas e ataques de todos os tipos, mas se entendermos esta como a culminância de uma torrente de perseguições, podemos buscar uma explicação do que tais perseguições podem ser.

Um ato persecutório é praticado: não é um cataclismo ou um acidente aleatório, mas ações de quem acusa o papa e a Igreja Católica. Em contraste, "tribulações" pode ser um conjunto maior de eventos que afligem a Igreja.

A história da Igreja Católica parece uma longa batalha contra um inimigo ou outro, mas desde a Reforma o próprio caráter da Igreja esteve sob escrutínio cada vez mais minucioso, com resultados aquém do desejado. No fim do século XX, muitos escândalos vieram à tona para abalar a estrutura da Igreja e lançar dúvidas sobre os que antes eram tidos em alta estima. A Igreja Católica está atualmente cercada de críticos por todos os lados.

Essas acusações podem ser vistas como evidência de que perseguições já estão acontecendo, algumas das quais examinaremos mais de perto. Em anos recentes, a mídia chamou a atenção de todos para o vazamento de informações de dentro do Vaticano, segundo as quais nem tudo está bem com as finanças. Onde papas anteriores haviam gasto impunemente, a situação hoje é de regulação e responsabilidade bancária, de modo que a má administração financeira do passado não é mais aceita.

O BANCO DO VATICANO

A Igreja tem uma longa tradição que se caracteriza pela incapacidade de "manter as contas em equilíbrio", uma vez que inúmeros papas esvaziaram os cofres para patrocinar extravagâncias ou financiar caprichos de terceiros. O problema que a administração da Igreja Católica enfrenta é o fato de que o custo do gerenciamento de uma organização tão complexa depende de doações sempre maiores e do apoio de outros bancos. Em décadas recentes, procurou-se uma solução para essa questão, num esforço para proteger o Vaticano do constrangimento da dependência financeira dos bancos italianos.

Em 1942, Pio XII criou o Banco do Vaticano, o qual continua sendo um dos operadores financeiros mais secretos do mundo. Como o Vaticano é seu próprio Estado, a contabilidade do banco é hermeticamente guardada, não sendo auditada por agências independentes. Especulações surgiram ao longo dos anos em torno do grande potencial desse sistema para as práticas de malversação financeira e de corrupção.

Os maiores temores de muitos confirmaram-se no início da década de 1980, quando o Banco do Vaticano esteve envolvido na falência do Banco Ambrosiano, do qual era o acionista principal. Executivos do Ambrosiano foram associados à lavagem de dinheiro, à liberação de fundos para o comércio de armas ilegais e a vários assassinatos, inclusive o de Roberto Calvi, encontrado enforcado sob a Blackfriars Bridge, em Londres, em 1982. Calvi era o presidente do Banco Ambrosiano, havia intermediado com o Banco do Vaticano e também constava da lista de membros da P2. A P2 se tornou um escândalo político de enormes proporções na Itália como uma loja quase maçônica que servia de fachada para recrutar políticos, oficiais militares e funcionários públicos com vistas a derrubar o governo italiano e instalar uma ditadura fascista.

Depois do colapso do Banco Ambrosiano, o Banco do Vaticano fechou novamente as portas a ações de inspeção, mas vários escândalos vazaram nos últimos anos, sinalizando fortemente que nem tudo está bem com as finanças da instituição. Recentemente o banco precisou defender-se de acusações de crimes financeiros denunciadas por seus funcionários. Na atual administração, os funcionários assumiram para si a tarefa de vazar informações sobre a situação financeira e em 2011 o jornal italiano *Il Fatto Quotidiano* levantou questões relacionadas com possíveis práticas ilegais do Banco do Vaticano. Uma carta que vazou discutia como o banco poderia ser usado para lavagem de dinheiro e sonegação de impostos. Como de costume, quando essas acusações surgiram, a Igreja procurou a pessoa responsável pelo vazamento, mas não comentou publicamente os problemas levantados pelas cartas.

Há implicações maiores relacionadas com essa história, que continua produzindo notícias. Uma carta de março de 2010 do arcebispo Carlo Maria Vigano ao papa Bento XVI chegou à imprensa com denúncias de nepotismo e corrupção no departamento em que ele trabalhava. Não há regulação financeira externa, e se há corrupção internamente, então é apenas questão de tempo antes que o sistema financeiro do Estado do Vaticano entre em colapso.

Como entidade não regulada, o Banco do Vaticano está também na perigosa posição de poder exagerar seu verdadeiro valor em termos de tomar empréstimos e emprestar, correndo o risco de cair num colapso financeiro catastrófico semelhante ao desastre que se abateu sobre os bancos da Islândia em 2008. No caso destes, após a desregulamentação, os três maiores bancos da Islândia acumularam dívidas de 50 bilhões de euros, para um Produto Interno Bruto do país de apenas 8,5 bilhões de euros. Quando as crises financeiras começaram e as dívidas foram cobradas, o sistema bancário islandês, sem capacidade para saldá-las, entrou em colapso. Uma má administração financeira semelhante poderia expor o Banco do Vaticano ao risco de colapso e desencadear uma mudança de opinião contra a Igreja.

O efeito de escândalos assim sobre a opinião pública levanta a questão da ética da Igreja. Raramente é possível ver o banco como um anacronismo, aparentemente ignorante da ironia de sua posição com relação a Jesus expulsando os mercadores do templo.

Outra área questionável das finanças do Vaticano são seus investimentos na bolsa de valores. Muitos desconhecem que a Igreja Católica coleta doações dos fiéis e as investe no mercado de ações. É da natureza da participação no mercado de ações apostar no valor das ações em alta. Na sua forma mais simples, trata-se de puro jogo de azar. Os jogos de azar foram proibidos na Igreja Católica por Bento XIII no século XVIII, e pelo que eu saiba nunca voltaram a ser liberados.

À situação financeira soma-se o problema relacionado com a riqueza do Vaticano. A Igreja Católica publicou o *Compêndio de Doutrina Social da Igreja* em 2005. Ele define os critérios para os sete "pecados sociais", entre os quais se incluem o controle da natalidade, as pesquisas com células-tronco, a poluição do meio ambiente e, surpreendentemente, "o excesso de riquezas", que o documento parece não reconhecer como um pecado propriamente dito. Aos críticos não passou despercebido o constrangimento das riquezas expostas na Cidade do Vaticano. Muitas pessoas alheias à Igreja já veem o catolicismo como um mecanismo de controle de massas e de taxação dos pobres para preservar o poder e a riqueza de Roma.

Na atenção voltada à América do Sul e à África, a Igreja também enfrenta as questões da pobreza e da fome. Como o Vaticano se manteve afastado desses problemas, os padres que viviam em algumas das regiões mais miseráveis do mundo se mostraram pouco confiantes frente à situação. Desde a década de 1950, muitos desafios que se apresentaram à América do Sul precisavam do Vaticano para amenizar a pobreza da população. Como o Vaticano não ofereceu uma resposta, constatam-se os sinais de uma revolução contra a pobreza, inspirada em ideais marxistas utilizados de modo furtivo com o objetivo de induzir a Igreja a abordar esses problemas.

Essas questões somam-se a um descontentamento crescente em atitudes para com a Igreja tanto em sua posição ética como no modo como ela reage aos escândalos. Elas agravam a opinião pública a respeito da Igreja Católica, já maculada pelo escândalo que chocou os seguidores da Igreja nos últimos anos – o escândalo da pedofilia.

PEDOFILIA E A IGREJA CATÓLICA

Durante a década de 1980, a imprensa internacional dedicou inúmeras páginas à questão dos abusos sexuais e físicos sofridos por crianças ligadas de algum modo à Igreja. Torrentes de acusações inundaram muitos países, e só nos Estados Unidos a Igreja pagou mais de 60 bilhões de dólares em indenizações às vítimas. No maior processo judicial até hoje movido, mais de 500 casos de abuso sexual comprovados foram julgados. Esse pode não ser um fenômeno novo, uma vez que a escala de tais abusos não teria sido percebida ou denunciada tão amplamente em épocas anteriores. Esse problema projetou uma longa e escura sombra sobre a Igreja, uma Igreja que, até recentemente, era bem-vista e respeitada por grande porcentagem da população.

As investigações expuseram o desinteresse sistemático de toda a hierarquia da Igreja em admitir e resolver os problemas denunciados. Casos individuais receberam pouca ou nenhuma resposta quando levados ao conhecimento dos bispos, e em algumas situações o indivíduo acusado de abuso foi meramente transferido para uma região diferente sem nenhum envolvimento da polícia.

Na própria esfera do Vaticano parece que a Igreja foi incapaz de tratar a questão de modo responsável. O papa João Paulo II não deixou de ser criticado, e enquanto a Igreja o retrata com uma aura de santidade, ele deixou (ou preferiu) de considerar o volume de acusações graves de pedofilia que ocupavam semanalmente os meios de comunicação de todo o mundo. Isso continua até hoje, quando a Igreja parece proteger integrantes de sua hierarquia que abusam de inocentes.

Houve nos últimos anos na Irlanda casos de pedofilia encobertos pelo cardeal Brady, mais uma vez abalando seriamente a confiança do público na Igreja. Brady deixou de comunicar à polícia inúmeros casos comprovados de pedofilia (cf. BBC News de 8 de maio de 2012).

O abuso infantil é o último tabu em qualquer civilização do mundo. Trata-se de um dos atos que poderiam ser descritos como verdadeiramente maus; no entanto, os "piedosos" padres da Igreja parecem os mais suscetíveis a se deixar levar por esses crimes. Quando os que ocupam posições de poder exploram sexualmente as crianças que estão sob seus cuidados, eles perdem todo o respeito normalmente associado à sua posição e posto. Essa enorme perda de confiança poderia com o tempo arruinar a Igreja, pois o público pensa que ela está eivada de pedófilos. Com esses escândalos de abuso, a conclusão a que muitos chegam é que a Igreja Católica de algum modo cria a perversão. A realidade, porém, igualmente perturbadora, é que a Igreja Católica está sendo explorada por pedófilos.

Podemos facilmente compreender que a mente consciente entende que sentimentos impróprios com relação a crianças devem ser contidos; além disso, logicamente, uma vocação como a de um padre celibatário parece atraente. A perversão, porém, não procede da mente consciente, mas da parte inconsciente da psique. Ela coloca o indivíduo no ambiente mesmo da criança que ele se esforçava em evitar. Assim, conscientemente, o pedófilo quer reprimir sua sexualidade ingressando no sacerdócio, mas inconscientemente se põe numa posição de poder sobre outros e com acesso a crianças.

Como a opinião pública a respeito da Igreja Católica decaiu até aqui, ela só continuará a sobreviver se abordar esses problemas diretamente. Em reação ao escândalo, como organização, a Igreja deve denunciar imediatamente toda suspeita de abuso à polícia. Crimes passados devem ser admitidos e a expiação deve ser feita através de julgamento, e não evitada por meio de suborno. Infelizmente, a prisão não ajuda os pedófilos a superar sua condição, apenas os retira da sociedade por algum tempo.

No prazo imediato, se não podem ser protegidas, as crianças não devem ficar sozinhas na companhia de padres. Em qualquer outra profissão, nenhum adulto pode ter acesso a crianças, a não ser que passe por exames físicos minuciosos e se submeta a avaliações policiais — e ainda assim, com supervisão e na companhia de um dos pais ou de um tutor. Por fim, o papa deveria decretar a pedofilia uma "blasfêmia contra o Espírito Santo", pois a blasfêmia é o único "pecado imperdoável", segundo a Bíblia (Mateus 12,31-32, Marcos 3,29, Lucas 12,10).

Conquanto barreiras físicas devam ser erguidas, o problema do abuso infantil acaba sendo tanto uma deficiência do indivíduo afetado em encarar sua necessidade de ajuda quanto uma deficiência da Igreja em reconhecer que a repressão da sexualidade leva à perversão.

A Igreja Católica atrai aqueles que se envergonham de sua sexualidade e buscam o sacerdócio para ser "celibatários", enquanto sua angústia os impele subconscientemente a alcançar uma posição de poder. É possível amenizar esse problema revogando a lei do celibato e permitindo o casamento dos padres. Assim a Igreja se tornaria menos atraente para aqueles que deveriam procurar ajuda, em vez de um lugar onde se esconder. A prática do celibato na Igreja baseia-se em Mateus 19,12, que cita Jesus dizendo que "há eunucos que se fizeram eunucos por causa do reino dos céus". O termo "eunuco" denota alguém que foi castrado, mas é deturpado e entendido como "celibatário", o que é errado. Além disso, o celibato nunca foi um grande problema para muitos papas, pois tinham esposa e concubinas, às vezes inclusive durante seu pontificado.

A questão do celibato faz parte de um problema mais amplo da Igreja, que consiste em não enfrentar o tema da sexualidade. Numa época avançada, no século XVI, com Paulo III, os papas ainda procriavam, às vezes fora do matrimônio. Desde aquele tempo a Igreja Católica deixou sistematicamente de abordar questões de sexualidade. À parte o impacto do celibato, comentado anteriormente, a Igreja se prendeu a questões como o divórcio, o aborto, a contracepção, o casamento entre pessoas do mesmo sexo, o casamento dos padres e a promoção da mulher ao sacerdócio. Nenhuma dessas questões se encontra na Bíblia. A contracepção é uma providência moderna necessária num tempo em que a população do mundo excede em muito seus recursos. Proibir sua prática a milhões de católicos é demonstrar uma ignorância chocante da situação do mundo. Entre esses milhões, é incontável o número de pessoas classificadas como as mais miseráveis do planeta; no entanto, a Igreja Católica permite que tenham filhos que não podem ter e então não as ajuda a sustentá-los financeiramente. Proibir a contracepção a pessoas que vivem em pobreza absoluta e hedionda é condenar seus filhos à morte por fome ou doença.

No dia 14 de novembro de 2012, uma jovem na República da Irlanda morreu durante o parto em consequência de complicações causadas pelo bebê. Se fosse feito um aborto, ela poderia ter sobrevivido, mas esse procedimento foi rejeitado com base em princípios religiosos, porque o catolicismo é a religião oficial. Ela não era católica, mas teve de submeter-se à lei. Como homem, não acho que deva ter algo a dizer sobre a questão do aborto — no máximo eu diria que cabe ao indivíduo decidir, o qual deve posteriormente ser apoiado em sua decisão. A questão aqui não é se o aborto é certo ou errado, mas que há circunstâncias em que deve ser permitido como emergência médica.

A Igreja se debate também com a questão da homossexualidade, e isso pelo simples fato de não considerá-la como algo natural. As pessoas não escolhem nem aprendem a ser *gays* — elas nascem *gays* — e negar-lhes isso é negar-lhes a vida, uma atitude que contraria o que Jesus ensinou. Um ex-padre católico que estudou em Roma disse-me certa vez que circulava no Vaticano uma Escritura apócrifa segundo a qual o apóstolo Paulo era "capaz de praticar amor físico com outro homem". Isso não deveria surpreender, considerando que o Novo Testamento é totalmente dominado pelo sexo masculino, mas a Igreja Católica se recusa a aceitar a existência de relacionamentos entre pessoas do mesmo sexo como algo que não seja imoral.

A atitude hipócrita com relação à homossexualidade é cabalmente ilustrada pela renúncia do único candidato papal do Reino Unido em 24 de fevereiro de 2013. O cardeal Keith O'Brien devia viajar para o conclave após a renúncia do papa Bento XVI, mas renunciou ao cargo depois de inúmeras denúncias segundo as quais ele teria se insinuado de modo impróprio a homens jovens no sacerdócio. Isso estava de acordo com sua posição pública incongruente contra a homossexualidade. Com frequência acontece que aqueles que tentam reprimir sua sexualidade são os que mais a condenam.

Os danos que essas atitudes antiquadas causam à Igreja são imensuráveis. Grandes setores da população são excluídos ou depreciados pela Igreja. As mulheres, de modo especial, não são reconhecidas pela Igreja e continuam excluídas de todas as atividades religiosas, a não ser das mais básicas.

Esses problemas estão se tornando fatais para a Igreja Católica, uma vez que o entendimento e a opinião pública avançaram, e o que era no passado um lugar de orientação e sabedoria está se tornando uma nova Inquisição contra a sociedade moderna. Essa nova Inquisição não compreende as necessidades dos fiéis e os que não pertencem à Igreja a veem como ignorância e doutrinação.

O apelo à mudança não é meramente pressão externa. Mesmo as comunidades mais devotas contam com críticos que se manifestam abertamente. Há muito tempo a Irlanda tem a reputação de ser um bastião da fé católica, mas mesmo aqui se constata uma sensação de revolta entre os padres. Um grupo de sacerdotes irlandeses se manifestou sobre a necessidade de reformas na Igreja a ser promovidas pelo papa, mas até agora só conseguiram atrair a censura e a ira da atual encarnação do tribunal da Inquisição: a Congregação para a Doutrina da Fé. Os problemas que esses padres levantam se referem à necessidade da ordenação das mulheres e de não se considerar imorais os relacionamentos entre pessoas do mesmo sexo. Essas ideias modernizadoras radicais são provavelmente a última oportunidade para conservar os fiéis titubeantes e atrair pessoas mais jovens para a Igreja.

A ESCASSEZ DE SACERDOTES

A imagem corrupta e a atitude ultrapassada da Igreja Católica resultaram na redução do número de aspirantes ao sacerdócio e no fechamento de muitas igrejas que não podem ser mantidas. O voto de castidade também demove muitos jovens de seguirem essa carreira. A exigência em idade tão precoce do voto de renúncia a formar uma família é uma expectativa demasiado elevada a impor sobre uma pessoa – em vez de se submeter a ela, muitos jovens preferem aderir às centenas de grupos cristãos alternativos mais flexíveis em seus critérios. Como consequência, a idade média dos padres gira atualmente em torno dos 50 anos, quase 20 anos mais do que Jesus tinha quando começou seu ministério. A energia vital está se esvaindo da Igreja.

Além do declínio do número de aspirantes ao sacerdócio, milhares de padres estão pedindo para desligar-se do ministério. Na década de 1980, na República da Irlanda, mil dos 7 mil padres vivos na época haviam se desvinculado do clero e estima-se que só nos Estados Unidos haja 17 mil ex-padres (*Vicars of Christ*, Peter de Rosa). No passado, os padres eram guias espirituais de confiança e de respeito, que apoiavam suas comunidades, mas hoje são vistos com desconfiança cada vez maior porque alguns se aproveitaram de suas posições para prejudicar outros e, o que é ainda mais inquietante, os superiores destes procuraram encobrir comportamentos dessa natureza. A imprensa tendenciosa e os contínuos escândalos que degradam a Igreja prejudicaram irreversivelmente a percepção pública da hierarquia da Igreja Católica.

A POUCA PARTICIPAÇÃO DOS FIÉIS

Alguns anos atrás, assisti ao batizado do filho de um amigo na igreja católica local. Durante a cerimônia, o padre mencionou as palavras "Os pecados do pai recairão sobre os filhos", que de fato não constam da Bíblia. Essa menção me pareceu totalmente inapropriada numa ocasião em que se celebrava a introdução de uma criança na Igreja. Para os não católicos presentes foi uma referência inconveniente e eles devem ter se perguntado por que alguém quereria submeter seu filho a tal maldição. Muitos lembram a experiência de ir à Igreja como algo que aumenta seu sentimento de culpa, censurando-os e envergonhando-os por serem integrantes da natureza humana.

A participação dos fiéis diminuiu drasticamente nos últimos 50 anos, pois o domingo cedeu às pressões comerciais para que lojas abrissem e outras atividades foram postas à disposição do público. Com isso os apologistas podem acusar o consumismo de desviar a fé — no que têm certa razão, mas em termos espirituais verifica-se uma desvinculação crescente entre a Igreja e os paroquianos. A espiritualidade é experiencial e progressiva e isso parece tornar a Igreja Católica ultrapassada. Para os estranhos ela parece antiquada e anacrônica com relação aos valores modernos. Num clima assim, os membros da Igreja se afastam e outras denominações procuram explorar sua fé em outros lugares.

Para estancar a perda de fiéis, há os que se empenham em ajudar a Igreja a evoluir para atender às necessidades da assembleia de fiéis moderna, mas esses indivíduos muitas vezes passam despercebidos. Verifica-se uma lacuna cada vez maior entre os que querem praticar boas ações e apoiar suas comunidades e as ações da Igreja como um todo, que estão produzindo uma perda da fé entre católicos e impedindo não católicos de aderir a ela.

RELIGIÃO ALTERNATIVA

Até o século X, a Igreja Católica convivia bem com outras religiões, chegando inclusive, em alguns casos, a deixar-se influenciar por elas; a Igreja, por sua vez, procurava absorver crenças semelhantes. No entanto, à medida que seu poder aumentou, sua tolerância por outras religiões diminuiu: ela optou por perseguir os que se recusavam a aderir à nova religião católica. Os pagãos foram em sua maioria absorvidos pela Igreja, mas os judeus, com sua fé mais sólida, representaram uma ameaça maior em termos de doutrina e de direito de posse sobre Jesus.

Nos séculos a partir da Idade Média, o Vaticano publicou centenas de documentos condenando os judeus e culpando-os pelos sofrimentos e morte de Jesus. Vários papas ao longo da história se atribuíram a missão de perseguir os judeus diretamente. Considerando que Jesus e todos os seus discípulos – entre eles São Pedro, fundador da Igreja Católica – eram judeus, é espantoso que tantas dessas pessoas instruídas e aparentemente inteligentes fossem antissemitas. A incriminação dos judeus é algo que tem se propagado por quase 2 mil anos, sempre ignorando o fato de que Jesus era judeu.

Contrariando a grande maioria das representações de Jesus na arte sacra ocidental, a aparência dele seria como a de qualquer outro judeu do Oriente Médio vivendo hoje. A tanga drapejada em torno da cintura nos milhares de reproduções da crucificação também esconde uma circuncisão. Muitos cristãos no decorrer da história, entre eles Hitler, tiveram grande satisfação em depositar a origem dos males do mundo aos pés dos judeus, mas poucos reconhecem que a concepção que temos de salvação também está nas mãos de um judeu. De fato, é óbvio – mas ainda difícil para muitos entenderem – que Jesus não era cristão; ele era um rabino, um reformador até, mas ainda assim um pregador judeu. Ele ensinou a tolerância e o perdão, virtudes que as pessoas em todos os lados dessa tragédia interminável parecem ter esquecido.

As religiões mais antigas não desapareceram totalmente e o cristianismo em si se dividiu em muitas facções, algumas das quais estão aumentando o número de seguidores, preenchendo o vazio deixado pela diminuição de fiéis católicos. A espiritualidade sempre esteve presente: ela aparece naturalmente em todas as culturas e em todos os momentos da história. Ela é inerente aos seres humanos e as pessoas sempre procuraram compreendê-la e encontrar uma saída para suas necessidades espirituais. O declínio da frequência à igreja não significa que as pessoas abandonaram a espiritualidade, mas que decidiram cultivá-la individualmente ou então descobriram outra saída para sua fé.

Para aqueles que querem investigar alternativas ao catolicismo, o último século assistiu a uma explosão da convivência de crenças e ideias. Traduções e publicações puseram religiões, filosofias e heresias à disposição de todos nós, de modo que podemos ler e tomar uma decisão; a facilidade das viagens nos possibilita visitar culturas que somente os ricos podiam pensar em conhecer no passado. Acrescente-se a isso a ampla disseminação de crenças, a miscigenação de culturas do mundo inteiro à medida que as pessoas se tornam migrantes econômicos, políticos ou ambientalistas e que outros optam por viver onde desejam. A mescla de culturas ampliou enormemente a nossa compreensão dos mistérios das religiões orientais e através dessa exposição ficamos conhecendo o senso de comunidade entre os siques ou as práticas de meditação do budismo. Mesmo nas últimas poucas décadas as concepções e filosofias da Nova Era sobre a espiritualidade se generalizaram. O controle da fé está passando da Igreja para o indivíduo, uma vez que muitos optam por seguir seu próprio caminho.

Mesmo entre cristãos constata-se hoje a existência de uma série de diferentes grupos oferecendo formas alternativas para celebrar Cristo. Grupos como os quacres promovem uma experiência muito diferente de cristianismo. Membros de um grupo quacre sentam-se em círculos e dividem suas experiências do que consideram de natureza espiritual em sua vida diária. Existem alguns ensinamentos de natureza espiritual, como tolerância ou caridade, mas conviver com esses grupos é como fazer parte de uma família extensa de pessoas que estão realmente procurando viver uma vida cristã. No outro extremo do espectro cristão, membros da Igreja Pentecostal cantam em seus bancos para celebrar seu cristianismo e amor a Deus. Simpatizantes podem aderir aos humildes grupos de quacres contemplativos ou à desafinada cantoria de um coro evangélico, pois ambos oferecem uma experiência viva de cristianismo.

Outras religiões, como o budismo, também oferecem recursos, como a meditação, para ajudar as pessoas. Elas se dedicam à evolução espiritual pessoal em contraste com a experiência mais comunitária que predomina na Igreja. Enquanto o espírito move as pessoas a descobrirem sua própria fé, algumas estão encontrando novas formas de cristianismo, ao passo que outras se afastam completamente dos ensinamentos bíblicos, o que representa um enorme desafio à Igreja. Some-se a isso o acesso que temos hoje a um cânone mais amplo de textos bíblicos e de escritos apócrifos. A Palavra de Deus está sendo perscrutada de modos impensáveis cem anos atrás.

OS NOVOS HEREGES

Desde que a Bíblia foi impressa no vernáculo, a Igreja passou a perder gradativamente o controle da Palavra. Os leigos começaram a ter condições de fazer suas próprias interpretações das Escrituras e os pesquisadores se debruçaram sobre as inúmeras traduções, sobre a arqueologia bíblica e sobre as Escrituras alternativas para ampliar o nosso conhecimento dos tempos bíblicos.

Além disso, foram descobertos os evangelhos apócrifos, oferecendo informações úteis sobre o tempo de Jesus. Temos na Biblioteca de Nag Hammadi e nos Manuscritos do Mar Morto um novo lançamento de escritos ligados diretamente ao tempo de Jesus. Eles expõem um panorama mais amplo de gnose pessoal, um vínculo direto entre o indivíduo e Deus que dispensa a necessidade de uma Igreja hierárquica. Um exemplo disso encontra-se no Evangelho de Tomé, uma coletânea de ditos de Jesus que contém o seguinte:

> Os vossos guias vos dizem, "Vede, o Reino está no céu"
> ... está dentro de vós.

Evangelho de Tomé, 3

Possivelmente, esse evangelho é o mais importante dos escritos apócrifos, pois muitos estudiosos concordam que os quatro evangelhos canônicos provavelmente se basearam numa única fonte anterior, conhecida como "Fonte Q" ou "Livro Q". Por assumir a forma de uma coletânea de ditos atribuídos a Jesus, o Evangelho de Tomé pode se prestar muito bem como um recurso dessa natureza.

Como podemos ver pela citação acima, não surpreende que esse evangelho nunca tenha sido aceito pelo Vaticano. Ele retira o poder da Igreja e dá poder ao indivíduo, o que representa um estremecimento da Igreja. Isso não quer dizer que as religiões organizadas não tenham um propósito, pois sempre existirão os que precisam de uma divindade simplificada *a quem* possam se relacionar, em vez de um fenômeno abstrato, experiencial, *com quem* possam se relacionar.

Esses textos apócrifos não são desconhecidos do Vaticano e é possível que haja enclaves secretos onde são estudados e respeitados. Um ex-padre católico confidenciou-me certa vez que, segundo alguns boatos, os que se movimentam no círculo interior do Vaticano professam um conjunto bem diferente de crenças do que aquelas ensinadas ao público geral.

A necessidade de controlar esse aspecto místico do cristianismo pode ter suas origens no fato de se ensinar conceitos místicos a pessoas leigas quando ainda não existia educação formal para as massas. Naquela época os ensinamentos tendiam a ser orientações pragmáticas sobre como viver uma vida moral baseada em interpretações literais da Bíblia. Mas hoje vivemos tempos de educação, em que todas as ideias e crenças podem ser compartilhadas e contempladas por quem quer que tenha um entendimento rudimentar da leitura. Passou o tempo em que a Igreja Católica podia controlar seus seguidores transmitindo-lhes regras simples de como viver, como a adoção dos Dez Mandamentos como base de todas as leis. A sociedade avançou, e a Igreja e o Estado se separaram, pelo menos na mente das massas. O cristianismo recebe um simulacro de apoio dos líderes do mundo ocidental e estes fazem questão de ser fotografados frequentando a igreja, mas suas ações são movidas pela política e pela economia, não pela religião.

A influência que os papas exerciam no passado está diminuindo rapidamente, perdida entre os milhões de sinais que nos bombardeiam todos os dias. No tempo de Malaquias, a igreja era a edificação mais alta do vilarejo, muitas vezes erigida sobre uma colina — ela seria um marco, visível de quilômetros de distância. Hoje as igrejas estão perdidas entre os arranha-céus e as lojas de departamento de aço, em todos os sentidos. Em algum momento a Igreja Católica terá de esclarecer publicamente o que é verdade e o que é dogma, ou então ela deixará de continuar relevante para pessoas que estão hoje facilmente equipadas para encontrar um sistema de crenças mais espiritual ou então para abandonar a religião definitivamente.

À medida que o abismo entre o indivíduo e a Igreja aumenta, ele deixa uma enorme necessidade psicológica insatisfeita que levará as pessoas a procurar sentido para sua vida em outros lugares. Desde as mortes em massa da Segunda Guerra Mundial, muitas novas religiões e crenças alternativas ganharam impulso com aqueles que abandonaram as formas tradicionais de cristianismo. O ateísmo também aumenta drasticamente à medida que a fé se torna frágil demais para resistir às investidas do racionalismo e da ciência.

CIÊNCIA

Além de ser pouco considerada nos campos da política e da moralidade, a Igreja se acha sob ataque direto da ciência e da filosofia. Os filósofos dos últimos séculos levantaram muitos argumentos contra a fé, mas somente a ciência ofereceu provas que abalam diretamente a concepção católica do universo. Além de explicar a estrutura mecânica do universo, a ciência se tornou hoje mais abstrata e envolvida com áreas antes consideradas searas do misticismo. O avanço da ciência está ameaçando projetar a luz da razão nos cantos mais escuros da crença e provar que as sombras do desconhecido só deram origem à superstição. Infelizmente, muitos cientistas contestaram as religiões a tal extremo, que perderam de vista a verdadeira natureza da fé. Gente como Richard Dawkins, a cruzada de um homem só a instilar o ateísmo nas massas, está tentando resgatar o cosmos do dogma religioso aplicando o que parece ser senso comum. O trabalho de Dawkins é interessante, mas às vezes dá a impressão de que ele está investindo contra uma imagem de Deus que se assemelha mais ao Papai Noel do que a qualquer experiência religiosa autêntica. Isso faz parte da atual fenda entre as comunidades da ciência e da fé, mas penso que com o tempo o círculo se fechará, uma vez que tanto a ciência como a psicologia estão começando a ver a natureza da realidade como um constructo que podemos influenciar diretamente. Isso nos leva de volta a um mundo de misticismo que possibilita ao divino operar através do indivíduo e estar presente no mundo.

FIM DAS PERSEGUIÇÕES

Concluindo o nosso exame das "perseguições" da Igreja, vimos que elas são muitas e variadas. É possível que um cisma acabe acontecendo na Igreja Católica em torno de um dos muitos temas polêmicos em discussão. Voltando à profecia, achamos que tanto Santa Hildegarda como Nostradamus identificaram o fim da Igreja com um grande cisma e com a presença de um antipapa que dividirá a Igreja. No pior dos cenários, a profecia de La Salette se cumprirá e "Roma perderá a fé e se tornará sede do antipapa".

PEDRO ROMANO

> *... a sede da Santa Igreja Romana será ocupada por Pedro Romano, que apascentará as ovelhas em meio a muitas tribulações...*

A linha seguinte da profecia cita Pedro Romano como o papa que governará a Igreja no fim. Contrariamente às profecias que dizem que o último papa será o Anticristo, Pedro continuará a atender às necessidades espirituais dos seus fiéis até a queda de Roma. É importante identificar esse Pedro Romano, pois ele pode ter certa relação com as tribulações que envolverão o Vaticano. No próximo capítulo nos concentraremos no papa atual e no modo como ele pode corresponder à profecia.

Como as profecias consistem numa longa lista de papas e Pedro Romano é o último, parece lógico que não haverá mais papas. Vários são os possíveis motivos por que não haverá outros papas. Em termos espirituais, o restante da profecia fala do Juízo Final, que explicaria o fim da Igreja Católica, uma vez que todos serão julgados. As profecias também descrevem a destruição de

Roma, o que poderia indicar um cataclismo em escala global; é a natureza desse evento que devemos examinar em seguida.

A DESTRUIÇÃO DE ROMA

... a cidade das sete colinas será destruída...

Roma já foi identificada como a cidade das sete colinas, e a sua destruição pode ter sido predita no Livro do Apocalipse. O número sete aparece repetidamente no Apocalipse, referindo-se ao número de igrejas, espíritos, letras, estrelas, selos, anjos, coroas e colinas. Apocalipse 17,9 descreve a mulher sentada sobre as sete colinas. Logo a seguir, em 17,18, está dito, "A mulher que viste, enfim, é a Grande Cidade, que está reinando sobre os reis da terra". Essa é uma bela descrição de Roma, mas a relaciona com uma prostituta montada sobre a grande besta que os anjos devem destruir. Essa não é uma ideia nova: os hereges cátaros da Idade Média acreditavam que o Vaticano era a "prostituta" do Apocalipse (ver *Heresy and Authority in Medieval Europe*).

Como mencionado anteriormente, a destruição de Roma faz parte do corpo de profecias na escatologia. Mas esses são os acontecimentos que descrevem o tempo do último papa e para que a linha de papas chegue ao fim, a destruição de Roma deve ser mais do que apenas física. A religião católica como um todo precisaria terminar de alguma forma apocalíptica. Por predições de santos, da Escritura e mesmo de papas, existem muitas descrições de como isso pode acontecer. Vale observar nesse ponto que, em 1514, o papa Leão X descreveu uma visão em que ficou sabendo que o fim do mundo aconteceria "daqui a 500 anos", em 2014.

DESTRUIÇÃO FÍSICA

No século XII, Santa Hildegarda de Bingen previu a chegada de um cometa que impeliria o mar a inundar a terra:

> Com sua tremenda pressão, o cometa impelirá o mar a inundar muitos países, causando grande escassez e muitas pragas... O mar inundará também muitos outros países, de modo que todas as cidades costeiras viverão em medo, com muitas destruídas. Todas as cidades litorâneas terão medo e muitas delas serão destruídas por ondas gigantes.

Mas mesmo uma inundação, embora devastadora, acaba retrocedendo. Se o cataclismo perdurasse por mais tempo, ele poderia alterar a geografia da massa de terra em todo o mundo. O espectro da mudança climática também ameaça inundar as terras baixas em todo o mundo, mas de modo permanente. Evidências do dilúvio que conhecemos do Antigo Testamento encontram-se em todos os continentes; como as eras glaciais, essa é uma ocorrência cíclica, embora o progresso da humanidade com a industrialização tenha apressado a próxima extinção parcial da espécie humana.

Para que a destruição de Roma ocorra, os tijolos e a argamassa reais do Vaticano precisam ser demolidos por alguma força destrutiva. Numa escala global, os dados geológicos informam que houve muitos eventos geológicos, ambientais e astronômicos de grandes proporções – como o meteoro que formou a península do Yucatã, eras glaciais e as extinções em massa da pré-história. Vulcões ativos, como a caldeira gigante que abrange o parque de Yellowstone nos Estados Unidos, circundam a Terra. Se todos entrassem em erupção, a nuvem de cinzas mergulharia o hemisfério ocidental em invernos intermináveis e em perdas generalizadas de colheitas. Terremotos são bastante comuns no norte da Itália, pois o país é entrecortado por falhas geológicas menores; o país sofreu pelo menos dez terremotos de magnitude 4.0 ou mais em 2012. Em Isaías 24,19-20, lemos sobre um cataclismo global que causa o deslocamento da órbita da Terra. Essa alteração resultaria em terremotos e tsunamis em todo o mundo.

A presunção entre os cristãos é que esses eventos fazem parte do plano de Deus e preparam o cenário para o Fim dos Tempos. Independentemente da crença de cada um de que a ira de Deus desencadeia esses eventos e de que os escolhidos serão salvos desses cataclismos, uma vez posta em movimento, a natureza não faz discriminação. Sabemos pela história recente que desastres naturais como terremotos e tsunamis destroem indiferentemente igrejas, mesquitas e sinagogas.

É possível que uma ameaça totalmente nova se revele e cause subitamente a ruína do Vaticano como entidade física. No último século a política e a guerra foram as forças motrizes por trás da maior perda de vidas humanas e da propriedade física. Historicamente, essa foi uma ameaça constante por parte dos reis da Europa, do império islâmico e por fim tanto do Eixo quanto dos Aliados da Segunda Guerra Mundial. Muitas oportunidades para bombardear os portões do Vaticano se apresentaram e recuaram, mas nos tempos atuais parece improvável que uma guerra chegaria a tanto na Europa. É possível que um ato de terrorismo ou uma escalada do conflito com o Oriente Médio desloque seu alvo para Roma, mas essa não é uma grande ameaça atualmente, uma vez que o Vaticano tem sido cauteloso em não se manifestar sobre seus inimigos do passado.

Se Roma e o Vaticano forem destruídos por forças outras que não a do "arrebatamento" (cf. Tessalonicenses 4,17), mais de um bilhão de católicos em todo o mundo ficarão sem seu líder. Como "papa" significa "pai" da Igreja e alguns papas passaram seu pontificado exilados de Roma, parece improvável que a profecia se relacione com a localização física da cidade. Caso se tratasse de uma calamidade natural, como um terremoto, ou de algum outro evento localizado, imagino que a Igreja Católica reassumiria sua estrutura primitiva e se tornaria descentralizada por algum tempo. O controle da Igreja passaria para as mãos dos cardeais e bispos sobreviventes e mais tarde eles tentariam reinstituir o papado. Existem muitas propriedades em nome do Vaticano que seriam suficientes para abrigar uma nova Santa Sé, e com o tempo esperaríamos que ela se recomporia e apontaria um novo papa para continuar a linhagem.

A história nos adverte que um vazio dessa natureza produziria cismas e rivalidades em que cada diocese competiria para sediar os novos centros administrativos do Vaticano, mas o principal desafio para isso é que, segundo as profecias, não pode haver mais papas. Elas assinalam não apenas a ruína do Vaticano em Roma, mas o fim da sucessão papal. Para que isso aconteça, a destruição deve ser mais ampla do que apenas o Estado do Vaticano físico, uma vez que "Pedro Romano" será o último papa e então o papado deve chegar ao fim. Se o Vaticano fosse destruído e a linha de papas chegasse ao fim sem alguma intervenção divina perceptível, haveria uma grande crise de fé entre os católicos. A destruição numa escala mundial testaria a fé dos católicos a tal extremo que muitos abandonariam sua crença em Deus, criando um vácuo espiritual. Se, porém, o evento se fizer acompanhar por qualquer tipo de fenômeno que pudesse ser interpretado como intervenção divina, muitos acolheriam o fim de braços abertos.

O JUIZ TERRÍVEL

... e o Juiz terrível julgará seu povo.

Há dois tipos de julgamento no cristianismo. O primeiro assume a forma de "juízo pessoal", que ocorre quando a pessoa morre; o segundo é o "juízo geral", que ocorre no Dia do Juízo. Sempre houve confusão entre os dois, pois pareceria que depois da morte somos julgados e enviados para o nosso destino final, seja ele o céu ou o inferno. Então, no momento do Juízo Final somos ressuscitados e julgados de novo e provavelmente enviados de volta ao céu ou ao inferno. Essa questão controversa foi decidida numa bula papal emitida pelo papa Bento XII em 1336, que afirma que seremos julgados ao morrer, mas não esclarece como esse julgamento difere do Juízo Final.

A identidade do "juiz terrível" não é dada na profecia, mas pode ser facilmente identificada nas Escrituras. Segundo o Livro do Apocalipse, o Grande Juiz voltará para julgar seu povo. O Grande Juiz é Jesus, que retorna no Fim dos Tempos e cuja voz só pode ser ouvida pelos santos. Cristo volta para julgar os vivos e os mortos e muitos desses são salvos. Para a Igreja Católica, essa é a Segunda Vinda de Jesus, e difere dos outros grupos cristãos que acreditam que Jesus reinará durante mil anos seja antes ou depois de um evento apocalíptico.

É difícil achar uma forma racional de analisar o Juízo Final segundo o Livro do Apocalipse, pois a linguagem passa de eventos factuais para devaneios aparentemente simbólicos. Por exemplo, quando o Cordeiro abriu o quinto selo, os que tinham sido imolados por causa da Palavra de Deus receberam uma "veste branca e foi-lhes dito, também, que repousassem por mais um pouco de tempo" (Apocalipse 6,11), o que, como os próprios teólogos admitem, não é possível sem um corpo. O uso do termo "mortos" aqui pode simbolizar os ateus e outros descrentes, mas, como grande parte do Apocalipse, a passagem continua aberta a interpretações.

Em sua referência a uma Segunda Vinda, o Apocalipse recebe a confirmação de muitas outras profecias que descrevem a volta de Jesus para julgar, entre elas a do Evangelho de Mateus. Mateus 25,31-33 descreve uma Segunda Vinda e o Juízo Final com estas palavras:

> Quando o Filho do Homem vier em sua glória, e todos os anjos com ele, então se assentará no trono da sua glória. E serão reunidas em sua presença todas as nações e ele separará os homens uns dos outros, como o pastor separa as ovelhas dos cabritos, e porá as ovelhas à sua direita e os cabritos à sua esquerda.

A aparição de Jesus no mundo como intervenção divina, ou Segunda Vinda, também causaria a deposição do papa, o que explicaria por que a linha de papas deixaria de existir nesse ponto. Frequentemente na história, os papas não conseguiram sustentar os aspectos espirituais nem materiais da função sem se deixar corromper e isso prejudicou todas as pretensões de infalibilidade. Na conclusão de *A Profecia dos Papas* os pecados dos papas recaem sobre seus sucessores.

CONCLUSÃO

Fim.

A ideia do último papa e do Juízo Final deve ser temida e ao mesmo tempo bem recebida no Vaticano e alguns acreditam que essa pode ser a única forma de continuar. Para eles a Igreja Católica se tornou uma barreira à espiritualidade, um obstáculo de sua própria criação. Na esteira de um evento apocalíptico, uma nova estrutura talvez pudesse surgir: uma liderança transferida em que a sucessão apostólica passa para os arcebispos que assumem a função de chefes locais da Igreja. Esse resultado poderia ser um ajuste político e cultural melhor para gerenciar um rebanho tão diferente e disperso geograficamente do que a estrutura atual.

O desafio imediato para a Igreja é deter a perda tanto de fiéis quanto dos padres que os atendem e que estão abandonando a velha estrutura. Isso se deve às perseguições e problemas que atingiram a Igreja, mas quando esses tempos de dificuldade são vividos por todo um grupo isso pode pedir um arquétipo atualizado, que é atrair alguém que mostre as qualidades necessárias para preencher o vazio psicológico do grupo. As necessidades da Igreja como um todo podem ser atendidas por um líder como os que surgiram no Antigo Testamento, ou as figuras heroicas da mitologia. Vimos pelos problemas enfrentados pela Igreja no último século que já se manifesta a necessidade de uma figura assim, e do próximo papa se exigirá que preencha o atual vácuo espiritual e que reacenda a paixão pela fé entre os seguidores. Na última profecia este é Pedro Romano e o conclave de 2013 teve o poder de eleger esse papa para ser tanto uma profecia autorrealizada como o caminho para a autodestruição.

E assim chegamos à questão de se o papa Francisco é o último papa. A lista de favoritos para a função havia circulado em 2012 e os critérios para escolher um papa são bem conhecidos. O reino de "Pedro Romano" chegou e com algum trabalho investigativo podemos descobrir se o conclave optou por sustentar a profecia ou se tentou protelar o tempo do último papa e negar a conclusão da profecia.

CAPÍTULO 11

CANDIDATOS E CARDEAIS

INTRODUÇÃO

Desde que foram publicadas, as profecias têm sido esquadrinhadas antes de cada eleição papal para tentar descobrir quem seria escolhido papa. Quando um papa morre ou renuncia, os participantes do conclave são analisados e muitas especulações passam a circular em torno dos possíveis candidatos à eleição.

Às vésperas do conclave de 2005, conjecturava-se que o candidato sairia da Ordem Beneditina. A profecia descrevia o futuro papa como "Glória da oliveira", sabendo-se que o ramo da oliveira é o símbolo dos beneditinos. O cardeal Ratzinger não pertencia a essa ordem, mas surpreendeu a todos quando adotou o nome papal do fundador da ordem, São Bento. A descrição "Glória da oliveira" é também ambígua; alguns a interpretam como a paz que voltará ao Oriente Médio. Certamente, na época de Bento, o Oriente Médio estava conturbado e nos últimos anos vimos rebeliões irrompendo em todo o mundo árabe, com os cidadãos exigindo governos mais moderados, no que está sendo chamado de "Primavera Árabe". Talvez seja assim que as futuras gerações verão esse período da história, como um tempo em que o Oriente Médio procurou instaurar uma paz democrática.

Como as profecias identificaram muitas vezes futuros papas com precisão, seria ingênuo pensar que não exercem alguma influência sobre as eleições. Em alguns casos os cardeais levaram as profecias bastante a sério para tentar corresponder ao resultado previsto. *The Prophecies of St. Malachy* (Bander, 1969) traz um relato de caso sobre a eleição papal de 1958 envolvendo a profecia "Pastor e nauta". Um candidato à eleição, cardeal Spellman, exagerando em sua interpretação, alugou um barco e transportou ovelhas pelo Tibre, na tentativa de influenciar os eleitores a votar nele. O artifício malogrou e foi eleito o mais discreto patriarca de Veneza, adotando o nome de João XXIII. Provavelmente, essa não foi a primeira vez que algo assim aconteceu e mostra até que ponto os cardeais depositam sua confiança nas profecias. O conclave que elegeu o papa atual contava com inúmeros candidatos eminentes que poderiam ser associados ao nome "Pedro". Tanto o cardeal Peter Turkson, de Gana, como o cardeal Odilo Pedro Scherer, do Brasil, eram fortes candidatos com "Pedro" no nome. Os analistas já haviam escolhido Scherer como principal candidato à sucessão de Bento (ver Gurugé), que também tinha a vantagem de não ter perdido para o cardeal Ratzinger no conclave de 2005.

O cardeal Bergoglio participou do conclave de 2005 e muitos o consideravam como o preferido para a eleição. Ele foi apoiado pelas alas mais moderadas da Igreja, mas perdeu para o conservador cardeal Ratzinger, que se tornou Bento XVI.

CARDEAIS

Nos primeiros mil anos da Igreja Católica, a eleição do papa esteve sujeita a influências externas dos poderes governantes da Itália, representados pelo imperador ou pelo senado. Políticos desejosos do poder e do apoio do papa logo descobriram que lhes era vantajoso estar próximos do ocupante da sé romana, pois do contrário seriam pouco considerados. Esse comportamento produziu os cismas da Alta Idade Média, e desde aquela época os eleitores dos papas se empenharam em livrar-se dessas influências. Já em 1179 foram tomadas medidas para que somente cardeais elegessem papas, mas nos séculos seguintes o nepotismo e a promoção de cardeais deixaram de ser devidamente restringidos.

Apenas nos séculos mais recentes fecharam-se as portas para os movidos por motivos políticos. Atualmente os papas são eleitos numa reunião de cardeais denominada conclave, e os próprios cardeais só são promovidos a essa posição de prestígio galgando dignamente as diversas posições hierárquicas.

Tecnicamente, qualquer católico pode ser eleito papa, mas há centenas de anos a escolha recai sempre sobre um dos eleitores, ou seja, para ser papa é preciso pertencer ao colégio cardinalício. O cardeal ocupa a posição mais elevada na hierarquia eclesiástica, depois do papa, e só o papa pode nomeá-lo. Existem hoje mais de 200 cardeais vivos, número esse que aumenta constantemente. Em novembro de 2010, o papa Bento XVI realizou um consistório para sagrar 24 novos cardeais, e em fevereiro de 2012, nomeou outros 22, chegando ao limite máximo do colégio de cardeais com direito a voto para papa. A média de idade dos membros do colégio na época era de 78 anos, quase três vezes a idade de Jesus quando ele iniciou seu ministério.

Para as eleições papais, o número de cardeais autorizados a participar do conclave está limitado a 120, mas no conclave de 2013 somente 115 compareceram. Por tradição, os cardeais são identificados pelo solidéu vermelho; por ocasião das eleições papais, eles usam chapéus ornados com borlas. Assim que um papa falece, todos os cardeais se dirigem a Roma.

SÉ VACANTE

Sede vacante é a expressão latina que designa a sé vacante (vaga, desocupada, vazia) da catedral de São João de Latrão, em Roma, após a morte ou renúncia de um papa. A renúncia de um pontífice não ocorria desde o papa Gregório XII, em 1415, de modo que os católicos de todo o mundo ficaram muito surpresos quando Bento XVI anunciou sua renúncia em fevereiro de 2013. A expectativa de todos era de que ele permaneceria no comando da Igreja até o último suspiro.

A decisão de Bento XVI foi criticada por alguns membros do clero, sob a alegação de que ela criaria um precedente pelo qual papas impopulares poderiam ser pressionados a renunciar. Bem ao contrário, porém, o que acontece é que, no caso de um papa muito idoso e doente, ele teria condições de renunciar, sem esperar que sua saúde degenerasse até um estado terminal.

Outros levantaram a possibilidade de que a renúncia de Bento teria sido motivada por conflitos internos na Igreja. No entanto, é razoável supor que o próprio Bento XVI resolveu deixar o cargo por motivos de saúde – em idade tão avançada, a doença normalmente se faz acompanhar da perda das faculdades mentais. Todos ainda guardam na memória o triste declínio de João Paulo II, reduzido a um estado de desvario, quase vegetativo, que parecia privar lentamente a Igreja de sua liderança.

O próprio Bento pôde anunciar sua saída, ao passo que em geral a morte de um papa é confirmada e anunciada pelo Cardeal Camerlengo, um cardeal mais antigo responsável pelas cerimônias fúnebres. Antes do século XX, o camerlengo confirmava a morte batendo na testa do cadáver com um pequeno martelo de prata e repetindo três vezes o nome do morto. Hoje ele apenas anuncia o passamento. O anel e o selo do papa morto são retirados e destruídos, simbolizando o fim do pontificado. Esse ato tem suas origens mais na necessidade do que na tradição, uma vez que o anel contém o selo papal e sua destruição impede que seja mal utilizado após a morte do papa.

Quem dá continuidade às funções pontifícias é a Congregação Geral de Cardeais, que imediatamente toma as providências relativas às exéquias do papa falecido e à escolha de um novo papa. Com a saída planejada de Bento XVI, foi possível assegurar uma transição tranquila de poder e os cardeais puderam se reunir antes do ato de renúncia propriamente dito. Vemos o papa acima de tudo como líder religioso, mas sua função agrega outros oito títulos além do de Bispo de Roma, os quais variaram ao longo da história. O papa não é apenas um líder espiritual, é também um governante político e o soberano do Estado do Vaticano. Como tal, ele tem o poder de emitir moeda e formar um exército, se assim o desejar.

Depois da morte de um papa, num período de nove dias de luto, os cardeais de todo o mundo viajam a Roma para participar dos funerais na Basílica de São

Pedro. No caso da última eleição, os cardeais usaram esse tempo para discutir os problemas enfrentados pela Igreja, procurando identificar as qualidades esperadas do próximo papa. Nos dias seguintes ao funeral os cardeais aptos a votar se reúnem em conclave na Capela Sistina, iniciando a eleição de um novo papa. Os que concorrem ao exercício do cargo pontifício são popularmente chamados *papabili* (*papabile*, no singular) em italiano, ou seja, "papáveis".

O CONCLAVE DO VATICANO

A reunião de cardeais para escolher um novo papa se chama conclave e foi convocada pela primeira vez em sua forma atual no século XIII. O conclave é responsável pela escolha dos papas há quase 700 anos. A palavra "conclave" deriva de palavras latinas que significam "com chave" e remonta à época em que os cardeais eram trancados numa sala para tomar uma decisão. Eles eram mantidos em recinto fechado, em parte para estimular uma decisão rápida, pois o ambiente pode ser desconfortável devido ao calor, por exemplo, mas principalmente para evitar influências externas. A natureza fechada do conclave data da época da eleição do sucessor de Clemente IV, em 1268, que precisou de três anos para escolher o novo papa. Os cardeais acabaram se decidindo por Gregório X. Depois de todos passarem por uma situação tão prolongada e penosa, uma vez eleito, Gregório estabeleceu que no futuro os cardeais seriam trancados juntos até chegarem a uma decisão. A alimentação seria racionada e as condições internas do conclave, degradando-se, obrigariam os cardeais a uma deliberação rápida.

O papa Gregório XV publicou a bula *Aeterni Patris* em 1621, definindo as regras para todas as eleições papais futuras. Ele determinou que cada cardeal teria direito a um voto, que esse voto seria secreto e que nenhum candidato poderia votar em si mesmo. A intenção de Gregório era afastar e impedir toda influência política das eleições, o que também implica que havia abusos comuns no processo de votação – pondo sob suspeita numerosos resultados de conclaves anteriores. Hoje a autopromoção dos cardeais durante as eleições é considerada inapropriada, por isso é provável que uns debatam em nome de outros e do futuro da Igreja.

O conclave é uma sessão fechada e a escolha é individual, mas democrática. Os cardeais votam quatro vezes por dia até chegarem a uma maioria de dois terços para um candidato, elegendo assim o novo papa. Os cardeais são proibidos de deixar o conclave até que a eleição esteja concluída. Se as votações se prolongam por mais de dez dias, um último escrutínio com maioria simples tem valor de decisão. Desde 1831 nenhum conclave precisou de mais de cinco dias. Com tempo para reunir-se e preparar-se previamente, não foi surpresa quando o conclave de 2013 chegou a uma decisão em 24 horas.

Qualquer católico pode ser eleito papa, desde que seja do sexo masculino, solteiro e com idade inferior a 80 anos. Não existem outros critérios além desses, mas por tradição um papa é sempre eleito dentre os cardeais. Conforme mencionamos antes, os cardeais, coletivamente, constituem o Colégio Cardinalício. Eles são convocados para aconselhar o papa e para exercer a função de líderes temporários em caso de morte ou abdicação do papa. Os cardeais são elegíveis ao papado desde o ano de 769 d.C.

Para cada sessão de votação são distribuídas cédulas com as palavras "Elejo ______ como Sumo Pontífice". Cada cardeal preenche a lacuna com o nome de sua escolha e deposita a cédula numa bandeja de metal que serve de urna. As cédulas são então recolhidas e contadas.

Depois de cada votação as cédulas são queimadas num pequeno fogão, para indicar para a multidão reunida na Praça São Pedro se os cardeais chegaram ou não a uma decisão. Com esse objetivo, uma chaminé ligada ao fogão é instalada na Capela Sistina durante o conclave. Liberada pela chaminé, uma fumaça preta indica que não foi tomada nenhuma decisão e que a Santa Sé continua vaga; uma fumaça branca anuncia que um novo papa foi eleito. A fumaça é produzida pela queima das cédulas de votação, tanto para servir de sinal como para destruir as provas da votação. Para garantir que a multidão que aguarda e que os telespectadores de TV em todo o mundo não fiquem confusos, a cor exata da fumaça é obtida com o acréscimo de substâncias químicas. Se a fumaça é branca, do balcão que dá para a Praça São Pedro é feito o anúncio "Habemus Papam" (Temos um papa) para as massas que aguardam seu novo líder espiritual, e essa mensagem ecoa para o mundo inteiro.

Ao término de uma votação bem-sucedida, pergunta-se ao cardeal eleito se ele aceita assumir a função. Se a resposta é positiva, e até onde sabemos ninguém nunca respondeu negativamente, embora alguns tenham tentado, ele revela o nome papal pelo qual deseja ser chamado. Os papas podem escolher qualquer nome que desejem. Com o conclave chegando ao fim, resta apenas o novo papa apresentar-se aos fiéis aparecendo no balcão da Praça São Pedro.

Nas eleições mais recentes, um verdadeiro frenesi midiático tomou conta da Praça São Pedro, com um bilhão de católicos em todo o mundo aguardando o anúncio do novo papa. As eleições papais constituem um dos eventos mais influentes na história do mundo, e mesmo países com pequena porcentagem de católicos divulgam amplamente a eleição. Com a evolução das transmissões televisivas e com a internet oferecendo uma cobertura de 24 horas ininterruptas, o resultado do último conclave ficou conhecido quase instantaneamente no mundo inteiro.

CONCLUSÃO

Dois aspectos distintos merecem consideração na eleição do papa Francisco. Em eleições anteriores, a escolha do papa podia ser influenciada, ainda que reservadamente, pelas profecias. Essa possibilidade podia levar algum candidato a tentar corresponder à profecia, na esperança de que outros percebessem que ele estava apto a exercer a função. O problema com o conclave que escolheu o papa atual é que, de acordo com a profecia, ele será o último. O papa Francisco herdou a função de "Pedro Romano", e se ele corresponde à predição, pesa sobre ele o fardo de saber que é considerado o último papa, aquele que testemunha o declínio de Roma e do Vaticano.

É tradição dizer-se que a eleição dos papas é inspirada pelo Espírito Santo, de modo que ninguém pode ter algo a dizer a esse respeito. Se um correspondente a Pedro Romano fosse escolhido, acreditando-se assim que a profecia se realizou, os cardeais teriam conjurado um evento apocalíptico? Esse evento é uma expectativa das massas católicas, e como tal é aceito por muitos católicos de todo o mundo, mas teoricamente ele se dá ao preço de muita morte e destruição. É difícil conciliar a descida do céu à terra com as calamidades naturais descritas no Livro do Apocalipse. O último conclave se envolveu com esse enigma quando os cardeais elegeram o novo papa. Pode bem ser que eles tenham decidido tentar adiar o apocalipse escolhendo especificamente um candidato que de modo nenhum pode ser comparado com "Pedro Romano". Não obstante, à semelhança do cardeal Ratzinger, que escolheu o nome "Bento", correspondendo assim à sua profecia, o papa atual, Francisco, pode muito bem ter escolhido um nome coerente com a profecia ou pode achar que no decorrer do seu pontificado ocorrerão eventos que o identificarão com Pedro Romano. É possível que o pretexto de que as profecias não tiveram influência seja mantido, mas em segredo os cardeais podem muito bem ter votado a favor, ou contra, um futuro "arrebatamento". O mais provável é que muitos dos principais candidatos estavam de algum modo ligados a São Pedro; pelo simples fato de se tornarem papa, todos eles estão seguindo os passos do santo, de modo que seria praticamente impossível evitar alguma forma de vinculação.

CAPÍTULO 12

O ÚLTIMO PAPA

INTRODUÇÃO

O papado passou grande parte da Idade Média em meio a conflitos e tumultos. As eleições papais eram seguidamente contestadas e inúmeros cismas e rivalidades políticas abalavam a primazia da Igreja Católica. Era o período dos antipapas, com facções rivais nomeando seu próprio papa para desestabilizar a Santa Sé. Segundo a tradição, Malaquias elaborou a lista de 112 futuros papas para dá-la de presente ao papa Inocêncio II, com o objetivo de tranquilizá-lo em seu conturbado pontificado. Inocêncio, que retornara a Roma do exílio na França, pode ter ficado satisfeito ao saber que o papado perduraria por outros 700 anos. Mas hoje esses 700 anos estão chegando ao fim, e com ele a sucessão de pontífices também está se esgotando. O papa Francisco deve se sentir pouco à vontade sabendo que as profecias hoje o identificam como o último papa.

Identificar o último papa de acordo com as predições de Malaquias é como deslindar uma história detetivesca. A escolha de Francisco dentre os candidatos convocados para o conclave depois da renúncia do papa Bento XVI precisou atender a um conjunto mais urgente de critérios do que simplesmente realizar a profecia. Depois de tentar esclarecer o significado da enigmática descrição do último papa feita por Malaquias e de entender como ela poderia se aplicar ao papa Francisco, precisamos reunir os elementos e procurar discernir se ele é o último papa — o papa que testemunhará o declínio de Roma.

A ESCOLHA DO ÚLTIMO PAPA

Em 12 de março de 2013, o conclave foi solenemente aberto e os 115 cardeais *papabili* entraram enfileirados na Capela Sistina. A porta se fechou assim que todos estavam no seu lugar, impedidos de sair até que o sucessor de Bento XVI fosse escolhido.

Embora a votação propriamente dita seja secreta, existem numerosos critérios que orientam a escolha do papa e um número ainda maior de fatores que também influenciam a eleição. Levando esses fatores em consideração, podemos entender em parte por que Francisco foi eleito o papa atual.

Como mencionamos anteriormente, as únicas regras fixas a seguir na escolha de um papável estabelecem que ele deve ser do sexo masculino, solteiro e com idade abaixo de 80 anos (essa idade-limite foi prescrita por Paulo VI em 1970). Até agora não existe idade para aposentadoria dos papas, independentemente do risco de senilidade, de doenças degenerativas e da redução das faculdades mentais. Dentro do limite dos 80 anos, a escolha também depende dos debates em torno dos termos "jovem" e "idoso". Se o candidato está se aproximando dos 80 anos e tem saúde precária, o risco é que passe grande parte do seu mandato incapacitado e possivelmente tenha um pontificado curto. Entretanto, se o candidato é jovem ou particularmente saudável, o risco é que sobreviva muito mais do que o esperado e, caso se mostre inapto para o cargo, terá mais tempo para causar danos, uma vez que não pode ser deposto com facilidade.

Em 13 de março de 2013 Jorge Mario Bergoglio se tornou o primeiro papa não europeu em 1.300 anos, o que surpreendeu muitos especialistas, que pareciam ter esquecido que São Pedro não era europeu. Ele também é o primeiro papa jesuíta, resolvendo em definitivo a questão das perseguições sofridas pela Sociedade de Jesus sob administrações anteriores. Logo em seguida foi anunciado que ele adotaria o nome Francisco, escolhido em homenagem a São Francisco de Assis. Pouco depois ele apareceu no balcão da Praça São Pedro para se dirigir à multidão que esperava e que enfrentava a chuva para ouvir a primeira mensagem do 266º papa.

Nascido Jorge Mario Bergoglio em 17 de dezembro de 1936 em Buenos Aires, o papa Francisco foi ordenado sacerdote em 1969. Foi nomeado bispo de Auca em 1992 e, em 1998, bispo de Buenos Aires. Tornou-se cardeal em fevereiro de 2001 por escolha do papa João Paulo II; antes de se tornar papa, foi arcebispo de Buenos Aires.

Com 74 anos de idade, ele mostrou estar em boas condições de saúde e em bom estado de espírito ao passar os primeiros dias saudando as multidões que acorriam para vê-lo. Embora 74 anos possam dar a ideia de idade avançada, a mudança das regras para limitar a idade a 80 anos parece indicar que a tendência atual no Vaticano é eleger um papa mais jovem, com possibilidades de ser mais ativo e provavelmente viver e conduzir a Igreja por tempo mais longo.

Esse fator pode ter restringido um pouco o número de cardeais elegíveis, mas outros fatores também influenciaram a eleição. Um fator importante na escolha do papa envolve os problemas enfrentados pela Igreja Católica neste momento da história e as qualidades necessárias que um papa deve ter para resolvê-los. Conquanto os exércitos da Europa possam ter se retraído — os imperadores e comandantes militares foram substituídos pela opinião pública, por políticos e por banqueiros — as ameaças à Igreja são igualmente desafiadoras, se não mais, do que no passado.

Ao tomar sua decisão, os cardeais devem ter analisado alguns problemas considerados críticos para a Igreja Católica atual e, em suas reflexões, devem ter levado em conta os seguintes critérios:

1. O papa precisaria ter a capacidade de se relacionar com as comunidades fora da Europa. Essas comunidades têm maior possibilidade de crescimento do que suas correspondentes ocidentais, mas também estão enfrentando desafios muito diferentes. Elas seriam mais bem atendidas em suas necessidades se o papa se dirigisse a elas e lhes falasse na mesma linguagem. Na contramão, aparentemente, os cardeais italianos fariam o possível para eleger um papa italiano, visto que os dois anteriores haviam sido de nacionalidades diferentes, um polonês e um alemão. Afinal, o

papa é também Bispo de Roma e os antecessores de João Paulo II, desde 1523, haviam sido todos italianos.

O papa Francisco é de origem italiana, por isso é um elo entre a Europa e a América do Sul, não representando um grande distanciamento da liderança europeia estável a que o Estado do Vaticano estava acostumado. Ele é fluente em italiano e pode exercer a função de Bispo de Roma sem a necessidade de um intérprete. As condições são vantajosas e óbvias, uma vez que ele pode tranquilizar os católicos italianos e ao mesmo tempo cativar a numerosa comunidade sul-americana que se sente desamparada devido à indiferença europeia diante de suas necessidades.

O papa Francisco se dedica a aliviar o sofrimento causado pela pobreza e esse provavelmente continuará sendo seu foco e sua missão à medida que tentar reconduzir à Igreja os que pensam que ela não se preocupa com eles. Sua formação jesuítica também é apropriada para estancar a onda pentecostal que inunda a América do Sul.

2. Um papa não europeu também provaria que a Igreja Católica está se voltando para os problemas enfrentados pelos países fora da comunidade europeia. Também será importante aproximar-se de outros credos e empenhar-se em construir pontes até as várias denominações cristãs hoje existentes.

O papa Francisco também está comprometido com a justiça social: sua missão está clara no nome que adotou como papa. Muito provavelmente, Bergoglio escolheu o nome Francisco baseado em sua afinidade natural com São Francisco de Assis. São Francisco era filho de um comerciante próspero e foi criado em meio ao luxo e à abundância, mas abandonou sua vida faustosa e libertina e trilhou um caminho espiritual que o levou a Roma, onde viu a pobreza. São Francisco comoveu-se tanto com a situação miserável dos pobres, que renunciou às riquezas e adotou uma vida de pobreza e humildade.

Ainda como cardeal Bergoglio, o papa Francisco evitou as residências palacianas e os motoristas postos à sua disposição, optando por morar num apartamento modesto e por locomover-se com transporte público. Ele passou grande parte do seu tempo entre a população mais carente de Buenos Aires e foi voz influente a favor dessa população.

3. Após os escândalos bancários que perseguiram o papa Bento XVI nos últimos anos, o novo papa terá de organizar as finanças do Vaticano.

São Francisco também tinha visões e experiências místicas e havia recebido a ordem de Deus, "Vai, Francisco, e recupera a minha casa". Essa missão deve pesar muito na mente de Bergoglio. Mas antes de poder adotar medidas de apoio financeiro aos pobres, ele precisa equilibrar as contas e assegurar que o Vaticano se livre dos escândalos financeiros. Se redirecionar em excesso as riquezas da Igreja, ele corre o risco de esvaziar os cofres, como muitos dos seus antecessores. Sem medo de manifestar-se contra as injustiças e a corrupção, e tendo sido uma das principais vozes críticas à corrupção no governo argentino, o papa Francisco precisa agora pôr sua própria casa em ordem.

4. O papa Bento XVI foi um defensor resoluto da adesão rígida a doutrinas e era considerado conservador. Um papa de perfil moderado pode ser mais atraente para os fiéis de modo geral, muitos dos quais estão abandonando a Igreja e aderindo a religiões com menos expressões de fé prescritivas. As ideias de Bento não aliviaram a sensação dos fiéis de que a Igreja está obsoleta. Considerando-se a história dos papas como um todo, pode-se detectar um padrão de alternância entre um conservador rígido e um moderado. Esse padrão operou ao longo dos séculos como um sistema autorregulador para atenuar as deficiências de cada papa. Como Bento era muito conservador, era grande a probabilidade de que o papa seguinte fosse moderado.

Coerente com o padrão histórico, a escolha do papa Francisco comprovou a tendência do papado para um moderado, alguém que no conclave anterior fora considerado antagônico à visão tradicionalista de Bento. Francisco critica toda e qualquer forma de discriminação, pode aproximar-se da África através da pobreza e parece estar imbuído da humildade necessária para dialogar com outros credos em pé de igualdade. Suas manifestações a respeito da tolerância com relação a casais do mesmo sexo é um avanço auspicioso para a Igreja, embora ele se oponha firmemente à adoção de crianças por parte desses casais, o que indica uma visão um tanto antiquada da unidade familiar.

5. É importante que o novo papa não se envolva em escândalos e seja politicamente atento. Publicidade negativa, falta de firmeza e decisão em torno de problemas como a pedofilia, ou qualquer forma de intolerância exposta enquanto cardeal poderiam revelar-se uma "bagagem" embaraçosa para um papa aos olhos da mídia. O próximo papa deve ter uma atitude transparente para livrar a Igreja do abuso e da corrupção, e para ter condições de compreender e enfrentar esses males com determinação.

Nos dias seguintes à eleição, os setores mais cínicos da imprensa vasculharam a história pública e privada do papa, em busca de escândalos a que ele pudesse estar ligado. Uma história que circulou especulava sobre seu possível envolvimento com situações de abuso de direitos humanos por parte do governo argentino em meados dos anos 1970. O Vaticano emitiu imediatamente uma declaração refutando tal acusação. Considerando o número e a escala de escândalos atribuídos à Igreja nos últimos anos, qualquer hesitação de Bergoglio naquela época é comparativamente trivial. O verdadeiro desafio se apresentará quando outros membros da sua Igreja se envolverem em escândalos: ele então será avaliado pela reação que adotar com relação a eles. Ele já se manifestou anteriormente sobre o problema da pedofilia em seu país natal; resta ver se está disposto a agir com decisão contra abusos por parte de membros da Igreja. A única atitude que pode reverter o sentimento público de que não é possível confiar que a Igreja resolva o problema da perversão em suas fileiras é a expulsão dos transgressores.

6. Uma das possibilidades era a escolha de um candidato que não havia participado do conclave de 2005. Qualquer candidato que tivesse participado do conclave anterior teria perdido votos para Ratzinger, o que repercutiria mal entre os cardeais. O fato de não ter sido escolhido poderia implicar que o pretendente era inferior a Ratzinger ou que em 2005 foi feita a escolha errada.

A maturidade e a experiência adquiridas por Bergoglio desde então poderiam enfrentar essa situação, mas nessa idade avançada poder-se-ia pensar que os anos a mais fariam pouca diferença. Esse foi o motivo por que muitos consideraram o cardeal Scherer um candidato mais provável, pois ele não havia participado do conclave anterior e, além disso, tem muitos traços positivos em comum com Bergoglio.

7. Por fim, e certamente não se trata de uma exigência explícita, depois do sucesso do papa João Paulo II – que era popular em todo o mundo e tomou inúmeras iniciativas para atrair os relapsos de volta à Igreja Católica –, o papado se beneficiaria muito com alguém que fosse carismático e capaz de se dirigir às pessoas através dos meios de comunicação modernos. Vivemos num ambiente de comunicação de massa cujos veículos podem ser utilizados para vantagem e benefício da Igreja, e não ignorados ou evitados.

Nos últimos meses do seu pontificado, o próprio papa Bento XVI foi incentivado a comunicar-se com os fiéis através do Twitter. O papa Francisco é culto, estudou teologia em San Miguel e doutorou-se na Alemanha; é fluente em espanhol, alemão, italiano e, evidentemente, latim. Seu modo simples e acessível de agir e de falar lhe será muito útil como papa, não obstante ser considerado um homem reservado. Ele tem fama de só falar quando tem algo importante a dizer, qualidade que lhe pode ser muito propícia e favorável num mundo em que somos constantemente bombardeados pelo palavrório fútil e superficial da mídia moderna.

CARDEAL BERGOGLIO

À luz das questões acima, penso que o fator que mais influenciou a eleição papal foi o país de origem do papa. Os papas são tradicionalmente italianos ou pelo menos europeus, mas a porcentagem de católicos na Itália em comparação com o número total de católicos no mundo é significativamente menor, e as principais regiões de conversão para a Igreja estão hoje além das fronteiras europeias.

Se o conclave tivesse escolhido outro italiano, católicos de todo o mundo teriam se decepcionado ainda mais, pois já se sentem negligenciados em consequência da constante atenção do Vaticano voltada ao continente europeu. A escolha de um italiano poderia ser interpretada como menosprezo e causado um cisma na Igreja, à semelhança do surgimento dos "antipapas" do Grande Cisma do Ocidente na Idade Média.

Diversamente, foram tão raras as vezes em que um papa não europeu foi escolhido, que a eleição de um africano ou de um sul-americano seria considerada um passo enorme. Houve papas italianos, gregos, sírios, africanos, espanhóis, franceses, alemães, holandeses, poloneses e ingleses, mas nunca um oriundo das Américas. Nas décadas recentes, a América do Norte esteve no centro dos escândalos de abusos sexuais e de ocultação dessas práticas por líderes religiosos, o que maculou a imagem pública da Igreja. Essa realidade teria posto sob suspeita todos os cardeais norte-americanos, tornando-os inaceitáveis para os membros do conclave. Para a América do Sul, um dos principais desafios provém de credos concorrentes e da falta de apoio local aos pobres. Por isso, o papa atual precisava ser poliglota e pelo menos parcialmente não europeu, ou então ter fortes vínculos com países não europeus. Um papa menos conservador do que Bento XVI também seria recomendável.

No início do conclave, dentre todos os possíveis candidatos, o cardeal argentino Jorge Mario Bergoglio era o que melhor correspondia a esses critérios.

A pobreza é um problema muito sério nas relações entre o clero da América do Sul e o Vaticano, pois há muita riqueza em Roma e muitos católicos brasileiros mergulhados na penúria. Bergoglio é um católico leal, mas tem criticado a Igreja por ela fazer pouco para combater a pobreza ou reconhecer as necessidades das pessoas comuns longe da Itália. Por isso, ele está ligado a certos aspectos da "teologia da libertação", um movimento que se dedica a aliviar a pobreza de milhões de católicos na América do Sul. Se, como papa, ele deixar de representar essas comunidades locais, milhões de pessoas poderão afastar-se coletivamente de Roma. Esse afastamento pode continuar de qualquer modo, pois é possível que, com tantas ramificações do catolicismo no mundo, uma representação local seja exigida em algum momento futuro. Talvez chegue um tempo em que cada país tenha o "equivalente" de um papa, falando o idioma local e capaz de dedicar-se às necessidades e problemas culturais locais – uma situação que resultaria no término do poder de Roma.

Politicamente, trata-se de uma questão tanto de representação como de tributação: uma quantidade significativa de riqueza sai dos países latino-americanos para encher os cofres de Roma – fundos que talvez pudessem ser usados de modo mais apropriado mais perto de casa.

Por não enfrentar o problema da pobreza e não atender às necessidades das pessoas, a Igreja está em declínio em algumas áreas. Seus seguidores não estão abandonando a fé, mas aderindo a outras religiões para encontrar uma saída para sua espiritualidade. Enquanto a Igreja Católica observa os números diminuindo em muitas regiões da América do Sul, mais de 75 milhões de cristãos aderiram ao pentecostalismo. A Igreja Pentecostal promove uma experiência de fé carregada de emoção e às vezes de puro êxtase. Ela recorre ao canto e à dança, e desperta um fervor que simplesmente inexiste na monotonia árida de um sermão católico. As pessoas da América Latina se identificam rapidamente com essa Igreja porque ela reflete a própria natureza vibrante delas e fala diretamente ao seu espírito latino-americano. Os corais evangélicos cantam os hinos de pessoas que celebram sua fé e sua vida. Para enfrentar uma experiência tão atraente e reconquistar a perspectiva e a fé das massas, será necessário um líder tão envolvente quanto Bergoglio.

Depois de concluir que o cardeal Bergoglio era o candidato mais apropriado para o pontificado atual, podemos comparar o que sabemos da vida dele com a última profecia de São Malaquias.

"PEDRO ROMANO"

Com o cardeal Bergoglio como sucessor do papa Bento XVI, precisamos examinar se ele realmente corresponde à profecia. Em termos da predição, a única indicação que temos para identificar o próximo papa é este breve epíteto "Pedro Romano". É esse Pedro Romano que "apascentará seu rebanho entre as muitas tribulações" até o dia do Juízo Final.

Ao longo das profecias, as indicações dadas por Malaquias consistem em uma única e breve descrição. Na maioria dos casos, podemos relacionar diretamente essa descrição a algum aspecto do papa a que ela se aplica. Como a descrição de cada papa muitas vezes se refere ao seu país de origem, ao seu nome, brasão ou insígnia familiar, ou ainda ao título ou posição que ocupava antes de ser eleito, podemos aplicar esses critérios de identificação a Bergoglio e ver se ele corresponde conclusivamente à profecia. Como no caso do papa Bento, procuramos identificar esse vínculo após o fato, após a eleição. Por exemplo, São Malaquias descreveu o papa João Paulo II (1978-2005) como "estrela brilhante". O brasão papal adotado por João Paulo II representava uma estrela cadente. Essa atribuição tardia realizou a profecia secular, mas não se podia usá-la para prever sua eleição. O brasão papal tem muito pouco valor histórico e muitos deles foram apenas fruto da fantasia, mas as profecias se referem a eles em diversas ocasiões. No caso de Pedro Romano nenhuma parte da profecia remete a um simbolismo heráldico, de modo que podemos excluir esse critério.

Como Bergoglio é apenas parcialmente italiano, não podemos afirmar que ele seja realmente proveniente de Roma em termos familiares. Seu pai era oriundo de Bricco Marmorito, perto dos Alpes do norte da Itália, procedência que indica que o papa Francisco não é "romano", mas os cardeais italianos certamente o veriam como conterrâneo seu e a população de Roma provavelmente o aceita melhor como seu bispo. Além disso, parece que há mais de um modo de ser "romano". No website da BBC News, um artigo datado de 19 de novembro de 2010, com o título "Papa Deve Alterar Colégio de Cardeais durante Consistório", continha o seguinte:

> Entretanto, 13 dos novos cardeais eleitores trabalham atualmente ou trabalharam na Cúria Romana – a burocracia do Vaticano – e funcionários da Cúria hoje constituem quase um terço de todos os cardeais eleitores, fomentando especulações de que o próximo papa seja provavelmente um "romano", se não um italiano.

Esse é um exemplo claro de como membros da Cúria, por exercerem uma função administrativa no Vaticano, são automaticamente identificados como "romanos". Bergoglio exerceu cinco diferentes funções na Cúria Romana, embora tenha se manifestado publicamente contra facções políticas ali atuantes e mencionado que a Cúria é vulnerável à exploração por parte de cardeais carreiristas. Por isso, mesmo podendo-se dizer que ele é um "romano", é muito provável que como papa ele também será conhecido por reorganizar radicalmente e assumir o controle da Cúria.

Precisamos ainda relacioná-lo ao nome "Pedro". Os eleitos escolhem seu próprio nome papal e algumas profecias se serviram dessa escolha para estabelecer o nexo com um papa; no caso de "Pedro", porém, isso é muito improvável. Embora tenha havido um papa chamado Pedro, em geral não é visto com bons olhos a apropriação do nome do santo cujas pegadas são seguidas por todos os papas que o sucederam. Hoje é praticamente consenso que nenhum papa escolheria ou incluiria Pedro em seu nome papal.

Os vínculos com o aspecto "Pedro" da profecia não ficaram claros até Bergoglio escolher o título Francisco. Ele adotou esse nome inspirando-se em São Francisco de Assis, cujo nome completo era Francesco di Pietro di Bernardone – sendo Pietro o correspondente italiano de "Pedro". Essa não é a primeira vez que a profecia se serve do nome do meio de um santo ou de um futuro papa. Não é nem mesmo a primeira vez que o nome do meio em questão foi especificamente "Pedro". Em 1555, o papa Paulo IV foi eleito com a profecia descrevendo-o como "da fé de Pedro". O segundo nome de Paulo era "Pedro", criando um precedente para isso nas profecias. O fato também reflete como o predecessor do papa Francisco havia chegado a ser identificado pelo nome papal Bento com seu vínculo com o ramo de oliveira mencionado nas profecias.

CONCLUSÃO

Depois de centenas de anos de especulações, descobrimos que o cardeal Bergoglio é Pedro Romano: o último papa, de acordo com A *Profecia dos Papas*, obra atribuída a São Malaquias de Armagh.

Não só chegamos ao último papa, mas também estamos cientes dos vínculos entre o papa Francisco e a profecia. Se a relação tivesse sido estabelecida antes da eleição, ela poderia ter influenciado a decisão. A possibilidade de um cardeal corresponder a uma profecia conhecida não pode ser desprezada. Os cardeais que conhecessem essa relação não poderiam simplesmente esquecê-la e iriam ao conclave sabendo que haveria uma opção a apoiar; ou então rejeitariam a profecia. Seria difícil limitar a escolha deles à satisfação das necessidades dos fiéis – eles também se confrontavam com a possibilidade de adiar o Juízo Final ou de aceitar a última profecia e lançar as bases para o que pode ser o Fim dos Tempos. Todos os cristãos esperam a volta de Jesus, mas a que preço?

Pelo que podemos ver, após a renúncia do papa Bento coube ao Colégio de Cardeais, ao Espírito Santo que os inspira e ao destino levar Bergoglio a assumir a função.

O destino da Igreja Católica agora é incerto.

CAPÍTULO 13

CONCLUSÕES

INTRODUÇÃO

Faz muito tempo que ciência e religião vivem em conflito; no entanto, na profecia elas podem encontrar uma espécie de campo neutro. A Igreja não deve temer o progresso científico, uma vez que, após a ciência ter medido, analisado e classificado tudo o que conhece, o que sobrevém é o divino. A *Profecia dos Papas* transcende a ciência do tempo e do espaço e é também fruto de inspiração divina.

Para mim, a verdadeira revelação não é o fato de que as profecias predizem a ruína de Roma e os papas que a antecedem, mas de que a profecia em si parece possível.

A profecia se sustenta ou sucumbe em virtude dos resultados que anuncia. Podemos ser sensatos após o fato, como os intérpretes de Nostradamus, ou entrever sentido em predições vagas, como os astrólogos dos tabloides, mas o que diferencia A *Profecia dos Papas* de tudo isso é que ela não é vaga. Ela continua relevante centenas de anos depois de descoberta e possivelmente 800 anos depois de escrita.

As descrições que a obra oferece são muitas vezes tão diretas e precisas em sua síntese, que reforçam a ideia de que os seres humanos podem detectar outros pontos no tempo. Muito provavelmente, o método que possibilita esse deslocamento no tempo é acionado por uma alteração nos estados de consciência do indivíduo, mas quem quer que tenha recebido uma visão tão clara do papado sucedendo-se ao longo de centenas de anos deve ter sido tocado por um ardor religioso que produziu esse estado de ser.

PUBLICAÇÃO

Como a cópia mais antiga que temos das profecias data de 400 anos depois que foram supostamente escritas, devemos concluir que elas não existem em sua forma original. O próprio autor da publicação de 1595, De Wyon, muito provavelmente nunca viu o documento original. O paradeiro definitivo de A *Profecia dos Papas* original, possivelmente o documento mais importante sobre a Igreja Católica hoje, continua sendo um segredo, e sem acesso ao Vaticano não podemos examinar o texto original ou seguir as pistas indicativas do lugar onde a obra poderia estar atualmente escondida.

Caso exista, o texto original nunca se tornou público, não teve sua existência comprovada e nem mesmo teve essa existência mencionada antes da publicação de De Wyon. Está registrado no Vaticano que Malaquias depositou um documento nos arquivos durante sua última visita a Roma em 1139, mas não são dados detalhes sobre a natureza ou o conteúdo do referido documento.

Está também escrito que as profecias circulavam no Vaticano em 1590, e há menção à sua existência nos anos 1450, mas não são oferecidas provas que sustentem essas duas possibilidades. Se as profecias existiam para que De Wyon pudesse copiá-las e distribuí-las, por que, desde aquela época, nenhum estudioso ou pesquisador interno do Vaticano apresentou o documento original? A impressão que temos é que nem tudo é o que parece com relação ao achado de De Wyon, mas é possível que as profecias não tenham procedido do Vaticano, e sim de uma coleção particular.

Depois de causarem muita controvérsia na época da sua publicação em 1595, é possível que as profecias tenham sido excluídas de todos os catálogos e devolvidas às caixas guardadas nos arquivos, sem qualquer identificação. Talvez o próprio papa tenha dado ordens para recolhê-las e depositá-las num cofre particular para impedir que especulações intermináveis importunassem os cardeais a cada novo conclave. Podemos imaginar um cofre em algum lugar no apartamento particular do papa que guarde esse texto empoeirado e quem sabe que outras surpresas.

O documento original poderá ser publicado algum dia? Como o último segredo de Fátima que foi mantido em sigilo durante quase 90 anos, será esse documento considerado tão polêmico a ponto de não poder ser revelado? Segundo o Vaticano, nenhuma profecia feita depois da Bíblia pode ser considerada como um dogma de fé, no entanto A *Profecia dos Papas* continua retida. Agora que o último papa, conforme identificado na profecia, foi eleito, este parece ser o tempo adequado para publicar o original ou a forma mais antiga conhecida da obra.

Pessoalmente e também com a ajuda de um intermediário italiano, solicitei ao Vaticano uma cópia da versão mais antiga das profecias, mas até hoje meu pedido não foi atendido. Agora rogo ao Vaticano que publique o texto original e esclareça todas as questões de idade, autenticidade e autoria, antes que seja demasiado tarde.

PRECISÃO

Sem um original conhecido, por que deveríamos sequer considerar a possibilidade de que as profecias tenham algum valor? De todas as predições envolvendo a Igreja Católica nos últimos dois milênios, A *Profecia dos Papas* se mostrou a mais confiável. É inegável a precisão de muitas descrições relacionadas aos papas, sejam anteriores, sejam posteriores à publicação. Agora, com o papa Francisco no exercício de suas funções, de acordo com a profecia tudo se encaminha para o desenlace da destruição de Roma e do fim da Igreja Católica. Muitos podem negar isso e dizer que Francisco não corresponde à profecia, ou então alegar que a última descrição foi acrescentada para evitar a conotação de que um beneditino seria o último papa; nessa eleição, no entanto, certa inevitabilidade se fez presente. Dentre os principais candidatos, tantos tinham "Pedro" como parte do nome ou inserido de outros modos em sua vida, a ponto de ser quase impossível escolher qualquer um dos cinco candidatos mais prováveis e não chegar a um "Pedro Romano". Podemos ver nisto uma demonstração de que a última profecia é vaga demais para ser considerada verdadeira ou então que sempre foi ampla o bastante para selar seu próprio destino, independentemente do modo como os cardeais votaram. A própria sobrevivência da Igreja Católica durante todo esse tempo, superando tantos momentos difíceis e calamitosos em sua história, também é testemunho da solidez das profecias.

ACEITAÇÃO DA PROFECIA

A grande preocupação do Vaticano sempre foi proteger o *status quo*, mas como boa parte do cristianismo deriva da profecia, ignorá-la nessa etapa avançada seria abalar os fundamentos da religião católica. Se o Vaticano tivesse tentado evitar a profecia, um cataclismo teria sido afastado ou teria ocorrido de qualquer modo e em virtude dessa mesma ocorrência teria confirmado o novo papa como Pedro Romano?

Existe também a possibilidade de que membros venerandos da Igreja Católica almejem o Juízo Final. Talvez procurem realmente provocar sua própria ruína como ocasião para renunciar a todo poder, riqueza e possivelmente vida, no que poderia ser sua única oportunidade para merecer um lugar entre os santos.

Pode parecer estranho o Vaticano desejar que um último papa corresponda à profecia, mas para alguns o apocalipse é um passo necessário para estabelecer o reino do céu na terra. Membros do conclave talvez considerassem tarefa sua promover a realização de todas as profecias constantes do Livro do Apocalipse.

ESTAGNAÇÃO

Para muitos o papado é uma instituição imutável que consolidou seu modo de pensar e agir durante quase 20 séculos; como vimos, porém, a história do papado é entremeada de tumultos e conflitos. Mudanças sempre ocorreram. Conforme o resumo apresentado nos capítulos precedentes, a história dos papas foi muitas vezes afetada pelas rebeliões que assolavam Roma, obrigando o papa a fugir e viver no exílio para não perecer. Os cismas ocorridos no passado foram profundos, com inúmeros antipapas desafiando a supremacia do papa legítimo. Se antigamente os Estados Papais incluíam grande parte do norte da Itália, hoje o Vaticano é uma pequena cidade-Estado dentro de Roma. Com pouco mais de 40 hectares, ele é um dos menores Estados independentes do mundo. No entanto, o papa detém o controle sobre a vida de mais de 1,3 bilhão de pessoas, mais de 17 por cento da população mundial.

DESAFIOS

A Igreja vive um momento histórico em que parece tão afastada da vida e da cultura dos fiéis a ponto de se poder constatar que a participação destes está em declínio vertiginoso. Há divergências entre o clero, com padres pedindo mudanças relacionadas às questões do casamento e da homossexualidade, expondo a visão de mundo católica antiquada. Não surpreende que haja um vácuo no recrutamento de novos padres. Os jovens de hoje têm muito a sacrificar se resolvem assumir funções na Igreja. Oportunidades para viver a vida, relacionamentos, viagens, aprendizado, tudo evoluiu. A própria espiritualidade pode ser hoje encontrada nos lugares os mais diversos. São tantas as opções atualmente que os nossos pais não conseguiam sequer imaginar.

Como vimos, o declínio da Igreja como organização poderia proceder de muitos quadrantes. A Igreja que o papa Francisco governa é irreconhecível em comparação com a união sem amarras de grupos cristãos que se congregaram quase 20 séculos atrás, no entanto muitos aspectos se tornaram rígidos e petrificados. Onde uma vez a crença cristã crescia e se desenvolvia, hoje dogmas fixos e perenes são impostos. Tantos foram os decretos emitidos que é quase impossível para um papa ser progressista sem contradizer as leis promulgadas por seus antecessores. O papa Francisco é um papa forte, mas pode ver-se de mãos atadas quando se trata de promover as mudanças drásticas necessárias para trazer a Igreja para o século XXI. Ele é contido por tradições e em muitos casos compete-lhe impô-las. As tradições que sustentaram a Igreja Católica durante tanto tempo são hoje seu maior inimigo. Elas se tornaram um obstáculo criado por ela mesma.

REFORMA

A Igreja passou por muitas reformas ao longo de sua história, mas em anos recentes ela parecia estar estagnando e entrando em decadência. O Concílio Vaticano II procurou atualizar a Igreja, mas é necessário que reformas mais amplas sejam promovidas por um papa mais tolerante e progressista. Um papa com essas características pode ser um dos grandes líderes do século XXI se preservar os padrões morais que a Igreja prega, do contrário, mesmo sem um apocalipse, a Igreja continuará decaindo. Como um início de reforma, o Concílio Vaticano II foi um passo inspirado e corajoso na direção certa, mas foi curto. Seria inspiradora uma Igreja Católica que se renovasse para alimentar os pobres e possibilitar que seu clero e sua hierarquia vivam e ajam segundo o exemplo de Jesus. Em resumo, uma Igreja de que as pessoas desejassem fazer parte.

Para que a Igreja Católica passe por uma reforma e se revitalize, é necessário que ela aceite abertamente a diversidade dos tempos modernos. Ela precisa ser caridosa, com a riqueza do papa e do Vaticano sendo substituída por algo revestido da humildade dos santos. Hildegarda de Bingen previu muitas perseguições para a Igreja, mas disse também que quando os padres trilhassem o caminho da pobreza, tudo se tornaria mais fácil. O papa Francisco pode muito bem ser o antídoto para essa estagnação.

Do mesmo modo que as ameaças externas, as políticas internas da Igreja também são potencialmente desagregadoras. A crítica de Bergoglio à Cúria pode voltar-se contra ele agora que está no exercício do papado, e sua intenção de aproximar a Igreja dos pobres criará sem dúvida mais inimigos, mas se uma religião não reflete a vida de seus membros, ela inevitavelmente corre o risco de ser suplantada por outras religiões. Ele também precisa assumir uma posição firme com relação à condenação imediata e a uma exposição transparente das transgressões, quer se trate das relacionadas ao abuso de pessoas ou a escândalos financeiros. Chegando a compreender que os grilhões do celibato impedem a dedicação de muitos ao sacerdócio e constituem um fator que atrai pedófilos à hierarquia da Igreja, ele poderia sancionar o casamento para todos os membros do clero e também aceitar a ordenação sacerdotal de mulheres. Nem todos os erros serão perdoados, mas seria muito proveitoso aprender com eles e como resposta restabelecer alguma forma de equilíbrio.

EVOLUÇÃO

A Igreja precisa evoluir mais rapidamente para acompanhar uma sociedade que está dando saltos em todas as áreas da atividade humana. Embora a natureza organizada da hierarquia da Igreja e os rumos estritos de avanço sejam claros e livres de ambiguidades, a dimensão espiritual da Igreja parece seguir em outra direção. Para que a Igreja evolua é preciso que a religião que lhe serve de fundamento também evolua. O crescimento da religião cessa no mesmo momento em que uma Bíblia é impressa; daí em diante tudo é apenas uma tentativa de interpretar ou justificar o que foi escrito naquele momento. No entanto, como vimos ao longo de sua história, a Igreja Católica desenvolveu-se continuamente no curso dos dois últimos milênios.

Isso é inegável, mas a Igreja deve assumir sua capacidade de estar sempre atenta às necessidades das sociedades. O desenvolvimento espiritual dos indivíduos, sempre que eles encontram uma ligação com o divino, ocupa um lugar importante na fé e na sociedade moderna e deve ser promovido e sustentado. Somente então, transpondo os muros de pedra da Cidade do Vaticano, pode haver uma função central para que a Igreja ampare as numerosas e diferentes comunidades existentes no mundo. Daí surgirá uma oportunidade para a unificação de todas as formas de cristianismo e um respeito por todas as religiões e credos.

Essa perspectiva reflete a variedade de crenças baseadas na Bíblia, que é tão vasta quanto é complexo o texto, e opera em muitos níveis. Há passagens e parábolas simbólicas, eventos místicos e milagres — e, seguramente no Antigo Testamento, muitas, muitas profecias. Jesus confirma essas profecias quando cumpre o papel do messias profetizado, trazendo assim a tradição de videntes e sábios do Antigo Testamento para o Novo Testamento junto com seus próprios ensinamentos progressistas. Transbordam profecias na Bíblia: ela contém milhares de profecias, literalmente, desde pequenos acontecimentos até cataclismos colossais, no Antigo e no Novo Testamento. A profecia faz parte da tradição cristã. O que *A Profecia dos Papas* também indica é que a profecia não só é possível, mas faz parte do desenvolvimento espiritual. O desafio derradeiro para a Igreja é o de reintegrar a profecia como uma experiência de união divina e de reconhecer seu *status* como uma ferramenta importante. É um meio para revelar a vontade de Deus presente e futura.

Se os métodos da profecia fossem difundidos a um público maior, a experiência do indivíduo seria mais importante do que as palavras que ele ouve do púlpito. Ela também dispensaria a necessidade de padres e papas, pois as pessoas teriam sua própria relação direta com o divino. Assim a Igreja seria desafiada não apenas pelas profecias, mas também pelos métodos através dos quais elas foram recebidas.

O Livro do Apocalipse de São João é o último da Bíblia, com suas palavras narrando com veemência os acontecimentos do futuro em escala universal, mas é nesse ponto que a Igreja nos faz acreditar que a profecia termina. É duvidoso que o Espírito Santo silenciaria simplesmente porque o homem compôs uma coletânea de Escrituras e as reuniu num livro. E o silêncio foi ensurdecedor à medida que vimos papas, santos e pessoas comuns profetizando através dos séculos. A voz do Espírito Santo continua dando a conhecer o incognoscível para aqueles que se aventuram a ir além com coração aberto. Não estamos abandonados, mas os papas podem querer manter esse método do discurso divino ignorado pelas massas, secreto. Talvez seja esse o motivo por que, em última análise, as profecias tiveram de terminar com a destruição da Igreja. O papa, todos os seus cardeais e o clero podem finalmente abrir passagem e deixar que o poder de conhecer a vontade de Deus desça sobre o povo. No catolicismo sem um papa, a profecia voltaria a encontrar o seu lugar.

O cerne do catolicismo guarda algo muito espiritual e precioso, mas ao longo dos séculos esse algo ficou obscurecido pelo dogma e pelos escândalos. A oportunidade é para despir a roupagem externa e reorientar a Igreja a uma experiência do divino através da fé simples e de uma vida espiritual. Imagine então a experiência do profeta que escreveu sobre o tempo do Juízo Final. Ver a destruição de Roma teria sido uma experiência aterradora e angustiante por um longo tempo. Ter a própria fé desafiada tão profundamente, ter um vislumbre do fim de algo no âmago da sua experiência corroeria o espírito.

No entanto, entre a longa sombra do seu passado e o potencial para um evento cataclísmico no futuro, ainda há esperança. Se um cataclismo inunda a Igreja e a organização se torna descentralizada ou é forçada a recriar a si mesma das cinzas de Roma, ele geraria uma renovação ao mesmo tempo física e espiritual. O desafio seria reconstruir a religião à imagem de Jesus, esquecer o passado e reformar-se para atender às necessidades da humanidade como ela se apresenta hoje. A crença não pode ser ativada e desativada, ligada e desligada. Ela sempre perdurará sob alguma forma — mesmo depois de uma convulsão de grandes proporções dentro da Igreja Católica, parte da religião permanecerá. Mesmo se o centro espiritual, a Cidade do Vaticano, fosse destruído, os milhões de católicos em todo o mundo continuariam a praticar a sua fé.

E assim, na conclusão das profecias, há um desafio para todos os que acreditam no catolicismo. Se Deus permitir que a Igreja Católica venha abaixo física e espiritualmente, o que isso significa para os fiéis? O desafio que se apresenta para o último papa é que, apesar da destruição, precisamos ir além do véu, a manifestação física da Igreja, e ver sua contraparte espiritual, não nos livros e palavras dos papas, mas em nossa própria alma. Se Deus desfaz nossa relação com o Vaticano, no espaço que resta somos chamados a encontrar outros caminhos para o divino. Se essa for sua vontade, então que Roma caia, que o Catolicismo evolua e se transforme em outra coisa: talvez uma forma pela qual as pessoas procurem uma experiência de Deus por si mesmas.

Robert Howells
Março de 2013

BIBLIOGRAFIA SELECIONADA

Anon. *Compendium of the Social Doctrine of the Church*, Libreria Editrice Vaticana, 2005.

______. *Complete Illustrated History of Catholicism and the Catholic Saints*, Hermes House, 2011.

______. *Prophecy of the Popes Attributed to Joachim of Fiore*, British Library, 1340.

______. *Prophecies. Prophetic Visions about Popes and the Oracles of Leo the Wise.* Oxford Bodleian Library, século XVI.

______. *The Eclipse of the Church*, Magnificat Editions, 1971.

Attwater, D. *The Penguin Dictionary of Saints*, Penguin, 1983.

Bander, P. *The Prophecies of St. Malachy*, TAN Books and Publishers, Inc., 1969.

Bertone, T. e De Carli, G. *The Last Secret of Fatima*, Doubleday Books, 2008.

von Bingen, Hildegard. *Mystical Visions*, Bear & Co, 1986.

Catholic Encyclopaedia, *on-line* em www.newadvent.org/cathen, 1913.

Cooke, G. *Developing Your Prophetic Gifting*, Sovereign World, 2003.

Coxhead, D. e Hiller S. *Dreams, Visions of the Night*, Avon, 1976.

Cucherat, M. F. *La Prophétie de la Succession des Papes*, British Library, 1873.

Duffy, E. *Saints and Sinners: A History of the Popes*, Yale University Press, 1997.

Dunn-Mascetti, M. *Saints: The Chosen Few*, Boxtree, 1994.

Dunne, J. W. *An Experiment with Time*, Hampton Roads Publishing Co., 2001.

Dupont, Y. *Catholic Prophecy*, TAN Books, 1970.

Fleming, M. H. *The Late Medieval Pope Prophecies: The Genus Nequam Group*, University of Arizona, 1999.

von Franz, M. L. *On Divination and Synchronicity*, Inner City Books, 1982.
Ghilardi, A. *Life and Times of St Francis*, Paul Hamlyn, 1967.
Gurugé, Anura. *The Next Pope*, CreateSpace Independent Publishing Platform, 2011.
Hall, M. P. *Sages and Seers*, Philosophical Research Society, 1981.
______. *The Secret Teachings of All Ages*, Philosophical Research Society, 1928.
Herolt, J. *Miracles of the Blessed Virgin Mary*, Routledge, 1928.
Hogue, J. *The Last Pope*, Element, 2000.
James, W. *Varieties of Religious Experience*, Dover Publications Inc., 2003.
Kramer, H. *The Malleus Maleficarum*, Speyer, 1486.
Lawlor, H. J. *St Bernard of Clairvaux's Life of St Malachy of Armagh*, SPCK, 1920.
Lewis, B. R. *Dark History of the Popes*, Park Lane Books, 2009.
Levillain, P. *The Papacy: An Enciclopaedia*, Routledge, 2002.
Maitre, J. *The Prophecy of the Popes Attributed to St Malachi*, Librairie G. Loireau, 1901.
Massey, E. *The Destiny of Rome, or The Probability of the Speedy and Final Destruction of the Pope*, Roberts and Dodd, 1718.
McClure, K. *The Evidence for the Visions of the Virgin Mary*, Aquarian Press, 1983.
Norwich, J. J. *The Popes*, Chatto and Windus, 2011.
O'Brian, M. J. *An Historical and Critical Account of the So-Called Prophecy of St. Malachy Regarding the Succession of Popes*, M. H. Gill and Son, 1880.
O'Malley, J. W. *A History of the Popes*, Sheed and Ward, 2010.
Palmer, E. *History of Prophecy*, publicado pelo autor, 1862.
Panvinius, O. *Epitome Romanorum Pontificum usque ad Paulum IV*, 1557.
de Rosa, P. *Vicars of Christ: The Dark Side of the Papacy*, Poolbeg Press Ltd, 1998.
Rucker, R. *The Fourth Dimension*, Penguin Books, 1985.
Swift, E. L. *The Life and Acts of St. Patrick, translated from the original Latin of Jocelin, Cistercian monk of Furnes of the 12th century*, Hibernia Press Company, 1809.
Wakefield, W. L. e Evans, A. *Heresies of the High Middle Ages*, Columbia University Press, 1991.

Wales, F. H. *Prophecy in the Catholic Church*, A. R. Mowbray & Co., 1898.
Walsh, M. (org.). *Butler's Lives of the Saints*, Burns and Oates, 1995.
Walvoord, J. F. *Prophecy Knowledge Handbook*, Victor Books, 1990.
de Wyon, Arnold. *Lignum Vitae, Liber Secundus*, Angelerius, 1595.

ÍNDICE REMISSIVO

Próximos Lançamentos

Editora Pensamento
SÃO PAULO

Para receber informações sobre os lançamentos da
Editora Pensamento, basta cadastrar-se
no site: www.editorapensamento.com.br

Para enviar seus comentários sobre este livro,
visite o site www.editorapensamento.com.br ou
mande um e-mail para atendimento@editorapensamento.com.br